本书受华南师范大学哲学社会科学优秀学术著作出版基金资助出版

TIYU SAISHI WUXING ZICHAN
JIAZHI SHIXIAN DE
FAZHI ZHI WEI

体育赛事无形资产价值实现的法治之维

宋雅馨——著

法律出版社 LAW PRESS · CHINA
——北京——

图书在版编目（CIP）数据

体育赛事无形资产价值实现的法治之维 / 宋雅馨著.
北京：法律出版社，2025. -- ISBN 978-7-5197-9657-0

Ⅰ. D922.164

中国国家版本馆 CIP 数据核字第 2024B2J010 号

体育赛事无形资产价值实现的法治之维
TIYU SAISHI WUXING ZICHAN JIAZHI SHIXIAN DE FAZHI ZHI WEI

宋雅馨 著

策划编辑 张 颖
责任编辑 张 颖
装帧设计 鲍龙卉

出版发行 法律出版社
编辑统筹 法律应用出版分社
责任校对 晁明慧
责任印制 刘晓伟
经　　销 新华书店

开本 A5
印张 8.75　**字数** 210 千
版本 2025 年 1 月第 1 版
印次 2025 年 1 月第 1 次印刷
印刷 北京新生代彩印制版有限公司

地址:北京市丰台区莲花池西里 7 号(100073)
网址:www.lawpress.com.cn
投稿邮箱:info@lawpress.com.cn
举报盗版邮箱:jbwq@lawpress.com.cn
销售电话:010-83938349
客服电话:010-83938350
咨询电话:010-63939796

书号:ISBN 978-7-5197-9657-0　**定价**:45.00 元

凡购买本社图书,如有印装错误,我社负责退换。电话:010-83938349

目　录
CONTENTS

第一章

概　　论

2018年12月发布的《国务院办公厅关于加快发展体育竞赛表演产业的指导意见》(国办发〔2018〕121号)旨在积极推进体育竞赛表演产业专业化、品牌化、融合化发展,设立了到2025年推出100项具有较大知名度的体育精品赛事,打造100个具有自主知识产权的体育竞赛表演品牌,基本形成产品丰富、结构合理、基础扎实、发展均衡的体育竞赛表演产业体系的目标。2019年9月,《国务院办公厅关于促进全民健身和体育消费推动体育产业高质量发展的意见》(国办发〔2019〕43号)又明确提出完善体育无形资产评估制度,支持各类体育协会采用冠名、赞助、特许经营等方式开发其无形资产。自2014年《国务院关于加快发展体育产业促进体育消费的若干意见》(国发〔2014〕46号)发布以来,我国体育赛事市场经历了几年快速的发展,产业规模不断扩大,然而体育赛事商业化程度仍然较低,赛事市场规模在高速回落。体育赛事无形资产作为体育企业的核心资产和重要资源,其价值的认定和实现对体育企业乃至整个体育产业的发展具有关键作用。2020年疫情导致全球范围内体育赛事活动停摆,体育产业供应链循环受阻,其间以体育赛事为代表的竞赛表演业受到巨大打击,无形资产难以发挥价值。随着体育产业逐渐回暖,加上《体育法》的修订及一系列配套法规文件的护航,体育竞赛表演产业总规模持续扩大。为激发体育市场主体活力,保障体育赛事无形资产的高质量开发,我国急需根据《体育强国建设纲要》的要求,加强体育市场监管,充分发挥法律法规的规范及市场配置作用,推动形成权界清晰、责权一致、运转高效的体育赛事无形资产开发机制,实现体育产业高质量发展。

第一节　体育赛事无形资产的相关概念

一、体育无形资产

无形资产是指不具有实物形态而能为使用者提供某种权利的资产，[①]《资产评估准则——无形资产》将无形资产定义为“特定主体所拥有或者控制的，不具有实物形态，能持续发挥作用且能带来经济利益的资源”；[②]美国《会计辞典》将无形资产定义为“现金或房地产以外的资金，实务实体的资产，价值在于其所有者持有，所能获得的收益”。[③] 日本《新版会计学大辞典：条目选择》认为“无形资产具有三种属性，即无形固定资产是没有实体的资产、无形资产的收益能力超过一般同行企业的其他资产以及无形资产是有偿获得的”。[④] 英国会计准则委员会发布的《国际会计准则38号——无形资产》认为“无形资产是指不具有实物形态但可辨认的非货币性质资产，可用于商品或劳务的生产或供应，或用于出租给其他单位，或用于管理”。[⑤] 体育无形资产并不是一个新兴概念，它以无形资产作为基础，是无形资产在体育领域的延伸。实务界与理论界对于体育无形资产都进行

---

① 雷选沛、杨明：《论体育无形资产的评估与运营》，载《财会通讯》2004年第14期。

② 国家知识产权局：《资产评估准则——无形资产》，载国家知识产权局网，https://www.cnipa.gov.cn/art/2020/4/20/art_435_43304.html。

③ [美]艾利克·L.柯勒：《会计辞典》，龙毓聃译，台北，三民书局1970年版，第240页。

④ [日]番场嘉一郎主编：《新版会计学大辞典：条目选择》，司徒淳选译，中国展望出版社1986年版，第416页。

⑤ 国际会计准则委员会制定：《国际会计准则2000》，中国财政部会计准则委员会秘书处翻译，中国财政经济出版社2000年版，第626～628页。

了界定。从实务界的角度，中国资产评估协会2022年1月发布的《体育无形资产评估指导意见》第2条规定，“本指导意见所称体育无形资产，是指特定主体拥有或者控制的，不具有实物形态，能持续发挥作用并且能带来经济利益的体育资源”。从理论界的角度，有学者认为，体育无形资产是指“以权力、知识、技能、技术等形式存在的体育资产，其外延是除去实物形态和货币形态的体育资产之外的体育资产”。[①] 也有学者认为，体育无形资产是指存在于体育运动中的、具有体育特质、受特定主体控制的、不具有实物形态、能持续为所有者和经营者带来经济效益的资产；[②]此外也有人将体育无形资产总结为，“在体育活动中具有明确的体育特性、受特定主体（包括国家、集体、个人）支配、不具有实物形态、能不断为所有者和经营者带来经济效益乃至社会效益的资产”。[③]《企业会计准则第6号——无形资产》中将无形资产界定为：不具有实物形态，但能被企业辨认的非货币性长期资产，包括土地使用权、特许经营权、专有技术、商标权、著作权和专利技术，并强调商誉不能被确认为无形资产。

从上述对体育无形资产的界定可以看出，对于体育无形资产本质属性的认识，实务界与理论界达成的共识包括为特定主体所支配、非实物形态、能带来经济效益三个特点。（1）“为特定主体所支配”既包括对此类资源的所有权，又包括支配权，并不局限于其中的一种

---

① 赫金鸣：《体育无形资产若干基本理论问题探析——立足于经济学视角》，载《吉林体育学院学报》2009年第6期。

② 鲍明晓：《关于体育无形资产的几个理论问题》，载《北京体育大学学报》1998年第4期。

③ 顾久贤：《创新驱动理念下的体育无形资产的开发与增值方略》，载《广州体育学院学报》2017年第3期。

形态,原因在于体育赛事的影响越来越大,参与的主体也越来越多元,体育无形资产的价值只有在一次次的流转中才能得以体现,流转过程既有可能是所有权的转让,也有可能是支配权的许可,有必要保护原始主体与继受主体的利益。(2)"非实物形态"是无形资产最本质的特性,"无形"的资产在特定情况下也会通过有形的载体体现出来,如体育标志通常会附着在实体商品上进行售卖,这就是无形资产以有形形式呈现的典型。(3)"能带来经济效益"则是基于对"资产"性质的理解,资产在会计学中是指预期会给企业带来经济利益的资源,故此唯有具备经济价值才能称为"资产"。

二、体育赛事无形资产

体育赛事是体育产业皇冠上的明珠,也是参与体育运动的方式之一。随着体育产业的不断发展,体育赛事逐渐跳出单一的范畴,其内容、形式、功能等方面都在不断地变化,参与主体不再局限于运动员、裁判员,媒体、赞助商等也逐渐成为体育赛事的重要参与者。李海、姚芹等(2018)将体育赛事界定为"以体育竞技活动为核心,规模和形式受竞赛规则等多种因素的制约,能够提供体育产品和相关服务产品的一项特殊事件,并且能够对社会和文化、政治和经济、自然和环境等多个领域产生影响,具有显著的社会效益、经济效益和综合效益"。[①] 梁华伟(2018)认为体育赛事的本质是以人体运动为载体的竞争性活动,这种活动目的在于显示人体运动竞争性活动能力的大小,赛事活动性已经超出传统的体育竞技范畴,具有一定的经济、

① 李海、姚芹主编:《体育赛事管理》,重庆大学出版社2018年版,第15页。

社会文化甚至政治属性。[①] 从不同的学科角度来看待体育赛事亦会有不同的侧重。例如,从产业经济学角度分析,体育赛事是运动员、教练员、裁判员、竞技科技人员等参与人员以各类运动设备和劳务为投入品,生产可供人们观赏和消费的各类人体运动的动作组合产品以及在此基础上可用于再生产的衍生产品(如转播权、广告权、标记特许使用权等)的生产经营活动。[②]

体育赛事无形资产的概念依赖于对体育赛事的理解。雷选沛、杨明(2004)认为,体育赛事无形资产体现为冠名权,广告发布权和广播电视转播权,竞赛表演活动的名称、吉祥物等标识的特许使用权和经营权等。[③] 吴学勇、张成云(2004)则认为,体育专利权、体育秘密、体育标志权、体育版权、特许经营权和体育人格权等包含在体育赛事无形资产中。[④] 王凯、张林(2013)认为,体育赛事无形资产是指"以体育竞赛、活动为载体,没有实物形态的、具有时间期限的、具有一定垄断优势的,能够为体育赛事市场主体所拥有(主要包括政府、企业),也就是可以进行货币化转让,其价值依据授予的权益和预期的收益来决定,并能够为市场主体带来超额收益和稀缺性体育经济资源"。[⑤] 也有观点将体育赛事无形资产归纳为智力型无形资产、人力型无形资产、市场型无形资产、管理型无形资产和权力型无形资产。

---

① 梁华伟主编:《体育赛事组织与管理》,上海交通大学出版社 2018 年版,第 4 ~5 页。

② 张丰豪、周玉达主编:《社会体育赛事运作及其全面管理》,上海交通大学出版社 2019 年版,第 6 页。

③ 雷选沛、杨明:《论体育无形资产的评估与运营》,载《财会通讯》2004 年第 14 期。

④ 吴学勇、张成云:《我国体育无形资产的经营现状及对策研究》,载《山东体育科技》2004 年第 4 期。

⑤ 王凯、张林:《体育赛事市场化运作中无形资产流失与规避机制构建——以全运会为例》,载《体育与科学》2013 年第 4 期。

由上述学者对于体育赛事无形资产概念的理解可知,学界倾向于通过总结赛事无形资产的主要表现形式来表达对体育赛事无形资产的认识,现阶段对于体育赛事无形资产的概念界定把握了其核心要点,强调了体育赛事无形资产的时效性、风险性等特性,但该概念仍受限于资源开发的具体形式与既有法律规定,对运营权等惯用却难以识别的资产仍然存在概念模糊的情况,需要更进一步的研究。

为更好地开发第七届世界军人运动会无形资产,湖北省专门出台《湖北省第七届世界军人运动会知识产权保护规定》,其第3条规定:"本规定所称军运会知识产权,是指国际军事体育理事会和军运会执行委员会(以下简称执委会)以及其他相关权利人,享有的与军运会相关的特殊标志、商标、专利、商业秘密、作品和其他创作成果等专有权利……"

第二节　体育赛事无形资产开发的国内外研究现状

一、体育赛事无形资产识别与确权研究情况

学者鲍明晓(1998)、于善旭(2009)、马法超(2008)等对体育无形资产的概念、特征及类别均有相当程度的论述,以厘清体育无形资产的法律性质。国内学者[李南筑、袁刚(2006);张兵(2012)]总结了我国体育体制改革背景下体育产权结构的特征,认定复杂的产权制度已经成为我国赛事无形资产交易的制度性障碍。目前学界对于体育赛事无形资产的理解都是以类型化为起点,研究的主要领域包

含了体育赛事转播权、体育冠名权、体育标志权等，以及近两年兴起的关于体育赛事数据的权利。

1. 体育赛事转播权研究概况

在国内，学者对于体育赛事转播权的概念界定已有大量研究，赵豫（2003）认为，在职业体育竞赛表演中，体育比赛的主办者享有竞赛的电视转播权，但各参赛主体也应当在电视转播权转让后享有转让费用的分成。[①] 侯海燕（2015）认为，体育赛事转播权是指体育赛事的组织者、参与者举办体育比赛时，许可他人进行包括广播、电视、网络等媒体在内的直播、转播、录像并从中获得报酬的权利。[②] 在体育赛事转播权的权利属性方面，朱玛（2015）认为，体育赛事转播权包括直播和转播两层含义，应当分为直播意义上的体育赛事转播权和字面意义上的体育赛事转播权，前者属于无形财产权，后者属于广播组织权，属于邻接权范畴。[③] 冯春（2016）认为，体育赛事转播权在主办方手中属于无形财产权，通过转让合同等让渡给转播机构后则具备了知识产权特性，属于广播组织权[④]。郑家红、谢申文（2017）认为，体育竞赛不能作品化（不受《著作权法》的保护），应当将运动员视为表演者，赋予表演者权，从而确定体育赛事转播权为著作权法上的表演者权。[⑤] 张玉超（2018）认为，体育赛事转播权法律性质应该根据体育赛事项目类型具体分析，将对抗性体育赛事项目纳入商品化权保护，

① 赵豫：《关于体育竞赛电视转播著作权问题的探讨》，载《体育科学》2003 年第 3 期。
② 侯海燕：《体育赛事转播权法律问题研究》，载《西安体育学院学报》2015 年第 1 期。
③ 朱玛：《利益平衡视角下体育赛事转播权的法律保护》，载《河北法学》2015 年第 2 期。
④ 冯春：《体育赛事转播权二分法之反思》，载《法学论坛》2016 年第 4 期。
⑤ 郑家红、谢申文：《体育竞赛著作权保护的法理学思考》，载《知识产权》2017 年第 5 期。

艺术性体育赛事纳入著作权保护。[①] 林小爱、刘丹（2018）认为，体育赛事转播权主要是指体育组织和体育赛事主办单位正式举办比赛和表演时，准许他们利用电视台、电台、网络新媒体对体育赛事进行实时直播、转播、录像，并从中获取相关报酬的权利。[②] 管育鹰（2019）认为，体育赛事转播权的实质，是一种赛事组织者对其合法拥有的比赛实时信息进行控制和使用的权利，属于保障投资经营者收益的无形财产权。[③] 向会英（2019）认为，俱乐部是职业体育赛事转播权的天然所有者，赛事组织者是共同所有者。[④] 姚鹤徽（2021）认为，体育赛事转播权是指体育赛事组织者享有的许可其他主体通过有线、无线、网络等技术手段对体育赛事进行现场直播的权利。[⑤] 叶敏、李安阳（2021）认为，体育赛事转播权归体育赛事组织者所有。[⑥] 袁钢、李珊（2022）认为，体育赛事转播权的法律属性是数据财产权，体育赛事组织者和转播方之间是授权与被授权的关系，赛事转播权孵化于赛事权利人所拥有的基础性权利。[⑦] 国外学者列柳欣·A.（Lelyukhin A.）（2013）认为，体育赛事的广播构成版权作品，而体育赛事本身不

---

① 张玉超：《体育赛事新媒体转播权之二分法律属性探讨》，载《武汉体育学院学报》2018年第7期。

② 林小爱、刘丹：《体育知识产权若干热点问题研讨会综述》，载《武汉体育学院学报》2018年第2期。

③ 管育鹰：《体育赛事直播相关法律问题探讨》，载《法学论坛》2019年第6期。

④ 向会英：《比较法视野下欧美国家职业体育赛事转播权研究》，载《成都体育学院学报》2019年第1期。

⑤ 姚鹤徽：《体育赛事转播权的理论反思与制度重构》，载《上海体育学院学报》2021年第2期。

⑥ 叶敏、李安阳：《体育赛事转播的权利归属及法律关系分析》，载《天津体育学院学报》2021年第2期。

⑦ 袁钢、李珊：《体育赛事组织者转播权的数据财产属性——基于〈民法典〉和新〈体育法〉的法教义学分析》，载《上海体育学院学报》2022年第10期。

构成版权作品,因此体育赛事转播权可以受到版权的保护。体育俱乐部接受体育协会章程,从而通过法律行为转让电视转播权,而作为组织者的体育协会有权进入赛事(在体育场或通过电视广播),并可以通过民法对未经授权的"分销商"提出法律索赔[①]。海尔顿·J.G.(Hylton J. G.)(2011)对美国体育赛事转播权的权利归属变化进行了简要的概述,认为每支球队都可以自由协商自己主场的比赛的转播权,因此转播权属于主场球队,而球队将此权利授予联盟打包统一销售是因为看到了联合转播的优势。[②] 马尔戈尼·T.(Margoni T.)(2016)认为,体育赛事组织者可以通过以财产为基础的控制入场的权利和以合同为基础的建立入场条件的能力来建立其对体育赛事转播权的专有权。[③] 沙姆斯·M.(Shams M.)(2019)对于法国、荷兰及德国等国家的赛事转播权的权利归属进行了比较[④]。

2. 体育冠名权研究概况

在体育冠名权的识别与确权方面,国内学者常娟、李艳翎(2005)认为,体育冠名权是指体育单位、法人及特殊的自然人组合,对拥有的具有社会认知性的所属物名称依法转让,以使受让人享有名称传

---

① Lelyukhin A., *The Impact of EU on Sport Broadcasting: What does the Line of Recent ECJ Cases Signal about?*, International Sports Law Journal, Vol. 12, p. 104 – 131(2013).

② Hylton J. G., *The Over-Protection of Intellectual Property Rights in Sport in the United States and Elsewhere*, Legal Aspects Sport, Vol. 21:1, p. 43 – 73(2011).

③ Margoni T., *The Protection of Sports Events in the EU: Property, Intellectual Property, Unfair Competition and Special Forms of Protection*, International Review of Intellectual Property and Competition Law, Vol. 47, p. 386 – 417(2016).

④ Shams M., *An Analysis of the Principles and Concepts of the Rights of Broadcasting Sports Events*, Science Arena Publications Specialty Journal of Politics and Law, Vol. 4:1, p. 76 – 83(2019).

播的权利。[1] 袁凤生、张四清等(2006)认为,体育冠名权是权利人(冠主)继受对象化体育事物设定名称的权利。[2] 苑高兴、金卫东等(2006)认为,体育冠名权是人格权与财产权之间相互转化与融合的法律表现之一,它是一种具有无形财产性质的人格权,既属于商品化权的范畴,也属于知识产权的范畴。[3] 赵毅(2016)针对恒大亚冠违约一案以意大利法为镜鉴展开了法理角度的深入分析,认为体育冠名合同应是体育赞助合同的一种特定类型。[4] 龚韬、李艳翎等(2017)认为,体育冠名权是一种私权兼具公共属性,应被纳入知识产权。[5] 国外学者尹泰勇、文珠勇(Yoon Taeyoung、Mun Juyoung)(2011)认为,体育冠名权是设施或球队所有者将该权利授予赞助商,让赞助商给体育俱乐部、体育场、体育设施等命名的权利[6]。在体育冠名权的内容权能方面,贝佐尔德·T.(Bezold T.)(2013)指出,任何拥有体育冠名权的人,无论是业主、承租人、发起人还是组织者,都可以自由地为他们的体育场、赛事、锦标赛或联赛分配商业命

① 常娟、李艳翎:《论体育冠名权及其法律界定》,载《北京体育大学学报》2005年第10期。

② 袁凤生、张四清、关锋:《体育冠名权有关法律问题的研究》,载《成都体育学院学报》2006年第3期。

③ 苑高兴、金卫东、李福祥等:《我国体育冠名权的法律性质分析》,载《体育与科学》2006年第5期。

④ 赵毅:《意大利法镜鉴下的体育赞助合同——恒大亚冠违约案引发的思考》,载《体育与科学》2016年第2期。

⑤ 龚韬、李艳翎、吴涛:《体育冠名权的法理分析——一个球衣换名案引发的思考》,载《武汉体育学院学报》2017年第9期。

⑥ Yoon Taeyoung & Mun Juyoung, *A Legal Study on the Naming Rights*, The Journal of Sports and Entertainment Law, Vol. 14:3, p. 11 - 36(2011).

名权。[①]

3. 体育标志权研究概况

体育标志权长期以来受到了体育领域学者们的关注，尤其是对于奥林匹克标志以及国内举办过的大型体育赛事的标志保护。于善旭、马法超（2001）认为，体育标志权是指体育标志的所有人对体育标志依法享有的专有权利，是一种以财产权属性为主的独占权以及由其衍生出来的相应处分权和经济收益权。[②] 李建森、巴玉峰（2006）认为，奥林匹克标志权的权利主体依法享有奥林匹克智力成果，奥林匹克标志权的内容主要表现为使用权、收益权、禁用权及请求法律保护奥林匹克标志权的权利。[③] 马法超（2007）将体育标志权的权能分解为专有使用权、许可使用权、收益权及禁用权等四个方面。[④] 裴洋（2008）认为，奥林匹克标志的具体权利属性应该属于商品化权，[⑤]在商业性使用中其地位与商标相似，域外多国通过专门立法实现了对奥林匹克标志的保护。宋雅馨（2019）从竞争法角度针对《奥林匹克宪章》第 40 条结合国内国际规则展开了分析，立足于《民法典》及我国的体育体制转型现状，为调整运动员商业活动管理政策与《奥林匹

---

① Bezold T. , *Naming Rights for Sports Stadiums: Sponsor Versus Club—Who Makes the Proper Brand?*, Branded Spaces, p. 121 - 131(2013).

② 于善旭、马法超：《体育标志与体育标志权初探》，载《天津体育学院学报》2001 年第 3 期。

③ 李建森、巴玉峰：《中国奥林匹克标志权的法学分析》，载《体育文化导刊》2006 年第 7 期。

④ 马法超：《体育相关无形财产权问题研究》，北京体育大学 2007 年博士学位论文。

⑤ 裴洋：《论奥林匹克标志的法律保护——国际法与比较法的角度》，载《法学评论》2008 年第 2 期。

克标志保护条例》的灵活适用提出针对性建议。①

国外学者莉莉安娜·B. P.(Liliana B. P.)(2016)认为,体育标志持有者可以通过注册使其拥有对体育标志的专有权,并且可以通过商标法对体育标志进行保护。② 在奥林匹克标志的法律规制方面,詹姆斯·M.(James M.)、奥斯本·G.(Osborn G.)(2011)指出,奥林匹克运动和财产的所有权属于国际奥委会,国际奥委会拥有使用这些权利的专属权利,但是在不同国家或地区之间对奥林匹克标志的保护有很大的差别,如英国已经出台了专门的立法,以保护奥林匹克标志,而其他国家对其的保护是由版权法和商标法相结合实施的③。希尔·K.(Hill K.)(2016)指出,针对隐性营销美国除了通过《业余体育法》对奥林匹克标志进行保护,还通过商标法对奥林匹克标志同时进行保护,以确保国家奥委会对奥林匹克标志享有的专属权利。④ 斯利夫曼·A. J.(Sliffman A. J.)(2011)对于加拿大、希腊及意大利等国家对奥林匹克标志进行保护而专门立法以应对伏击营销进行了概述。⑤ 克雷格·D. A.(Craig D. A.)(2013)对于美国、加拿大

---

① 宋雅馨:《奥林匹克标志反隐性营销的法律保护——以〈奥林匹克标志保护条例〉为视角》,载《知识产权与市场竞争研究》2019 年第 1 期。

② Liliana B. P., *Law Elements Regarding the Protection of Sports Trademarks*, Management and Legislation in the Field of Physical Culture, Vol. 25:1, p. 116 - 122 (2016).

③ James M. & Osborn G., *London 2012 and the Impact of the UK's Olympic and Paralympic Legislation: Protecting Commerce or Preserving Culture?*, The Modern Law Review, Vol. 74:3, p. 410 - 429 (2011).

④ Hill K., *Ambush Marketing: Is It Deceitful or A Probable Strategic Tactic in the Olympic Game?*, Marquette Sports Law Review, Vol. 27:1, p. 197 - 215 (2016).

⑤ Sliffman A. J., *Unconstitutional Hosting of the Super Bowl: Anti-Ambush Marketing Clean Zones' Violation of the First Amendment*, Marquette Sports Law Review, Vol. 22:1, p. 257 - 285 (2011).

及英国等国家对于奥林匹克标志保护的法律条文含义进行了列举。①

4. 体育赛事数据研究概况

随着数据作为生产要素进入大众视野，体育赛事数据也开始受到学者的广泛关注。赛事数据的内涵丰富，徐伟康(2022)提出体育赛事数据是指赛事组织者形成和控制的与比赛相关(包括赛前筹备、比赛期间以及赛后)的所有事实和信息内容，体育赛事数据相关权利应当归属于体育赛事组织者。② 因体育赛事数据在商业化背景下具有商业价值，同时还具有公共性，应赋予其有限排他性的“准财产权”属性以进行保护。③ 对于赛事数据权益的法律性质，国内学者也展开了讨论。李宗辉(2020)通过对《奥林匹克宪章》、国内相关政策文件、《民法典》的解读及结合司法实践认为，体育赛事数据权益实质上是一项财产权，并提出在体育法修订中明确规定体育赛事数据财产权，其具体权利内容包括数据采集权、数据传输权、数据使用权、数据处分权和数据收益权。④ 袁钢、李珊(2022)认为，现场体育赛事信息具有价值性、稀缺性以及独立性，现场体育赛事信息体现出明显的财产属性。⑤ 张新锋(2020)认为，体育赛事组织者就是体育赛事数据的所有者，我国应当建立由体育赛事组织者享有的体

---

① Craig D. A., *Bad Sports: Has Olympic Brand Protection Gone Too Far?*, South Carolina Journal of International Law and Business, Vol. 9:2, p. 357 – 417 (2013).

② 徐伟康：《国外对赛事组织者的赛事数据权益的法律保护及其启示——基于美国、澳大利亚和欧洲国家的案例分析》，载《首都体育学院学报》2022 年第 2 期。

③ 徐伟康：《数字体育时代赛事组织者数据权益的保护》，载《体育科学》2021 年第 7 期。

④ 李宗辉：《论体育赛事的“版权—数据财产权”二元保护结构——以赛事直播侵权纠纷为切入视角》，载《武汉体育学院学报》2020 年第 9 期。

⑤ 袁钢、李珊：《体育赛事组织者转播权的数据财产属性——基于〈民法典〉和新〈体育法〉的法教义学分析》，载《上海体育学院学报》2022 年第 10 期。

育赛事专有权来解决体育赛事的转播信号等赛场上所产生的数据及信息的争议。[①]

国外学者弗罗德尔·C.(Frodl C.)(2015)认为,在体育数据缺乏法定化保护及体育商业化盛行的背景下,赛事所有者不得不将体育赛事数据置于现有的商业化法律框架下,赋予财产权进行保护。[②] 格罗·L.(Grow L.)等(2017)认为,根据《奥林匹克宪章》的规定,国际奥委会拥有与之关联的所有权利和数据,推而广之,体育赛事数据权益应该根据相关章程作为私产归属于赛事组织者。[③] 福特·罗杰·艾伦(Ford Roger Allan)(2015)认为,赛场上的竞赛数据已经日益成为运动队的宝贵财富,既有的联盟规则、保密协议、商业秘密保护法以及刑法、信息安全法都不能为赛场数据提供完善的法律保障。[④] 费尔德·A.(Feld A.)(2020)认为,应当通过联邦立法建立一项数据授权,授予联盟对高水平、精练和得到处理的体育数据的所有权,以保护联盟的大量投资,并激励各方签订合作协议[⑤]。弗罗德尔·C.(2021)认为,在体育赛事如今仍然缺乏保护的情况下,体育赛事所有

---

① 张新锋:《人工智能技术背景下的体育赛事专有权》,载《上海体育学院学报》2020年第2期。

② Frodl C., *Commercialization of Sports Data: Right of Event Owner over Information and Statistic Generated about Their Sports Events*, Marquette Sports Law Review, Vol. 26:1, p. 55 - 90(2015).

③ Grow L. & Grow N., *Protecting Big Data in the Big Leagues: Trade Secrets in Professional Sports*, Washington and Lee Law Review, Vol. 32:74, p. 15 - 67(2017).

④ Ford Roger Allan, *Trade Secrets and Information Security in the Age of Sports Analytics'*, in Michael A. McCann ed., The Oxford Handbook of American Sports Law(Oxford Handbooks), Oxford Academic, 2018.

⑤ Feld A., *Gambling on Sports Data: Protecting Leagues' High-Level Data from Sportsbooks*, University of Illinois Law Review, Vol. 1, p. 341 - 374(2020).

者必须根据版权法、房屋法和民法规定的其他诉讼，确立其对体育数据享有权利。①

二、体育赛事无形资产交易流转研究情况

1. 体育赛事无形资产的传统交易方式研究

在体育赛事无形资产交易方面，黄海燕、曲怡（2006）总结我国现有的体育产权交易方式为：行政性的体育产权交易模式，即行政机构运用超经济的行政手段直接干预交易，对体育产权进行强制性的、"拉郎配"式②的转让或重组，这种交易方式是自上而下的计划安排并且通过行政手段实施完成。③ 除此之外，还有"一对一"的体育产权交易模式，即"对手交易"，也称"集贸式交易"，这种交易模式比较灵活，成本比较高，效率较为低下，不能保证产权交易市场公开、公平、公正和自由，"暗箱"操作和不规范行为严重。黄海燕、张林（2007）认为，我国体育产权交易中存在体制性障碍，大量的体育产权还处于主体不明晰状态，且大部分产权还掌握在政府手里，其他个人和组织没有转让处置的任何权利，导致产权流转交易困难，产权交易费用较高，缺乏有效的体育产权交易平台，影响我国体育产权交易的

---

① Frodl C., *Event Owners' Rights to Sports Data and Its Commercialization in Fantasy Sports: Illustrated by the Licensing Schemes of the Bundesliga*, The International Sports Law Journal, Vol. 21, p. 140 – 153(2021).

② "拉郎配"式交易："拉郎配"的引申含义是不顾客观规律的人为干预。如通过行政干预将公共服务和公共管理外包给企业，而不是通过市场机制动态选择外包企业，这种并非你情我愿的行为必然会造成很多苦果。

③ 黄海燕、曲怡：《我国体育产权的交易方式及发展趋势》，载《上海体育学院学报》2006年第2期。

规模和效率。①

2. 体育赛事无形资产交易中介制度研究

国内学者隋晓燕(2018)通过引介西方体育赛事无形资产发达的中介制度②,分析了将冠名权、转播权等各类无形资产委托给专业体育营销中介机构管理的合理性与优越性。张自如(2019)③将现行体育产业资源交易模式总结为以下几种:一是设立专业运营公司,全面负责资源的市场开发和交易,由专业运营公司负责资源的开发与交易,可以充分发挥专业特长和市场开发能力,实现资源市场价值的最大化;二是通过竞标选择商业运营公司以公开竞标的方式,择优选定商业运营公司,由运营公司负责赛事及其他资源的市场开发;三是通过资源交易平台发布资源交易信息,进行市场推广。随着学者日渐认识到构建体育资源交易平台的优势与必要性,对于交易平台理论与实践的研究成果越来越多,王蓉(Wang R.)等(2018)总结了数字资产平台交易存在非常严重的安全性问题。④ 张自如、刘晨(2019)认为,当前我国体育产权交易平台具有典型的双边市场特征,国内体育产权交易标的数量规模小,平台参与用户数量有限,在分割的体育产权交易市场中,无法达到最大效用的最优规模,难以实现交易平台

---

① 黄海燕、张林:《我国体育产权的分类及其交易研究》,载《成都体育学院学报》2007 年第 1 期。

② 隋晓燕:《我国体育产业治理模式及优选策略研究》,载《北京体育大学学报》2018 年第 2 期。

③ 张自如:《体育产业资源所有权属性、交易模式及制度改进》,载《经济研究导刊》2019 年第 20 期。

④ Wang R., Tsai W. T. & He J., et al., *A Distributed Digital Asset-Trading Platform Based on Permissioned Blockchains*, in Qiu M. eds., Smart Blockchain, SmartBlock, Lecture Notes in Computer Science, Springer, 2018.

网络经济外部性。[①] 吴汝川(2020)提出在面对新形势、新任务和新挑战时,要以产权市场为载体,加快建设体育资源交易平台。[②] 丁婧(2022)认为,资源交易平台为非营利性组织,具有以下几个功能:信息集散功能、价格发现功能、中介服务功能、资源配置功能以及制度规范功能,对于保障双方合法权益具有突出优势。[③]

3. 体育赛事无形资产交易评估方式研究

王相英(2013)从全运会和奥运会案例入手对体育赛事无形资产运营管理与评估体系进行了全面的实证研究,尤其是通过市场法、收益法、成本法等对第十一届全运会的无形资产采用定性和定量相结合的方法进行了评估分析。[④] 王子朴、朱亚成(2017)将体育赛事无形资产价值评估所面临的挑战归结为打造体育赛事的自主知识产权,即加强体育赛事文化、体育赛事市场化和体育赛事品牌建设,减轻对有关行政部门的依赖。[⑤] 肖淑红、张佳春等(2019)认为,价值评估方法(收益现值法、重置成本法、现行市价法)更多是衡量经济价值,而对于体育无形资产,最大的价值在于其社会价值,评估方法在一定程度上造成了价值的低估。[⑥] 徐靖芮、郭姝彤等(2021)从场景

---

① 张自如、刘晨:《体育产权交易平台的规模、定价及合作——基于双边市场理论的分析》,载《体育科技》2019 年第 3 期。

② 吴汝川:《加快建设体育资源交易平台　服务中国体育产业高质量发展》,载《清华金融评论》2020 年第 3 期。

③ 丁婧:《甘肃省体育产业资源交易平台建设的推进路径》,载《体育科技》2022 年第 2 期。

④ 王相英:《体育赛事无形资产系统管理》,科学出版社 2013 年版。

⑤ 王子朴、朱亚成:《"一带一路"背景下体育赛事发展的价值、困境与策略》,载《北京体育大学学报》2017 年第 7 期。

⑥ 肖淑红、张佳春、侯昀昀:《构建体育无形资产价值评估制度的必要性及重要意义》,载《北京体育大学学报》2019 年第 8 期。

理论的主观认知角度出发，提出当前体育赛事无形资产能体现的可变现的经济价值更多是场景的戏剧性价值。[①] 侯昀昀、董小燕等（2022）将体育赛事无形资产价值评估的难题总结为赛事组织者缺乏对体育赛事无形资产系统性、整体性的认识，体育赛事无形资产的评估制度和体系不清晰。[②]

国外对于体育赛事无形资产价值的评估已经有了较长的研究历史，亚历山大·D. L.（Alexander D. L.）等学者（2004）认为市场规模、团队绩效核心设施的存在会增加团队的特许经营权的价值，但不会增加其他职业体育运动的特许经营权价值。[③] 波普·N.（Popp N.）等学者（2016）认为可以使用享乐定价模型进行场馆冠名权的估值，并使用该模型对大学体育场馆冠名权价值的评估进行了实证研究，发现举办活动更频繁、种类更多的场馆，其曝光和激活机会的价值更大，在评估时场馆冠名权的价值更高。[④]

三、体育赛事无形资产开发研究现状述评

体育赛事无形资产的概念是“舶来品”，随着体育产业概念在我国的正式提出以及市场化机制的引入，赛事无形资产开发与保护问

---

① 徐靖芮、郭姝彤、赵无眠：《体育赛事无形资产的分级、分类评估框架构建——以赛事无形资产的范畴再界定为依据》，载《南宁师范大学学报（哲学社会科学版）》2021 年第 3 期。

② 侯昀昀、董小燕、肖淑红：《中国体育无形资产价值评估研究热点与演进趋势》，载《兰州财经大学学报》2022 年第 1 期。

③ Alexander D. L. & Kern W., *The Economic Determinants of Professional Sports Franchise Values*, Journal of Sports Economics, Vol. 5:1, p. 51 – 66(2004).

④ Popp N., DeSchriver T. & McEvoy C., et. al., *A Valuation Analysis of Corporate Naming Rights for Collegiate Sport Venues*, Sport Marketing Quarterly, Vol. 25:1, p. 7(2016).

题越来越受到学界关注,研究层次逐步深入。围绕体育赛事无形资产开发法律相关问题的研究,国内理论界视角主要集中梳理了西方各类赛事无形资产的法律保护学说沿革,介绍了西方产权制度理论在体育赛事无形资产开发治理领域的应用、欧美对侵犯赛事特定种类无形产权行为的规制方法和路径;同时,对体育无形资产的概念、特征及类别均有相当程度的论述,以厘清体育无形资产的法律性质,并结合我国体育体制改革背景分析了体育无形资产公有制与私有制嵌套导致的产权不清、权责利不明的现状。

体育无形资产交易的公开化成为近年来的研究热点,有学者在分析了我国体育赛事无形资产交易现状及困境之后,主张体育产权交易平台建设应该作为以后的主要发展方向;同时有的学者通过介绍欧美职业联盟转播权销售反垄断及其豁免制度,对我国赛事无形资产交易的市场监管规则及交易秩序构建提出了设计建议。

域外学界对于体育赛事无形资产开发的研究起步早,研究成果丰硕,其中,以职业体育联赛及职业俱乐部球队经济活动相关法律问题为切入点的研究起始于20世纪60年代,集中于美国和欧洲。针对热门职业联赛,如美国国家篮球协会(NBA)等四大职业体育联盟和欧洲五大足球联赛的无形资产开发的研究较为丰富,切入角度多元,层次深入,围绕足球、篮球、橄榄球等国际赛事的冠名、合作、赞助、广告、特许经营、场馆开发、活动名称标志保护等无形资产的法律问题已经有了长足的成果积累。① 域外学界倾向于从典型案例的分析和实务合同的

① Katarina Pijetlovic, *EU Sports Law and Breakaway Leagues in Football*, Springer, 2015.

角度出发对转播权、冠名权、广告权、运营权等逐一就其权利依据[①]、权利行使情况[②]做系统研究，尤其以转播权为例，针对转播权的法律性质和交易问题延及版权法、反垄断销售等[③]进行体系化的探讨。

综言之，既有研究既丰富了该领域的基础理论，又推动了当前立法进程，但仍广泛存在概念不清的情形，忽视了各类无形资产的法律要素界定，将开发权、特许经营权、赞助权、运营权并列或交叉使用，基本概念模糊、用语混乱。从研究视域上看，偏重于探讨赛事无形资产定性的具体规范；从研究体系上看，偏重结构问题的“战略性”研究；从研究方式上看，我国赛事无形资产开发尚处于初期发展阶段，实践案例少，相关数据支撑也少，对案例的类型化分析并不充分。故此，在现有研究成果的基础上，本书意图从以下几个维度寻找突破口：第一，从规范到秩序，厘清概念，针对概念使用混乱，探索建立体育赛事无形资产识别机制，厘定赛事无形资产的构成要素，在此基础上结合体育产业政策背景，从规则层面深入秩序层面，着眼于体育赛事无形资产开发秩序的构建。第二，从宏观到微观，交易保护既要有体育产业宏观的政策指导，又要在微观层面落实具体的操作指南，构建放权、扶植、监管和规则的有机系统。第三，理论结合实证，在充分把握了“体育赛事”和“无形”的特征基础上，针对实践中的投融资乱象和交易平台资源受限、传统立法难以应对数字化开发新业态的现状，就案例展开类型化分析，梳理法律在实践中的具体运作模式，探

① Margoni T. ,*The Protection of Sports Events in the EU: Property, Intellectual Property, Unfair Competition and Special Forms of Protection*, International Review of Intellectual Property and Competition Law, Vol. 47, p. 386 – 417(2016).

② Ian S. Blackshaw, *Sports Marketing Agreements: Legal, Fiscal and Practical Aspects*, Springer, 2016.

③ Milne M. ,*The Transformation of Television Sport*, Palgrave Macmillan, 2016.

寻进一步完善无形资产开发法律体系。

本章小结

体育无形资产是指在体育领域中具有特定主体支配、非实物形态且能带来经济效益的资源。其外延是除去实物形态和货币形态的体育资产之外的体育资产。实务界与理论界对于体育无形资产的概念包含的三个基本要素达成了共识,即为特定主体支配、非实物形态、能带来经济效益。学界倾向于通过总结赛事无形资产的主要表现形式来表达对体育赛事无形资产的认识,现阶段对于体育赛事无形资产的概念界定把握了其核心要点,强调了体育赛事无形资产的时效性、风险性等特性,国内外学者对体育赛事无形资产的概念进行了阐释,包括冠名权,广告发布权,竞赛表演活动的名称、吉祥物等标识的特许使用权和经营权等。

本章从体育赛事无形资产开发的识别确权与交易流转两大环节着手,就赛事转播权、冠名权、标志权与数据相关权益等体育赛事多类型无形资产的定义研究展开了梳理;在体育赛事无形资产传统交易方式、交易中介制度、交易评估方式等方面对赛事无形资产交易进行了总结。国内学者主要从法律保护学说,产权制度理论,体育无形资产的概念、特征及类别以及体育无形资产交易的公开化等方面展开研究;国外学者则关注典型案例分析和实务合同角度的系统研究。目前,现有研究中存在概念不清、用语混乱的问题,而且对具体案例的实证研究也较少。未来研究可从规范到秩序、从宏观到微观,以及理论结合实证等维度进行突破,以推动该领域的发展。

第二章

中国体育赛事无形资产开发的突出问题及成因

中国体育赛事无形资产在识别与流转方面存在一些突出的问题,这些问题涉及赛事知识产权的国内与国际保护、赛事无形资产的评估标准以及交易平台的监管机制等多个方面。首先,识别环节中,体育赛事无形资产的种类繁多,既存的法律体系未能全面覆盖各种不同的资产类型,因此识别的依据不够充分,这直接导致中国体育赛事无形资产的知识产权保护仍存在现实障碍。实践中也没有达成对各类体育赛事无形资产内涵与属性的共识,存在概念交叉与嵌套使用的问题。体育赛事数据的特殊性以及赛事数据权益内涵的边界模糊成为新的挑战与难题。

其次,流转环节中,由于历史传统的影响,优质赛事资源长期掌握在行政机关手中,市场化的产权交易平台起步较晚、发展缓慢,价格与评估机制不健全也成为突出问题。目前对于体育赛事无形资产的评估机制尚不够完善,缺乏统一的、科学的评估方法和机制,导致在评估过程中存在主观性较大、不确定性较高的情况,缺乏有效的市场化运作机制和交易平台,影响了对无形资产价值的准确把握,也导致了无形资产的流动性不足、价值发挥受限等问题。除此之外,体育赛事数据的纠纷越来越多,体育赛事名称、标志,赛事转播权,运动员、教练员的个人形象权等在内的无形资产具有重要价值,虽然我国通过《著作权法》《民法典》已经对这些类型的资产的法律性质进行了更新,但当前对这些无形资产保护的行政执法机制相对薄弱,以致侵权行为频发,无形资产流失或价值受损。

第一节　中国体育赛事无形资产识别的突出问题及成因

识别资产即列出对组织或者组织特定部门有价值的任何事物的过程。无形资产识别是确定机构的资产有多大的价值及资产的重要性。在法律意义上,体育赛事无形资产识别即根据相关规定与标准判断某种赛事相关的具备经济价值的事物的法律属性及其归属。《企业会计准则第 6 号——无形资产》对于无形资产作出了“可辨认”的规定,满足“能够从企业中分离或者划分出来,并能单独或者与相关合同、资产或负债一起,用于出售、转移、授予许可、租赁或者交换”;源自合同性权利或其他法定权利。参考上述准则对“资产”的定义,判断一个对象是否为资产可以从以下几个标准来考虑:(1)该资产是由企业过去的事项形成的;(2)由企业拥有或控制;(3)预期为企业带来经济利益;(4)成本或价值可以可靠计量。若进一步参考“无形资产”的定义,还需符合能够从企业中划分出来和源自合同性权利或其他法定权利这两条标准。

中国资产评估协会 2023 年 9 月公布的《数据资产评估指导意见》中将数据资产界定为“特定主体合法拥有或者控制的,能进行货币计量的,且能带来直接或者间接经济利益的数据资源”。从这些对无形资产的界定中不难总结出体育赛事无形资产的识别过程需关注的几个要点。第一,因体育赛事的实践而产生。体育赛事无形资产的开发工作从赛事筹备持续到赛事结束之后,比如,2022 年北京冬奥会奥组委在申办期间就已经设计了专门的申奥标识并在商标局进行注册登记，在北京冬奥会结束之后，吉祥物"冰墩墩"文创产品依然受到市场追捧。国际奥委会《遗产战略方针》用6项指标来评估奥运遗产的理论模型，分别为：(1)政策与社会治理；(2)运动技术、奥林匹克知识与网络；(3)知识产权；(4)理念与行为；(5)环境治理；(6)城市发展。① 其中以知识产权为代表的无形资产是大型体育赛事长期效益的典型代表，对于突出赛事遗产的正面性与可持续性有关键意义。第二，没有实物形态，通常以知识、技术、商业价值等形式存在。例如，赛事品牌价值是指赛事在市场中确认的口碑、认知度、形象等方面所具备的无形资产，这些都是不可见、不可触的资产，但它们给赛事转播权销售等带来的影响却是显著的。同样，专利、版权等无形资产，以及近年来成为生产要素的数据也无法表现为实物的形式，因此无形资产依赖于特定的法律法规来保护其价值。第三，能为所有者及使用者带来经济利益。无形资产通常指那些具有经济价值、在未来可以带来潜在经济收益的非实物资产，这些资产虽然不能被看见或触摸，但都可以对赛事的商业价值产生重要影响。无形资产的保护和管理不仅仅是经济效益和社会价值的体现，更是一种文化传承。体育赛事无形资产的保护和有效利用可以带动相关产业的发展，包括广告营销、赞助商合作、版权销售、衍生品开发等多个方面，覆盖体育产业链上的各种主体，包括赛事主办方、运动员、赞助商、广告商、电视台等。体育赛事无形资产的有效保护和利用也有助于提升相关城市的知名度和形象，促进旅游业的发展，带动相关产业的繁荣。

---

① 谢军、茹秀英：《北京2022年冬奥会和冬残奥会遗产研究助力中国相关领域发展的思考》，载《首都体育学院学报》2020年第3期。

一、体育赛事无形资产类别繁杂

1. 赛事标志权

在体育赛事中，标志通常用于标识赛事组织者、赞助商、比赛场馆、参赛队伍或选手、比赛装备和纪念收藏品等相关方面，具有非常重要的商业价值。国务院 1996 年颁布的《特殊标志管理条例》规定，"经国务院批准举办的全国性和国际性的文化、体育、科学研究及其他社会公益活动所使用的，由文字、图形组成的名称及缩写、会徽、吉祥物等标志"。第 16 条第 1 项规定的"擅自使用与所有人的特殊标志相同或者近似的文字、图形或者其组合"的行为侵犯了特殊标志权利人的相关权利。例如，在 2021 年成都大学生夏季运动会筹备与召开期间，根据《特殊标志管理条例》第 16 条的规定，很多未经许可就使用成都大学生夏季运动会注册标志的行为，受到了行政处罚。奥林匹克标志是众多体育赛事标志中最具市场价值和影响力的标志。在我国承办的两次奥运会推动之下，针对奥林匹克标志，我国出台了独立的法律保护依据，第一次是 2002 年出台了《奥林匹克标志保护条例》，主要着眼于对 2008 年北京奥运会这一特定届次的奥运会标志保驾护航，对保障 2008 年北京奥运会的顺利举办发挥了重要作用。第二次是 2018 年修订了该条例，随着 2022 年北京冬奥会申办成功，按照申办文件要求，将 2022 年北京冬奥会的相关标志纳入保护范围，并对通过制造与奥林匹克运动的虚假联系来牟利的隐性营销行为等进行规制。[①]

① 蔡长春：《司法部体育总局市场监管总局知识产权局负责人就〈奥林匹克标志保护条例〉修订答记者问》，载北大法宝 2018 年 7 月 12 日，https://www.pkulaw.com/news/ae8caa3cdb141cf4bdfb.html? way = listView。

将现行条例规定的奥林匹克标志权利人拥有的奥林匹克标志及其使用许可合同向国务院工商行政部门备案、公告程序，改为权利人应当将奥林匹克标志提交国务院知识产权主管部门并由其公告；以商业为目的使用奥林匹克标志应当同权利人订立使用许可合同，权利人应当将合同中许可使用奥林匹克标志的种类、被许可人、许可使用的商品或者服务项目、时限、使用地域范围等信息及时披露。2023 年修订的《体育赛事活动管理办法》第 25 条第 1 款规定："体育赛事活动的名称、标志、徽记、吉祥物、口号、举办权、赛事转播权和其他无形资产权利受法律保护，主办方和承办方可以进行市场开发依法依规获取相关收益，任何组织和个人不得侵犯。"

除全国性的法律法规对体育赛事标志保护作出了规定之外，往往各省市对于在本地举行的大型体育赛事标志会出台专门的法律文件。例如，为了保护 2021 年在西安举行的全运会标志，高效率开展赛事知识产权管理，预防和打击各种侵权违法行为，第十四届全国运动会组委会办公室、第十一届残疾人运动会暨第八届特殊奥林匹克运动会组委会办公室联合印发了《陕西省第十四届全国运动会知识产权保护规定》；为维护亚运会知识产权权利人的合法权益，浙江省人民政府第 53 次常务会议审议通过《浙江省第 19 届亚运会知识产权保护规定》，进一步明确了市场监管等行政监管部门的知识产权保护责任，要对涉及杭州亚运会的商标、专利、作品、商业秘密等知识产权权利客体等进行保护。

2. 赛事转播权

体育赛事转播权是指拥有对体育赛事进行直播、录制、复制、分发、传输等的独占权利。除奥运会等大型体育赛事有其自成体系的成熟转播权售卖方式以外，体育赛事转播权的实现先是由赛事组织者委托第三方(通常为专业的摄制团队)根据协议约定对体育比赛进行录制,赛事组织者根据协议享有体育赛事录制信号的全部权益并支付报酬,第三方得到授权进入比赛场地依合同约定完成体育赛事录制工作。赛事组织者将会依据另一份协议把信号发给那些购买转播权的电视台和新媒体机构。体育赛事转播权涉及的内容一般基于两份协议而分为两个阶段:一个是录制方被允许进入比赛场所录制体育赛事,其相关主体包括体育赛事组织者和受托录制比赛的转播机构;另一个是前述录制形成的体育赛事转播信号由授权的电台和新媒体机构(实时)播放,其涉及主体是体育赛事信号的权利人和购买该信号的电视台及新媒体机构。电视网、体育赞助商、视频流媒体平台等媒体机构或公司通过购买这些权利,可以在各种渠道上向观众展示录制或现场直播的体育赛事而获得收益,并提高他们的市场竞争力。根据体育无形资产分类统计表,体育赛事转播权通常包括:直播权,即在比赛进行时直接在电视、网络或移动设备上播放比赛的权利;复制权,即在比赛进行时或之后复制比赛视频的权利;分发权,即通过电视网络、互联网、数字电视、移动设备等各种媒体向观众分发比赛内容的权利;二次创作权,即按自己的判断加工比赛素材并分发它们的权利,如对赛事进行剪辑或配乐。短视频的出现和兴起,使体育赛事无形资产在体育产业的发展过程中被赋予了新的使命,很多新兴的体育赛事无形资产逐渐被挖掘出来,为体育赛事转播带来了机遇和挑战。[①] 体育赛事转播权成为一项重要的产业,直接牵扯电

① 侯昀昀、董小燕、肖淑红:《中国体育无形资产价值评估研究热点与演进趋势》,载《兰州财经大学学报》2022 年第 1 期。

视、互联网、移动设备等广泛的市场,购买这些权利的媒体机构或者赛事运营公司可以通过发挥这些权利的优势,提升其品牌知名度和商业收益。

随着我国体育产业的迅猛发展,体育赛事转播所具有的巨大商业潜力也吸引了多方注意,当前对体育赛事转播的资金和人力投入大,相比电视信号盗取,互联网盗播、点播、自媒体直播等侵权方式更严重地影响了体育赛事转播权益相关人的切身利益。我国体育赛事转播权在成文法中的地位有其发展历史。在我国现行法律框架下,并没有所谓"赛事转播权"这一权利的相关规定。体育赛事活动也并非文学、艺术和科学领域的智力成果且无法复制,难以受到《著作权法》的保护。为保护赛事组织者的"赛事转播权",学界出现了多种学说。例如,赛场准入说、企业权利说等,但是这些理论都有各自的"硬伤"。自 2015 年新浪诉凤凰网中超联赛之著作权侵权及不正当竞争纠纷案后,关于体育赛事转播画面的著作权法与不正当竞争法保护即引起广泛关注。直至 2020 年《著作权法》第 3 条进行了修改,将"电影作品和以类似摄制电影的方法创作的作品(以下简称电影和类电作品)"修改为"视听作品",大多数的学者都赞同体育赛事直播节目在具备《著作权法》规定的作品要件的情况下,可以作为视听作品受到保护。2022 年 6 月,修订的《体育法》"竞技体育"章节新增关于体育赛事组织者权利的保护,虽然为了不引发争议回避直接使用"转播权"的概念,但此次修订仍可视为为我国体育赛事转播权的保护夯实了法律基础。[①]

---

① 韩勇:《首开先河:体育法关于赛事组织者权利的规定》,载《中国体育报》2022 年 6 月 30 日,第 2 版。

3. 赛事冠名权

冠名权是一个企业或个人通过支付一定费用，获得在某个体育赛事、文化活动、公共设施、建筑物等特定项目中使用自己的名称来进行宣传和推广的权利。这种权利可以有偿授予他人在一定期限内将其字号、商标权或标志命名在特定载体上。体育赛事冠名权是指选定的赞助商通过与体育赛事主办方或者组织者签订冠名权合同，获得为体育赛事命名的权利。冠名权在部分情况下也被称为冠杯权，实践中作为赞助方的乙方通常享有系列活动的冠名权和冠杯权，以授权乙方在系列活动中注明××杯××比赛或活动。冠名权通常以合同形式建立，其法律依据主要源于合同法、商标法和广告法等相关法律法规。例如，平安保险与中超联赛公司曾通过协议约定的方式为平安保险设定中超联赛的冠名权，平安保险为此向中超联赛公司支付6亿元对价，享有中超联赛2014年至2017年度独家冠名权。在中超联赛每场比赛或举办的有关赛事活动中，中超联赛公司要在中超联赛官网、球票、队员服装、比赛现场外围栏、看台观众席、地面及联赛转播视频上标注“中国平安”或“平安”字样。在深圳引领平安公司诉中超联赛公司与平安保险案中，法官认为体育赛事冠名属于经营者对自己商号的合法使用。正因为冠名合同的内容是随着市场的发展不断演变的，无法避免合同实施过程中出现突发事件，故建立健全与赛事冠名权开发负面清单管理制度相适应的监管机制、激励惩戒机制、信息公示制度及法律法规体系等很有必要。

4. 特许经营权

特许经营权指特许权人拥有的授予他人在一定区域和时期内经营某种特定产品的专有权利。有观点认为特许经营权是专利权、商标权和专利技术等的衍生物。[1] 在我国,特许经营权通常有两种形式:一种是由政府机构授予的特许经营权,另一种是由企业授予的特许经营权。政府机构授予的特许经营权,是指政府机构特许特定企业在一定区域内专门经营某种特许业务的权利。这种权利多为社会公共服务事业,如自来水、油、电、电视、广播等。特许经营权在我国法律上的依据主要是《商业特许经营管理条例》,该条例自2007 年 5 月 1 日起施行,明确了特许经营的定义、要求和程序,并为特许经营双方(特许人和特许经营者)的权利义务和合同约束关系等问题提供了明确的规定。也有学者认为,商品特许经营专有权是许可他人在商品开发和营销中使用其知识产权或其他权利以获得收益的权利。其中,权利许可是商品特许经营业务的核心内容。[2] 体育领域的特许经营与其他行业的特许经营存在差异。体育赛事特许经营权是指由体育赛事举办单位或权利人授权第三方运营者,以一定的标准和规范,使用体育赛事品牌、媒体、知识产权等资源,开展体育赛事相关的经营和管理活动。体育赛事举办单位或权利人作为许可人,借助赛事无形资产特许经营增大曝光度,使该赛事在社会公众中影响力增加的同时获得特许费的经济收益。特许经营权的授予可以让其他企业或个人在严格的合同条款和经济协议下,以授权方式运营所属体育赛事。体育赛事特许经营权是一种典型的特许经营方式,它可以帮助体育组织和企业在收益、知名度、品牌推广和运营管理等方面实现共同发展和共赢。

---

① 张军、何曼主编:《传媒产业无形资产管理》,中国经济出版社 2018 年版,第 4 页。

② 马宏俊主编:《新编体育法学》,高等教育出版社 2023 年版,第 150 页。

大型综合性赛事的特许经营产品包括胸章和纪念章、服装服饰及配饰、文具、玩具、工艺品、宝玉石、珠宝首饰、各类饰品（家居饰品、手机配饰、汽车配饰等）、体育用品及其他商品。在北京冬奥会筹办的过程中，将“特许经营”界定为北京冬奥组委许可特许企业生产和销售带有北京2022年冬奥会和冬残奥会会徽、吉祥物、中国奥委会商用徽记、中国残奥委会徽记及相关知识产权的产品。此外，明确规定特许企业不享有与北京2022年冬奥会和冬残奥会相关联的市场营销权。奥组委采用排他和联合排他的方式，控制同一产品类别的特许生产商数量，特许企业按照特许经营协议缴纳保证金、特许使用费及北京冬奥组委要求缴纳的其他费用。

国家为了避免无序扩张扰乱市场，破坏体育产业正常有序发展，会设定一定的准入条件，可以帮助筛选出优质的体育企业进入，从而创造出更多的价值，也有利于推动体育产业的健康发展。根据商业性体育赛事特许经营权的实践，可以分为三种情况：第一，各级各类体育赛事主办机构自身拥有赛事的所有权；第二，主办机构将赛事承办权授予某一城市组委会或其他机构承办时，该城市组委会或其他组织机构也就拥有了该项赛事的无形资产项目的一系列特许经营权；第三，赛事承办方将赛事的某项特许使用权授予其他企业或机构。商业性体育赛事特许经营权与其他特许经营权价值形成机理一致。商业性体育赛事特许经营权的内容包括：(1)商业性体育赛事的举办权，即获得主办方授权，负责具体组织赛事；(2)商业性体育赛事的冠名权，即获得主办方授权，可以自己名称命名赛事；(3)商业性体育赛事的广告发布权，即获得主办方或者其他权利人授权可以在赛事上发布广告；(4)商业性体育赛事的赞助商称号，即获得主办方或者其他权利人授权可以被称作各类赞助商。

5. 赛事承办权

《体育赛事活动管理办法》第5条规定，主办方是指发起举办体育赛事活动的自然人、法人和非法人组织；承办方是指具体负责筹备、实施体育赛事活动的自然人、法人和非法人组织。赛事承办权是指主办方通过“招标投标、协议转让、行政指令”等手段选择承办方，由承办方在一定范围内组织、策划和实施赛事的权利与义务，是实践中常用的概念，在理论中没有对应的概念，通过合同权益的方式实现。可以从我国体育赛事权益交易平台上发布关于赛事权益的内容，如2020年度中国摩托艇精英系列赛A分站承办权项目信息中要求“在协议期限内，应标方享有的权益：赛事承办权；合作方的官方称谓权；品牌使用、联合标识使用权等无形资产、资源权益；市场开发（广告招商）、相关产品（门票、纪念品、礼品）与产业链（比赛服装、装备、设施设备）开发的权益；秩序册等相关印刷品和比赛现场80%广告权益（当地政府等相关方的宣传权益自行协商确定）”。在2020年全国动力冲浪板锦标赛承办权招商项目信息中，要求“应标方享有的权益：赛事承办权；赛事的冠名权、运营与推广权；赛事的城市建议选择权；赛事的相关商务开发权益；赛事媒体宣传权、赛事转播权；赛事的所有运营收益权；可享受国家体育总局水上运动管理中心对赛事的赛事技术指导服务；媒体宣传权、赛事转播权”。在2020年中国桨板公开赛承办权招商项目信息中，要求“应标方享有赛事称谓；应标方LOGO标识露出：应标方LOGO在场内广告板上的露出、在比赛背景板、秩序册等制作物上露出、比赛现场展示的相关物品上露出；应标方享有赞助中国冲浪队权益及相关活动，包括但不限于赛事、公益、训练、课堂、产品等方面的合作;应标方享有同行排他权”。从上述赛事招商公告中可以看出,对于赛事承办权概念的两重理解:一种是狭义的赛事承办权,即对赛事活动进行组织管理的权利,另一种是广义的承办权。除狭义的赛事承办权之外还包括:赛事的冠名权、运营与推广权;赛事的城市建议选择权权益;赛事门票;纪念品、礼品、比赛服装、装备、设施设备等周边产品的市场开发权益;赛事媒体宣传权、转播权等权益内容。

6. 赛事运营权

赛事运营权是指在一定时间内,由相关方以某种方式对某个体育赛事从组织、策划、宣传到推广等全过程进行管理、运营、维护,实现整个赛事的成功举办和商业化运作的权利。具体来说,赛事运营权包括以下内容:赛事运营方案的策划和制定、赛事主题的确定、赛事场地的筛选和租赁、赞助商的招募和谈判、赛事宣传推广、媒体合作推广、赛事日程安排和管理、赛事票务销售、赛事直播与录播、赛后评估和总结。通过对各大交易平台中发布的相关信息进行检索发现,赛事运营权招标信息中对“运营权”概念的使用与“承办权”是有很多重叠与嵌套的,如 2021 ~2022 赛季中国自由潜泳池系列赛运营权益招商项目信息中写道:“1. 在协议期内,合作方享有‘2021—2022 赛季中国自由潜泳池系列赛运营商’称号使用权。2. 中国潜水运动协会标志使用权,拥有在与系列赛相关的前提下使用中国潜水协会运动协会标志的权利。3. 系列赛运营权,负责运营系列赛。4. 系列赛的商业开发权益以及收益:(1)拥有系列赛冠名商、供应商、服务商、其他赞助商的自主招商权;(2)拥有系列赛指定产品、标志产品、纪念品、邮品、纪念币、旅游接待产品等的授权委托开发权。5. 系列赛全媒体版权归中国滑水潜水摩托艇运动联合会，应标方拥有使用权。”在全国青少年校园（俱乐部）手球联赛运营合作方招商项目信息中，将运营权的内涵约定为：“1. 授权应标方作为‘××赛事’的独家推广运营商。2. 邀请冠名企业负责人担任赛事组委会职务。3. 拥有‘××赛事’的品牌使用、联合标识使用权等无形资产、资源权益。4. 拥有‘××赛事’媒体宣传权、赛事转播权。5. 企业专访：合作网络、电视台等媒体做企业专访。6. 所有工作人员、志愿者的服装印有相关LOGO。7. 开闭幕式现场展位。8. 享有中国手球协会对‘××赛事’的赛事技术指导服务。”可见，“运营权”在业务实践中也包括了标志使用权、商业开发权（冠名权、特许经营权），以及赛事转播权等内容。

7. 赛事开发权

赛事开发权也是在实践中常运用的概念，如前面所述的赛事运营权，“开发权”这个概念在法律上并没有明确的依据，而是主要以合同的方式约束当事方，是指在体育赛事的策划、规划、组织等方面，将一个原本不存在或者未被广泛推广的赛事进行商业价值挖掘和推广的权利。赛事开发权是指在某一特定领域、行业或者地区，开发和研究新的体育赛事项目的权利。举例来说，某个公司或组织对于全新的体育游戏创意有着独特的构想，可以通过申请或者购买体育赛事开发权来保护其创意，从而获得在该领域内的独占权利，以及拥有该体育赛事的所有IP[①]和收益。体育赛事无形资产开发在实践中通常

① 体育赛事IP（Intellectual Property）是赛事进行商业化运营的前提条件，产业实践中常将体育赛事门票销售权、赛事赞助权、赛事媒体转播权益和特许衍生开发权这四种权益总称为“体育赛事IP”。参见艾瑞咨询：《2022年中国体育赛事IP商业化研究报告》，载艾瑞网2022年9月16日，https://report.iresearch.cn/report/202209/4063.shtml。

被“市场开发”一词涵盖，市场开发即通过市场营销行为对体育赛事无形资产进行挖掘的过程。“开发权”更应视为一个权利束，例如，在中国橄榄球协会水球项目赛事运营合作方及中国女子水球队商务开发权项目信息中，约定“应标方被授予中国橄榄球协会水球赛事（由项目方主办的全国性水球比赛，包括但不限于锦标赛、冠军赛、系列赛等；在华举办的世界级或亚洲级的水球比赛）唯一运营商；应标方获得中国橄榄球协会水球赛事（由项目方主办的全国性水球比赛，包括但不限于锦标赛、冠军赛、系列赛等；在华举办的世界级或亚洲级的水球比赛）的运营权、推广权、广告经营开发权、指定产品开发权等商业权益；应标方可使用项目方拥有知识产权的徽标等内容进行赛事推广（国际组织或国家体育总局有限制性规定的除外）”。可见实践中，用“运营权、推广权、广告经营”等约定俗成的权益字眼来解释开发权是常见的做法。大型综合性体育赛事主办方是赛事 IP 的所有方，享有有关赛事市场开发所有的权益，并主导市场开发权益分配；赛事承办方是具体负责运营赛事的组织或机构，关于市场开发的权益要与赛事主办方谈判商定；第三方赛事市场开发机构市场开发权益分配要听从赛事主办方或赛事承办方的安排。

《2022 年北京冬奥会和冬残奥会市场开发计划》中将市场开发分为三大部分，即赞助计划、特许经营计划和票务计划，将赞助定义为“北京冬奥组委授权企业使用北京 2022 年冬奥会和冬残奥会、中国奥委会和奥运会中国体育代表团、中国残奥委会和中国残奥体育代表团的标志及相关知识产权进行市场营销及享有接待服务相关权益，并从企业获得资金、物资、技术和服务保障的市场开发行为”。在这种理解模式下，市场开发权是赛事管理机构授权企业使用赛事标志及相关知识产权的权益。特许经营权被纳入市场开发权的范围，北京冬奥组委承诺反馈给赞助企业以市场营销权，接待权，产品、服务提供权以及优先谈判权等权益，可见赛事开发权在不同比赛中被赋予不同的内涵，至今仍未形成统一的理解。

8. 供应商权益

供应商权益信息是区别于前几种常见权益存在的赛事相关无形财产权。实践中对于供应商权益内容的理解主要包括了使用“某赛事官方供应商”的名称，品牌产品的境内销售、宣传推广权，集体形象使用权等。如国家奥林匹克体育中心供应商品牌名称使用授权权益招商项目信息中将供应商权益界定为：(1)协议期内合作方的产品包装及相关产品推介中可标注“国家奥林匹克体育中心供应商”或“国家奥林匹克体育中心选用产品”字样；(2)协议期内合作方享有将标有授权品牌标识的产品在中国国内销售的权利；(3)协议期内合作方享有将标有授权品牌标识的产品在中国国内宣传、推广的权利；(4)协议期内为合作方提供1处展示企业产品的广告载体；(5)在协议期内项目方将充分利用自有资源协助合作方在体育领域开展相关活动；(6)协议期内项目方举办的各项赛事、活动，如合作方愿意参与，均有优先优惠的权利。国家自由式滑雪U型场地队供应商权益招商项目中供应商权益的内容包含了：“1. 授权称谓：国家自由式滑雪U型场地队供应商。2. 集体肖像权：合同期间内，合作方享有在产品包装、媒体宣传、渠道终端等传播渠道使用队伍集体形象（三人或三人以上）及授权称谓的权利。”中国体操队赞助商/供应商权益交易项目（厨电类）信息则约定供应商享有：“1. 特许使用权：授予‘中国体操队厨电类产品供应商’等荣誉称号或双方协商确定的其他称号，有权在报纸、电视等平面、视频广告，产品包装，产品推介，市场活动，企业宣传中明示；2. 宣传推广活动：中国体操队知名运动员每年出席1次赞助企业推广活动；3. 集体形象使用权：有权在报纸、电视、户外等广告、产品包装、产品推介、市场活动、企业宣传中使用中国体操队集体形象(3人及以上)；4. 广告拍摄：体操队参加赞助企业广告片拍摄1次。”总而言之，供应商权益的保障来自合同的约定，合同的相关法律规定成为供应商权益的法律依据。根据中国资产评估协会发布的《体育无形资产评估指导意见》第11条规定的分类，知识产权类体育无形资产通常表现为著作权、商标权、专利权、专有技术和域名等形式，故此体育赛事标志权、体育赛事的转播权属于《体育无形资产评估指导意见》界定的知识产权类体育赛事无形资产。

体育产业的核心资产通常为无形资产。综上可见，无论是在理论上还是在实践中，体育赛事无形资产是一个内涵丰富的概念，其中包括了赛事标志权、转播权、冠名权、特许经营权等在理论层面已有深入探讨的权益类型，还包括了体育赛事承办权、赛事运营权、赛事开发权和供应商权益等在实践层面被广泛运用的权益。国家体育总局印发的《国家体育总局合同管理办法》等文件中列举了一些常见的体育赛事无形资产，体育赛事的名称、徽记等标志，参赛运动员肖像，广告发布与赛事转播等，主要基于已有的知识产权等法律框架对体育赛事无形资产予以规范。各类体育赛事无形资产类别繁杂，这无疑增加了识别和管理的复杂性，也可能会增加赛事开发过程中的不确定性和风险，限制进一步的扩张和发展。同时，由于覆盖的范围很广，对无形资产权益的归属、价值评估等方面的争议随之产生。体育赛事无形资产具有特殊性，传统的知识产权法律体系难以为体育赛事无形资产的开发、利用和保护提供全面到位的保障,这不仅使很多体育赛事无形资产的价值被长期忽视,也使一些体育赛事无形资产饱受侵权困扰而无法得到救济。

二、体育赛事无形资产识别中的概念交叉与嵌套使用

1.《体育无形资产评估指导意见》对于体育无形资产的分类及概念界定

《体育无形资产评估指导意见》从权利人所拥有的权利内容角度对体育无形资产进行分类,指导意见借鉴无形资产评估对象分类惯例,结合体育无形资产特点,采用三级分类指标表述体育无形资产,即一项无形资产可用大类、中类和小类三种指标口径进行表述。其中:大类按照是否可辨认划分为可辨认和不可辨认的体育无形资产,可辨认的体育无形资产包括特殊标志、域名、专利、合同权益、客户关系、特许经营权、商标、著作权以及受法律保护的其他资产,不可辨认的体育无形资产属于商誉;中类采用我国资产评估准则对无形资产的分类口径;小类采用体育产业约定俗成的无形资产分类口径。例如,赛事举办权表述为"可辨认体育无形资产(大类)——合同权益资产(中类)——体育赛事举办权(小类)"。

2. 实践中多样化的体育赛事无形资产权益名称的使用

体育赛事无形资产权益除具有无形资产的一般特点外,还具有与体育产业商业模式密切相关、权利属性复杂、时效性强、价值不确定性大等特点。对体育无形资产进行辨认和分类,必须建立在对体育产业商业模式和体育资源使用状况有着充分了解的基础之上。通过总结产权交易平台中的实践信息发现体育赛事无形资产相关的权

益概念并不是全都有准确学术理论支撑。例如,赛事承办权、开发权等权益则更倾向于一种描述性、归纳性、观察性的概念,“赛事开发权”“赛事承办权”在实践操作中往往被当作一个集合性的概念,包含了冠名权、特许经营权等细分权益。

实践中常常出现对商业性体育赛事特许经营权与赛事举办权概念的混淆,有观点认为获得一项赛事的举办权等同于垄断有关该赛事的所有相关权益。虽然特许经营权通常与赛事举办权密切相关,但商业性体育赛事特许经营权与赛事举办权是存在差异的,它们并不是同一个概念。商业性体育赛事特许经营权更适合理解为是对赛事举办权的一种经营利用方式。举办权又可以更进一步地拆分为赛事主办权、赛事承办权及赛事协办权,《体育赛事活动管理办法》对这些概念做了解释,将主办方界定为发起举办体育赛事活动的自然人、法人和非法人组织;将承办方界定为具体负责筹备、实施体育赛事活动的自然人、法人和非法人组织;协办方则是指提供一定业务指导或者物质及人力支持、协助举办体育赛事活动的自然人、法人和非法人组织。而实践中,在不同情境下对这些概念的理解存在一定的不一致性。例如,实践中倾向于将“承办权”理解为承办方获得的在某个特定时间、地点举行某项体育赛事的权利,具体的内容包括场地租用、赛程安排、比赛规则制定、裁判组织、草案制作、门票销售等内容,同时也涉及政府、媒体、赞助商、志愿者和观众等各个方面的合作和协调,主要关注如何把体育赛事成功地组织起来。“开发权”关注的是体育赛事创意和形式的研究与开发,侧重于概括体育赛事无形资产开发领域的“开发者与赛事资源”之间的关系。赛事举办权指的是在一定条件下,由特定的组织或机构组织、筹备和举办商业性体育赛事的权利。举办权通常包含了赛事组织的所有方面,包括场馆选定、运动员招募、宣传推广、安全保障、比赛规则等;相比之下,特许经营权是指在获得赛事举办权的基础上,由特定的组织或机构在合同约束下使用赛事的品牌、媒体、知识产权等资源进行相关项目的经营活动。在实际操作过程中,掌握了特许经营权的运营商可以在体育赛事的各个阶段发挥关键作用。因此,特许经营权的获得往往是体育赛事举办权的重要补充,可以帮助推广赛事本身,并在推广过程中创造商业价值。而对于体育赛事组织者来说,将特许经营权授予经验丰富、专业化的企业或机构,不仅有助于拓展体育赛事的市场和影响力,还可以增加对经营风险的控制能力。

又如,“供应商权益”与“赞助商权益”也存在混淆情况。上海文化产权交易所体育文化产权交易中心公开招商的“上海市青年乒乓球队训练及比赛保障产品供应商权益”项目,曾在公示中注明合作方获得权益为:(1)合作方被授予“上海市青年乒乓球队冠名赞助商”或“上海市青年乒乓球队官方合作伙伴”或“上海市青年乒乓球队官方赞助商”或“上海市青年乒乓球队官方供应商”。(2)合作方将获得荣誉称号,合作方可在授权产品保证、促销推广、媒体宣传等传播渠道中使用荣誉称号等,这里面所涉及的“供应商权益”其实包含了通常理解的冠名权、赞助权等权益的内容。可见,在实践中多元无形资产权益的名称使用仍未有明确的定义与界限。

目前体育赛事无形资产中的各种权益类别概念缺乏统一的、权威的界定。即便《体育赛事活动管理办法》中有明确规定,也会在实践中依据赛事有关主体的需求而在合同中就某项权益作出具体的约定。由此,合同权益、特许经营权的基本法理则可被作为间接性的理论渊源，个案则在此基础上对权益内容进行调整。根据《体育无形资产评估指导意见》的分类，体育赛事举办权、体育赛事冠名权、体育赛事广告发布权、体育赛事的赞助商称号都属于体育赛事无形资产中的"合同权益"。

综言之，虽然实践中使用各项权益名词时的侧重点并不相同，但是总体上处于混乱的状态。从体育资源产权交易平台上公示的交易信息来看，实践中对几种权益的主体、客体与权益内容虽已形成一定的共识，但并没有清晰的边界，运营权、承办权、开发权、冠名权等概念嵌套使用，由此可能会导致概念混淆和理解困难，干扰对体育无形资产进行辨认和分类。

三、新兴体育赛事数据权益的识别依据不足

"资产"都主要表现为"实物资产"的形态，如农业时代的土地、房产、贵金属，工业时代的厂房设备、汽车、家电等。随着工业经济的发展，社会经济复杂性不断上升，又出现了"无形资产"的范畴，如狭义的企业品牌、知识产权，广义的"无形资产"则进一步包括了专有技术、客户关系等。随着数字经济时代的到来，数据、算法的发展，"资产"的形态和范围正在出现全新的革命性变化，在体育竞赛表演业中，随着视频运动捕捉、自然语言检索等技术在体育赛事活动中的广泛应用，体育赛事数据的经济价值和应用价值得到充分的体现。[①] 富有价值的数据通常具有体量大、种类繁多、价值高、反应速度快等特

① Brown S. M. & Brison N. T., *Big Data, Big Problems: Analysis of Professional Sports Leagues' CBAs and Their Handling of Athlete Biometric Data*, Journal of Legal Aspects of Sport, Vol. 30:1, p. 60 – 65(2020).

点，当下对于数据进行处理使其变为资产的模式主要体现为：对巨量数据进行分析，提取出有价值的信息，并利用该信息为企业创造经济价值。体育赛事组织者通过与相关数据服务供应商合作或自建数据库，大规模收集和分析数据，并将其商业化利用。数字体育概念的缘起和发展均与体育赛事有着密切关系。[①] 在数字技术不断嵌入社会运转的背景下，数字化技术的发展和运用帮助推动体育无形资产的开发。例如，通过移动应用、电子游戏和虚拟现实技术等方式，创造更多的体育文化和消费体验。继门票、赛事转播、赞助、商品特许经营后，数据将作为体育赛事商业利用的一种形式，成为新的商业开发资源。[②]

1. 体育赛事数据的特殊性

体育赛事数据中包含了不同类型的数据，有学者认为体育赛事数据是指赛事组织者形成和控制的与比赛相关（包括赛前筹备、比赛期间以及赛后）的所有事实和信息内容，这其中包括了赛事活动安排所生成的信息，如赛程安排；赛场上形成和收集的比赛相关信息，如比赛的结果；还涵盖了运动员的个人统计数据、球队的表现和策略等；以及赛场情况、比赛天气、观众信息等赛事各种外部环境和条件。[③] 体育赛事相关的数据是通过各种手段实时或离线收集、分析和处理而来的，比如在足球比赛中，通过现场解说员、视频直播和传感

---

① 李颖川主编：《中国体育产业发展报告（2021～2022）》，社会科学文献出版社2023年版，第120页。

② 陈峰：《从NBA和CBA两案例判决，看赛事数据保护的路径》，载腾讯网，https://new.qq.com/rain/a/20230512A09TE900。

③ 徐伟康：《数字体育时代赛事组织者数据权益的保护》，载《体育科学》2021年第7期。

技术等手段及时捕捉每个球员的位置、速度和距离等数据；使用计算机视觉技术、人工智能技术对比赛场景、视频图像进行数据信息的分析，提取比赛数据；还包括对裁判判罚的犯规，红、黄牌，换人等信息的统计数据等。体育赛事数据具备数据的一般特征，但是基于体育活动的特殊性而具备一些独有特征：一方面，体育赛事数据往往涉及多个主体，包括赛事主办方、赛事运营服务方、体育俱乐部、运动员、数据采集方、数据分析方等，体育赛事数据的产生、收集、处理等环节中这些主体都有所参与或助力，哪一主体可以主张体育赛事数据权益尚无定论；另一方面，体育赛事数据难以匿名化或去标识化，一般基于具体的运动员个人参赛表现进行采集、统计，很多体育赛事数据服务也是基于对运动员个人数据进行加工、处理来提供分析意见和报告，如果对运动员数据去标识化处理可能会削减部分体育数据的价值。再者，体育赛事数据仅仅产生于赛事筹备与举行过程中，具有一定的稀缺性。

2. 体育赛事数据权益的内涵未达成共识

由于赛事数据具备了上述区别于一般物的特殊性，赛事数据的内涵与分类仍然存在争议，也由此影响到对体育赛事数据权益的定义达成共识。体育赛事数据权益是指与体育赛事有关的数据所涵盖的知识和信息的所有权或控制权。体育赛事数据权益由不同的部分构成，如赛事新闻、比赛规则、赛事报告、比赛手册、赛程表和统计信息数据库等赛事数据，这类数据只要符合《著作权法》关于文字作品的要求即可受到法律保护，但是这种保护路径对于数据的独创性要求很高，数据信息汇编类的成果往往难以被纳入保护的范畴。数据作为新型无形资产，其商业价值越来越大，体育赛事数据权益通常涉及以下几个方面:(1)广告收益。体育赛事数据对于广告方具有很强的吸引力,运动员的个人统计数据、球队的表现和策略等方面的数据,都可能成为广告商广告投放的重要依据。(2)转播权收益。电视转播权是指对于现场比赛的实时录制及转播的权利,可以带来相关的收益和商业利益。(3)个人信息授权使用。运动员或球迷的比赛照片以及运动员的生物特征数据等会涉及授权问题。随着大数据分析的普及,许多体育管理机构或联盟设立数据开发机构或指定一家公司,来专门收集和处理各种赛事数据并予以商业化利用。赛事数据除为赛事开展需要而利用外,还会在彩票和在线互动中被使用。赛事数据因其具有商业价值也会遭遇侵权,被非法收集、复制、窃取或使用。2021 年,中国男子篮球职业联赛(CBA)官方数据服务提供商上海贝泰电子信息技术有限公司,状告上海炫体公司利用网络爬虫技术复制 CBA 联赛数据,主张被告通过其官网及手机客户端“雷速体育”App 向消费者提供 CBA 联赛的实时数据的行为侵犯了其合法权益。[①] 这类案件暴露出我国目前存在的体育赛事数据权益内涵不清晰、体育赛事组织者数据权益边界模糊的事实。

体育赛事数据保护如今已经成为备受关注的一个话题,主要涉及个人隐私、商业机密以及数据交易等方面的问题,其涉及主体的多元性也导致体育赛事数据较其他数据面临更为复杂的数据权属界定问题。赛事数据汇集了大量运动员的个人数据以及由赛事活动组织者掌握的其他数据,如何处理好赛事主办方与运动员之间的数据权益边界,做到两方权益的平衡是至今仍未解决的难题。有观点认为,

① 上海市杨浦区人民法院民事判决书,(2021)沪 0110 民初 19853 号。

从赛事本身的权利归属来看，赛事主办方是赛事的权利人，享有赛事相关权利。赛事数据是依托赛事产生的无形资产，且赛事数据中会不可避免包含由赛事主办方享有知识产权的赛事名称等元素，最重要的是赛事主办方是组织一场比赛过程中耗费大量人力、物力、财力的主体。[①] 因此，赛事主办方对赛事数据的确权与保护有着合理的诉求和法律依据。但是，赛事数据中也包含了运动员的个人数据，如姓名、年龄、身份证号、体检结果、比赛成绩等，这些数据涉及运动员的隐私权和名誉权，也应当受到法律的保护。运动员作为赛事的参与者和创造者，对赛事数据也有一定的利益相关性和控制权。如果赛事主办方未经运动员同意或者超出合理范围使用或者转让赛事数据，可能会侵犯运动员的合法权益，甚至会给运动员带来不利影响。因此，如何界定赛事主办方与运动员之间的数据权属和责任，如何协调两者之间的利益关系，是体育赛事数据保护中亟待解决的问题。

在国际上，欧盟《通用数据保护条例》（GDPR）和美国《加利福尼亚州消费者隐私法》（CCPA）等一系列法规和条例，明确了个人数据保护的标准和要求，这些对于体育赛事数据的保护也同样适用。除此之外，还有国际体育组织的章程等文件也成为约束大型体育赛事数据归属的依据，如国际奥委会的《奥林匹克宪章》第 7 条规定，国际奥委会是奥运会及奥林匹克财产的所有权人，即国际奥委会有权确定与奥运会、奥运会比赛和体育表演有关的数据的获取条件和任何使用条件，是奥运会有关数据的权益主体。不仅是国际奥委会，很多

① 徐伟康：《国外对赛事组织者的赛事数据权益的法律保护及其启示——基于美国、澳大利亚和欧洲国家的案例分析》，载《首都体育学院学报》2022 年第 2 期。

赛事组织方都会在赛事章程中通过直接或者间接的方式确定赛事数据权益的归属。据此，赛事服务运营方、数据采集方、数据分析方等主体都需要先取得主办方的授权才能使用赛事数据。[①] 近年来，我国在个人信息保护方面的立法取得了飞速发展，除《民法典》对个人信息保护作出了相应规定之外，经过多年的酝酿，于2021年8月正式出台了《个人信息保护法》，确立了个人信息处理的基本原则，及时回应了国家、社会、个人对个人信息保护的关切。

我国立法已经对于个人信息保护给予了高度重视，但对于赛事数据究竟归属于赛事哪一方主体的问题尚未有一个明确的依据，虽然2018年印发的《国务院办公厅关于加快发展体育竞赛表演产业的指导意见》(国办发〔2018〕121号)中也明确："赛事相关权利归各级单项体育协会以及其他各类社会组织、企事业单位等合法办赛的赛事主办方所有。"但是作为在之后正式生效的上位法《民法典》《个人信息保护法》，其中关于运动员个人信息保护的具体规定与国务院办公厅文件中的规定有所冲突，关键是规范性文件中的"相关权利"表述语焉不详，这种将所有权利都直接划归给赛事主办方的"一刀切"式规定并不能应对新兴的赛事数据权益争议，况且规范性文件的效力较低，难以成为赛事数据权利界定的依据。故而，如何在现有的法律框架之下平衡好体育赛事数据中的个人信息保护与数据流通利用是体育赛事数据无形资产开发面临的现实挑战。

---

① 刘迎、孙乐怡：《新〈体育法〉下我国体育数据的确权与保护》，载金杜律师事务所2023年1月10日，https://www.kwm.com/cn/zh/insights/latest-thinking/sports-data-right-and-protection-under-new-law-of-prc-on-physical-culture-and-sports.html。

第二节　中国体育赛事无形资产流转的突出问题及成因

随着体育产业规模的不断扩大，无形资产在其中也变得越来越重要。特别是在现代职业体育赛事中，如比赛品牌、电视转播权等方面的无形资产价值已经超过了实物资产，成为一个体育促进的重要因素。同时，与此相关的法律问题也日益凸显，在体育赛事无形资产得到了法律确权之后还涉及如何在市场上自由交易流转的问题。事实证明，以往的行政主导风气仍然对体育赛事无形资产的流转有所影响，虽各地兴建的体育产权资源交易平台挂牌的赛事无形资产资源越来越多，但是优质的资源仍然稀缺，需要采取一定的措施、完善相关的机制来保障落实“平台外无交易”的要求。

一、优质资源进场交易难

鲍明晓在《关于体育无形资产的几个理论问题》中归纳了体育无形资产特点，同时强调了其对体育行政部门有较大的依赖性，这一特点也导致了中国体育赛事无形资产的流转极大程度受制于政府机关的影响，行政做派的风格突出。① 体育赛事活动离不开政府的支持和监管，但如果政府部门深度介入，甚至作为赛事执行主体参与绝大多数大众体育赛事活动，反而会制约赛事活动的发展。受到行政目的

① 鲍明晓：《关于体育无形资产的几个理论问题》，载《北京体育大学学报》1998 年第 4 期。

的限制，政府部门办赛无法如商业运营机构一般，重视和强调体育赛事活动的经济效益。

我国体育赛事运营管理模式根据运营主体的不同可大致分为政府主导型、市场主体型与混合型。不同的赛事运营管理模式对于无形资产开发影响重大。[①] 大型综合性体育赛事如奥运会、亚运会、全运会、城市运动会等赛事，往往是政府主导型的体育赛事。该类赛事具有促进城市基础设施改善和体育场馆建设的功效，也是一种城市更新和国家、地区发展的可行之路。为了避免大型体育赛事的举办给城市带来沉重负担，造成资源的严重浪费和国家财政的沉重包袱，体育赛事无形资产的开发成为让社会各界认可赛事效益的重要途径。市场主体主导型是指包括以体育中介公司、体育文化广告传播公司等商业性组织以及体育用品、设备企业为组织者的赛事运营模式。国内赛事中介公司（体育中介公司、体育文化公司等商业性组织）或者生产企业期望通过承办或参与运营体育赛事，获取经济效益或者持续展示品牌的机会。以体育中介公司、体育文化公司为代表的体育赛事运营公司在商业性体育赛事中的重要性突出，但是这类公司目前在我国市场中的竞争压力很大，其自身水平与国际体育经纪公司之间也存在差距。一方面，国际体育经纪公司经验丰富，企业管理成熟，拥有良好的竞争优势。另一方面，我国的体育经纪业务起步相对较晚，存在人才短缺的问题。尽管我国政策开放，进入体育产业市场的公司增加，但国际体育经纪公司仍然拥有赛事的原创版权。

① 高晓波、侯兰茜、陈毓姗等：《我国体育赛事运营中的模式效益及实现对策》，载《成都体育学院学报》2012年第7期。

虽然我国的体育经纪公司在宣传推广方面给予了高度重视,但从中获利较少,制约其规模的发展。

混合型即指城市政府、商业组织、生产企业等共同运营赛事。政府主导型赛事运营以社会效益为主要和优先考虑目标,兼顾经济效益,这种情况下赛事无形资产的开发主要通过吸引民间资本赞助冠名赛事。市场主体主导型的赛事运营则以经济效益为主要目标。尤其是体育文化公司、中介公司作为赛事运营主体时,通常依靠开发赛事赞助来获得经济效益。这就要求赛事组织者在赛事运营时科学地选择赞助商并严格维护赞助企业的合法权益。我国是政府主导型体育管理体制,虽然2014年颁布的《国务院关于加快发展体育产业促进体育消费的若干意见》取消了体育赛事申办的审批程序要求,但体育资源尤其是优质的体育赛事资源仍然掌握在体育行政部门和各单项运动项目协会手中。例如,江苏省体育产业集团有限公司(以下简称集团公司)是经省政府批准并出资设立的省属国有控股公司,集团公司目前有五家下属单位,其中之一便是江苏省体育竞赛有限公司。凭借其国有企业的背景,直接接受省体育局行业管理与指导,该公司已成长为"省内龙头、国内领先"的体育赛事公司,先后承办运营国际级、国家级等各类赛事近百场,业务范围从江苏延伸至浙江、安徽、江西、吉林、内蒙古等地,获得了内蒙古自治区第十五届运动会、全国排球冠军赛泰兴赛区以及国内多个城市的品牌马拉松赛事运营权。又如,渭南市体育产业发展有限公司是渭南市人民政府批准并出资设立的市属国有独资企业,由渭南市体育局履行行业管理职责,受国资委监管,基于其国有企业的背景,先后承接陕西省—乌兹别克斯坦青少年足球友谊赛、全国羽毛球团体冠军赛、全国体校杯足球赛等国家级与省级赛事。这些具备国资企业身份的体育企业通常未经过市场竞争就可直接拿到重要赛事的运营权,这种现象并不符合体育赛事运营权市场化发展的趋势和要求。

以国内体育赛事转播权市场的发展情况为例,体育赛事转播权市场开发起步于中国足球职业联赛,其他实行有偿转让电视转播权的体育赛事很少,买卖双方没有形成真正的市场化运作,电视台掌握转播权市场开发的主动权和议价权。资料显示,在 1994 ~ 1998 年转播权市场初期阶段,体育赛事电视转播权转让过程,主要是通过用广告时间来交换赛事电视转播权,仅有部分商业性比赛项目通过货币转让转播权。从 1999 年开始,国内体育赛事电视转播权的买卖突破了中央电视台独家垄断的局面,出现了地方电视台参与体育赛事转播权购买的竞争时期。随着互联网等新媒体平台的发展,作为中央广播电视总台网络新媒体业务平台的央视国际网络有限公司独家买断了国内外重大体育赛事的新媒体转播权。根据《国家广播电影电视总局关于加强体育比赛电视报道和转播管理工作的通知》(广发办字〔2000〕42 号)中“重大的国际体育比赛,包括奥运会、亚运会和世界杯足球赛(包括预选赛),在我国境内的电视转播权统一由中央电视台负责谈判与购买,其他各电视台(包括有线广播电视台)不得直接购买”的政策,在很长一段时期中国体育赛事转播权市场由中央电视台和其下属的央视国际网络有限公司垄断,缺乏自由竞争。①

政府在商业性体育赛事资源配置主导权方面表现出了充分的自

① 滕文飞、胡纯青:《版权价值重估　资本竞逐优质 IP——体育赛事媒体版权深度报告》,载上海证券 2017 年 7 月 4 日,http://pdf. dfcfw. com/pdf/H3_AP201707050693497018_1. pdf。

由，行政部门深度介入和参与大众体育赛事活动有诸多弊端：第一，过分行政干预，可能导致市场规律和竞争秩序受到破坏，降低公正性和透明度，影响体育赛事的发展；第二，影响管理效率，由于各种情况，资源分配可能不够合理，效率不高，影响赛事的优化和品质提升；第三，容易造成垄断，政府部门掌握稀缺的体育赛事资源易导致与政府部门有"亲缘"关系的赛事运营公司在市场上占据垄断地位，而这种"亲缘"关系本身又通常与腐败问题相关，这都将严重制约和阻碍体育赛事活动的发展；第四，专业化程度受限，政府部门虽然对大众体育赛事活动具有推广和规范的重要作用，但其干涉体育赛事活动可能会严重影响赛事运营主体的职业化、专业化。

二、产权交易平台发展缓慢

体育要素不能自由流动等问题严重制约了我国体育强国战略目标的实现，市场机制有助于实现体育资源的优化配置，可以遏制体育腐败，减少地方政府的寻租行为。目前我国体育赛事无形资产市场发展不平衡，统一开放、竞争有序的市场体系尚未完全形成，地区分割、部门分割导致市场竞争不充分，市场成熟度有待提高。构建体育无形资产产权交易平台是落实中国体育产业供给侧结构性改革新要求的重要举措。我国各地的体育资源交易平台经过多年发展，积累了丰富的运作、服务和管理经验，虽然已经产生了一些体育赛事无形资产交易，但实践中大部分体育产权仍然采取行政性交易方式和"一对一"交易方式等分散的交易方式，造成进入平台交易的体育产权项目较少。对于优质的资源，经纪公司通常掌握在自己手中，不愿在平台上共享，倾向于采用"一对一"的交易方式，只有难卖的体育产权项目,各项目协会和中心才会共享到平台,通过招投标评议方式寻找合作方,价格不是唯一因素。前期需要进行长时间的深度开发、包装宣传,体育产权项目的价值才能体现出来。大多数体育产业资源交易平台缺乏优质的体育资源,网站更新内容滞后,平台功能不完善,优质的体育资源掌握在政府手中,严重制约了体育要素自主有序流动和体育资源的配置效率。2019 年国家体育总局发布了《体育总局将体育无形资产纳入公共资源交易平台进行公开规范交易的通知》(体经字〔2019〕616 号),提出"应进必进""平台外无交易"的工作目标,以防范体育无形资产开发领域的廉政风险。我国很多地方已经建成了地方性的体育产业资源交易平台,体育产权交易平台的建设初衷包括信息发布,为项目方、赞助商、投资人及各类专业服务机构提供信息发布平台,消除信息不对称;同时对优质资源的对接引入竞价交易方式,通过市场发现公允价格,再者优化市场环境,完善交易规则、交易制度、交易系统、风控体系。自 2014 年国务院发文以来,各个地方陆续建设了地方性体育产业平台,这些平台都不同程度地依靠当地的体育行政部门。体育赛事无形资产交易所依托的体育产权交易平台,大多数挂靠在综合性的产权交易所下,设置一个体育产权交易板块,综合性的产权交易所处于核心支配地位,体育产权交易业务板块处于附属边缘地位。

近年来,平台发展缓慢是由于受到了各个方面的影响。第一,缺乏市场秩序和规范。体育产权交易市场目前缺乏统一的标准和规范,平台缺乏统一标准,交易信息披露不完善,导致市场秩序混乱,交易成本提高。第二,缺乏专业机构支持。在产权交易中,评估资产价值是交易流程中的重要一环。然而,目前大多数体育产权交易平台缺乏专业评估机构的支持，导致评估结果的可靠性和合法性无法得到保障。同时，对于其他潜在交易对象，如投资者和金融机构，他们也很难确定产权交易的真实价值。因此，缺乏专业评估机构的支持使体育产权交易市场的运作难以达到最优效果。同时，体育产权交易平台缺乏法律机构的参与和支持也导致了产权交易的资金安全、法律合规性和违约处理等因素保障不到位。第三，缺乏优质资产。体育产权交易市场中缺乏高品质优质的资产，这会引发市场参与者对市场的信心和兴趣降低，导致市场不景气。第四，交易成本高。体育产权交易平台的成本较高，包括信息审核、交易评估、监管等方面的成本，而对于涉及的企业和市场而言，也存在信息收集与处理成本等问题；此外，地方税收、交易批准等方面的成本存在不确定性。

除此之外，各个地方的体育产权交易平台根据其生长的“水土”有其自身的问题，例如，2019 年京津冀体育产业资源交易平台是由北京产权交易所携手北京华奥星空科技发展有限公司①联合创建并运营，得到了国家体育总局的大力支持和社会各界的广泛关注。该平台由京津冀三省市的体育主管部门（北京市体育局、天津市体育局、河北省体育局）共同授权建设，由于地区行政力量干预较多，体育龙头企业匮乏，体育产业市场先天不足。又如，广州体育产业资源交易平台，2016 年，为发挥市场平台优化体育资源配置的关键性作用，积极为政府体育公共资源的规范化交易流转以及体育要素主体的专

① 华奥星空科技发展有限公司是由中国奥林匹克委员会、中华全国体育总会发起成立，致力于开发体育产业资源的体育产业综合运营机构，负责建设和运营国家体育总局旗下众多体育协会的官方网站和新媒体平台，在体育视频、交互平台、体育赛事、影视传播、体育产业资源交易等众多业务领域拥有独特的资源优势。

业化需求提供点对点、环扣环的全链条精准平台服务，广州交易所集团在国家及省、市体育主管部门的指导支持下，在广州产权交易所设立了广州体育产业资源交易平台。该平台设立了“赛事权益”的专门栏目，点开该栏目发现2019年以来关于赛事权益的项目数量非常少，2019年仅有两项，2020年仅有一项，2021年没有相关项目，2022年则仅有广州南沙（湾区）马拉松赛市场开发和赛事运行服务合作方公开招选这一项。

出现如此低迷的交易量，除很大程度上受到全球新冠疫情的冲击，导致赛事行业整体发展放缓之外，还有一部分原因来自平台本身的资源和交易设计问题。产权交易平台发展的缓慢与进场交易动力不足有着密切的关系。《体育总局将体育无形资产纳入公共资源交易平台进行公开规范交易的通知》的出台看似在体育赛事无形资产交易环节的规范化上迈出了一大步，但提出的“应进必进”和“平台外无交易”并无明确的落实措施。顾名思义，“应进必进”和“平台外无交易”是指在建设体育无形资产产权交易平台时，应尽力让所有应该进入平台进行交易的体育无形资产，无论大小、价值，都必须进入平台参与交易，并且所有的交易都必须在平台上进行，不能在平台外进行交易。“应进”的资源就是所有的体育无形资产，包括大型赛事的转播权益、广告权益、城市马拉松等活动的场地使用权、品牌合作伙伴、球员形象代言权、运动员肖像权等，所有这些资产都应该进入体育无形资产交易平台进行公开、规范的交易。“平台外无交易”的政策是指所有的体育无形资产交易都必须在官方的公共资源交易平台进行，不能在平台外进行交易。该政策的目的在于提升交易的规范化程度、公开透明度和交易效率，避免交易风险和矛盾等。不经过公共资源交易平台就进行的资产交易可能被认定为无效交易,同时也可能受到处罚。正由于对这些政策的落实缺乏明确、详细的规定和说明,该政策几乎处于无法实际操作的状态。

2014 年发布的《国务院关于加快发展体育产业促进体育消费的若干意见》首次提出要"研究建立体育产业资源交易平台,创新市场运行机制,推进赛事举办权、赛事转播权、运动员转会权、无形资产开发等具备交易条件的资源公平、公正、公开流转"。自该意见发布至今已有 10 年,国内几大产权交易所纷纷响应政策要求,积极发挥产权市场平台优势,先后建立了体育产业资源交易平台、交易部门或探索开展体育产权相关业务。该意见的出台,让资本市场看到了体育产业未来的高成长性,政策发布后的前 5 年,中国体育产业尤其是体育竞赛表演业经历了发展迸发新活力的 5 年,各类体育公共资源逐步市场化运作,各类体育企业合作并购增多,市场投资基金瞄准体育行业,体育国际交流合作频繁;接着又进入了疫情防控的 3 年,体育赛事无法举办,体育赛事无形资产的交易流转也出现了前所未有的"严冬",直至 2022 年,国内乃至全球的体育赛事行业才逐步"解封"。故此,综观全国各地的体育产业资源交易平台中关于体育赛事权益交易的数据,表现让人并不满意,体育产业资源交易平台仍然处于缺少优质体育资源,距离实现"体育要素自由流动、体育资源市场化配置"的目标还有很远的距离。表 2-1 为 2018~2023 年主要体育产权交易平台体育赛事权益交易情况。

表 2-1　2018～2023 年主要体育产权交易平台体育赛事权益交易情况

序号	地点	平台名称	业务范围	发起单位	近 5 年体育赛事权益交易现状（2018～2023 年）
1	北京	中关村科技园东城园体育产业资源交易专项平台	体育产业金融创新服务，实现体育资源的资本化运作	国家版权局和中国国际版权交易中心	网站未公示
2	北京	北京产权交易所京津冀体育产业资源交易平台	赛事举办权、冠名权以及产权和体育实物资产交易等	北京市体育局、天津市体育局和河北省体育局	(1)2023 年全国原野射箭比赛商务赞助、商务开发权单位招商项目 (2)全国全民体能大赛权益招商项目 (3)2021 年全国动力冲浪板锦标赛承办权招商项目 (4)2021～2024 年中国现代五项激光跑公开赛、世界激光跑城市巡回赛（中国站）承办权项目 (5)2020 年中国电动冲浪板公开赛承办权招商项目
3	北京	体育产业资源交易服务平台	体育无形资产、实物资产等所有资产招商	北京华奥星空科技发展有限公司	(1)中国小铁人赞助商权益交易项目 (2)国庆冰雪乐系列赛权益招商项目 (3)2021 年 FIH 曲棍球世界超级联赛（中国站）招商代理项目 (4)2020 年中国赛艇大师系列赛权益招商项目 (5)中国乒乓球协会“全民健身　活力中国”2020 年全国乒乓球业余系列赛网络视频转播单位权益招商项目 (6)中国儿童滑步车锦标赛运营权益招商项目

续表

序号	地点	平台名称	业务范围	发起单位	近5年体育赛事权益交易现状（2018~2023年）
4	上海	上海文化产权交易所体育文化产权交易中心	体育文化产权和体育文化金融产业园区等	上海文化产权交易所、北京中奥盛世体育文化发展有限公司、上海奉贤南桥新城建设发展有限公司	网站未公示
5	济南	山东体育产业资源交易平台	赛事市场开发，职业俱乐部运动员转会等有形和无形资产	山东省体育局与山东省产权交易中心	(1)潍坊坐标·首届城市定向赛(沿齐长城系列赛事)招商项目 (2)畅游齐鲁·探索泉城城市定向赛(沿齐长城系列赛事)招商项目 (3)山东心思齐体育文化发展有限公司招商项目
6	上海	上海联合产权交易所长三角体育资源交易平台	各类体育赛事、文化旅游活动承办权、冠名权、转播权等	上海联合产权交易所、上海市体育局等	(1)“明日之星”中国青少年滑雪公开赛运营商招商项目 (2)2022~2025年全国羽毛球计划内比赛赞助商权益招商合作项目 (3)中国冰壶联赛运营商招商项目 (4)2022年中国动力冲浪板公开赛承办权招商项目 (5)2022年全国动力冲浪板锦标赛承办权招商项目 (6)2022~2026年中国公路自行车联赛运营权招商项目 (7)2022~2024年中国山地自行车公开赛运营权招商项目 (8)2022~2026年中国公路自行车公开赛独家运营权益招商项目

续表

序号	地点	平台名称	业务范围	发起单位	近5年体育赛事权益交易现状(2018～2023年)
					(9)2021～2024中国排球超级联赛官方运营商招商项目 (10)2021～2024中国排球超级联赛官方转播商招商项目 (11)2021年全国男子篮球联赛(NBL)官方供应商(饮用水类)权益招商项目 (12)2021全国男子篮球联赛(NBL)官方直播平台权益招商项目 (13)2021～2022赛季中国自由潜泳池系列赛运营权益招商 (14)2021～2024年度全国青少年篮球U系列赛事官方赞助商(篮球类)权益招商项目 (15)2021年全国动力冲浪板锦标赛承办权招商 (16)中国家庭帆船赛独家商务服务权招商项目 (17)2021～2024年中国长征铁人三项系列赛运营商权益招商项目 (18)全球华人滑雪大赛承办权招商项目 (19)2021～2024年中国现代五项激光跑公开赛、世界激光跑城市巡回赛(中国站)承办权项目 (20)2020年全国男子篮球联赛(NBL)官方直播平台权益招商 (21)2020～2022年度全国男子篮球联赛(NBL)官方赞助商(篮球类)权益招商项目 (22)2020～2023年全国U系列羽毛球比赛商务开发及运营权益招商合作项目 (23)全国青少年U10棒球锦标赛权益招商

续表

序号	地点	平台名称	业务范围	发起单位	近5年体育赛事权益交易现状（2018～2023年）
					（24）2020年全国冲浪冠军赛权益招商 （25）2021～2024年中国黄河铁人三项系列赛运营商 （26）2020年全国动力冲浪板锦标赛承办权招商项目 （27）2021年环崇明岛国际自盟女子公路世界巡回赛运营权项目 （28）2020年度中国摩托艇精英赛系列赛A分站承办权项目 （29）2020年中国电动冲浪板公开赛承办权招商项目 （30）中国橄榄球协会水球项目赛事运营合作方及中国女子水球队商务开发权项目 （31）2020年上海市青少年足球俱乐部联赛运营承办权项目 （32）2020年中国桨板公开赛承办权招商项目 （33）2020中国（怀柔）桨板公开赛权益招商项目 （34）2020～2023年中国山地自行车联赛运营权项目 （35）2018年环崇明岛国际自盟女子公路世界巡回赛运营权项目
7	天津	天津市股权交易所体育产业板块	体育文化、体育赛事运营、股权流转、资源整合等	天津市股权交易所等	网站未公示

续表

序号	地点	平台名称	业务范围	发起单位	近5年体育赛事权益交易现状（2018～2023年）
8	河北	体育产业资源交易平台—河北频道	赛事举办权、赛事冠名权等体育资产交易	河北省体育局与北京产权交易所等	(1)2023年河北省青少年武术套路、散打锦标赛赛事组织服务项目的承办权项目 (2)河北省青少年乒乓球赛事项目的承办权项目 (3)河北省体育局自行车运动中心2023年河北省青少年体育赛事服务 (4)2022全国武术套路冠军赛赛事组织服务项目的承办权项目 (5)“三大球”赛事活动服务项目的承办权项目 (6)河北省体育局自行车运动中心2022年省内青少年比赛赛事服务的承办权项目 (7)河北省第六届“冀萌杯”青少年足球赛事服务的承办权项目 (8)河北省体育局社会体育中心慢投垒球项目赛事活动的承办权项目 (9)河北省体育局自行车运动管理中心2021年省内青少年比赛赛事服务采购的承办权项目 (10)2020年全国跳水锦标赛赛事服务的承办权项目 (11)2020年河北省青少年健美操锦标赛、2020年河北省青少年柔道冠军赛赛事的承办权项目 (12)2020年全国跳水锦标赛赛事服务承办权项目 (13)2020年河北省开展县域社会足球赛事项目的承办权项目 (14)河北省首届冰雪运动会省级竞赛承德赛区速度滑冰项目赛事服务的承办权项目 (15)河北省首届冰雪运动会省级竞赛承德赛区冰球项目赛事服务的承办权项目

续表

序号	地点	平台名称	业务范围	发起单位	近5年体育赛事权益交易现状（2018～2023年）
					(16)河北省首届冰雪运动会省级竞赛承德赛区越野滑雪项目赛事服务的承办权项目 (17)2019～2020年排球超级联赛(男、女)主场赛事运行项目 (18)2019年省内青少年马场马术比赛赛事服务采购的承办权项目 (19)2019年河北省青少年儿童体操冠军赛、2019年河北省青少年艺术体操冠军赛、2019年河北省青少年健美操冠军赛、2019年河北省青少年柔道冠军赛赛事承办权项目 (20)河北体育学院2019年京津冀陆地冰壶邀请赛赛事服务采购的承办权项目 (21)2018年河北省青少年高山滑雪锦标赛及2018年河北省青少年单板滑雪平行项目锦标赛赛事服务的承办权项目 (22)2018～2019年中国排球超级联赛(男、女)主场赛事运行项目 (23)2018年全国青少年冬夏令营河北站系列活动之射击激光枪中小学生体验日活动赛事服务项目 (24)2018年河北省青少年铁人三项、铁人两项全能锦标赛暨河北省第十五届运动会铁人三项、铁人两项全能测试赛赛事服务承办权项目
9	广州	广州体育产业资源交易平台	体育场馆、赛事活动、体育企业、运动队等相关权益交易	广州产权交易所	2022广州南沙(湾区)马拉松赛市场开发和赛事运营权项目

续表

序号	地点	平台名称	业务范围	发起单位	近5年体育赛事权益交易现状（2018～2023年）
10	太原	山西省体育产业资源交易平台	体育赛事举办权、商务开发权、场地经营权、无形资产开发等	山西省体育产业管理中心与山西省产权交易中心	(1)2023年首届乐善万荣黄河一号公路自行车赛承办运营权项目 (2)2021中国·长治环漳泽湖马拉松赛服务承办运营权项目 (3)中国长治太行山登山活动系列赛事服务承办运营权项目 (4)2022山西稷山万亩枣园全程马拉松的承办权项目 (5)2019年全国跳伞锦标赛赛事承办权项目
11	南京	江苏省体育产业资源交易平台	挂牌招商、股权交易、实物资产交易、无形资产交易等	江苏省产权交易所与江苏省体育产业集团	(1)2023年连云港铁人三项亚洲杯赛暨"一带一路"铁人三项赛服务承办权项目 (2)2023年汾湖高新区端午节"长三角"城市龙舟邀请赛赛事组织策划实施项目的承办权项目 (3)2023年相城区"假日体育运动汇"系列体育赛事项目的承办权项目 (4)2023年江苏·赣榆秦山岛马拉松赛事组织服务项目的承办权项目 (5)2023淮安市马拉松赛事服务(项目编号:HAZC2023020030):无锡汇跑体育有限公司、广州肯动体育科技有限公司获得2023淮安市马拉松赛事服务的承办权(江苏省公共资源交易中心) (6)2023"无锡杯"三人篮球联赛运营服务和市场开发项目的承办权项目 (7)2021全国青年U19沙滩排球锦标赛(启东站)赛事运营服务项目的承办权项目 (8)2021～2023年宿迁马拉松赛事运营服务项目的承办权项目 (9)2020年淮安市级青少年体育比赛服务的承办权项目

续表

序号	地点	平台名称	业务范围	发起单位	近5年体育赛事权益交易现状（2018～2023年）
					(10)2022长三角穿越赛暨环太湖赛线上赛第一站冠名权项目 (11)2022“蓝儿当志强”乡村篮球3V3约战联赛(南京六合站)冠名权项目 (12)2022“进球吧,少年”乡村足球约战联赛(苏州高新区站)冠名权项目 (13)2019年镇江国际马拉松赛总冠名权的承办权项目 (14)2019年环太湖公路自行车赛总冠名权项目 (15)2019年句容国际马拉松赛总冠名权项目 (16)2019年淮安金湖国际半程马拉松赛总冠名权项目 (17)2018年最美长江岸线九江国际半程马拉松赛总冠名权项目 (18)2018年镇江国际马拉松赛总冠名权项目 (19)2018年江苏省大学生马拉松联赛总冠名权项目 (20)2018年大别山(金安)国际马拉松赛总冠名权项目 (21)2018年邳州国际半程马拉松赛总冠名权项目 (22)2018年环太湖国际公路自行车赛总冠名权项目 (23)2018年九龙湖(宁波)国际半程马拉松赛总冠名权项目 (24)2018年淮安金湖国际半程马拉松赛总冠名权项目 (25)2018年句容国际马拉松赛总冠名权项目

续表

序号	地点	平台名称	业务范围	发起单位	近5年体育赛事权益交易现状(2018～2023年)
12	厦门	厦门市体育产业资源交易平台	赛事活动承办权、场馆经营权等	厦门市体育局与厦门产权交易中心等	(1)2018国际排联世界沙滩排球巡回赛厦门公开赛赛事服务的承办权项目 (2)2018年厦门市青少年三大球联赛赛事服务的承办权项目 (3)2018国际排联世界沙滩排球巡回赛厦门公开赛赛事服务运营权项目 (4)厦门市社会体育指导中心2018年全民健身运动会标杆赛事服务类采购项目

三、价格与交易监管制度不健全

交易是市场经济的本质属性,交易方式是市场实现资源配置的具体形式。李南筑教授等在其研究中指出"交易费用是新制度经济学的核心概念,当交易费用为正时,不同的权利界定会有不同效率的资源配置,交易费用会妨碍、阻止市场的形成"①。体育赛事的无形资产价值日益凸显,而失控的流转过程和不完善的监管制度使这些资产价值难以充分释放。价格与交易监管制度不健全是中国体育赛事无形资产交易流通领域的突出问题,缺乏完善的监管机制导致了无形资产交易中信息不对称、合同纠纷频发,这不利于无形资产的规范流通和有效保护。《中国体育产业发展报告(2019)》显示,我国竞赛表演市场的内部建设尚未完善,并且处于体制改革时期,存在很多不稳定因素,其中赛事转播权和产权保护缺失、竞赛表演市场的媒体

① 李南筑、曲怡、黄海燕:《商业性体育赛事的产权交易特征和交易费用分析》,载《上海体育学院学报》2005年第3期。

赛事转播产权垄断等问题尤为显著。各级各类赛事的分类管理(申办)不明确,举办商业性或经营性赛事的资质认证缺失,举办赛事的企业或个人应履行的责任和义务还不明确。[①] 竞赛表演业无明确的产权依据可循,产权保护的缺失将无法保证竞赛表演业市场的良性发展。

2014 年 3 月,乐视体育作为独立公司从乐视网分离出来,由单一的视频媒体网站业务发展为基于“赛事运营 + 内容平台 + 智能化 + 增值服务”的全产业链体育生态公司。从“乐视体育”事件可以看出,商业主体在“赛事转播权”等体育类无形资产的投融资活动中,频繁采取“垄断”“过度融资”等手段,最终发展为“庞氏骗局”,导致资金链断裂,殃及大众。乐视体育的“生态化反链条”只有在拥有基数庞大观众的前提下才有实现的可能,于是抢夺赛事版权成了当务之急,“买买买”一度成为乐视体育的常态。[②] 乐视体育所持有的赛事版权最多时共有 20 个大项,超过 250 个小项,其中 73% 为独家持有,一年赛事直播超过 12,000 场。而在接连失去亚足联冠军联赛(以下简称亚冠)、中国超级联赛等重要赛事版权之后,体奥动力也终止向乐视体育提供其旗下的一系列赛事信号,包括中国之队、日本 J-League、德国甲级联赛等。优质赛事版权具备稀缺性的特点,这一特点导致版权价格在国内市场充分放开后大幅上涨。体育赛事版权变现主要有内容付费和广告两种方式。从欧美成熟市场来看,内容付

① 徐开娟、蔡嘉欣:《体育竞赛表演业发展报告》,载李颖川主编:《中国体育产业发展报告(2019)》,社会科学文献出版社 2019 年版。

② 银昕:《乐视体育:“生态化反”的失败案例?》,载经济网 – 中国经济周刊,https://www.ceweekly.cn/2017/0502/189346.shtml。

费占据主导地位,国内腾讯、乐视等版权所有方也在内容付费方面积极尝试,国内用户付费习惯的养成还需积累,版权方当前需要提高 IP 制播质量和探索更多变现方式。价格透明度不高也是中国体育赛事流转亟待突破的困境,现在很多优质资源都是在没有充分竞争的环境下形成价格,这就导致了部分赛事私自定价,限制了市场循环和参与者判断价值的能力,降低了市场供需匹配的效率。因此,市场对于涉及的交易价格不够明确,争议较多,给参与者带来了交易成本和交易风险等方面的压力和损失,同时也影响交易活动的开展。

体育赛事的无形资产如何定价涉及体育赛事的市场价值、社会价值、法律保护等多方面的因素,一直以来都是一个颇具争议的问题,实践中采取过不同的方法。在《体育无形资产评估指导意见》发布之前,实践中使用过收益法、成本法、市场法等,但是这些方法都有其局限性和不足,难以准确反映体育赛事无形资产的真实价值。该指导意见的出台,为体育赛事无形资产的评估定价提供了一个统一的标准和规范,为充分揭示体育无形资产的本质,方便体育无形资产评估操作提供了重要参考,有利于促进体育产业的健康发展,是一个积极的进步。但是,这份指导意见也存在一些不足,例如,指导意见没有明确体育无形资产评估的具体方法和步骤,只是提出了一些基本原则和要求,没有给出具体的操作指南和案例分析,可能导致实践中的操作难度和不一致性。指导意见没有充分考虑体育无形资产的社会效益和公共利益,只是强调了体育无形资产的经济效益和市场价值,没有给出如何衡量和评价体育无形资产对社会、国家和人民的贡献和影响的方法和标准。指导意见没有充分反映体育无形资产的动态变化和风险特征,只是基于评估基准日的静态分析，没有考虑体育无形资产受到市场、政策、法律、技术等多方面因素的影响，可能导致评估结果与实际情况存在偏差。

此外，中国体育赛事无形资产流转过程还存在其他突出的问题：其一，信息不对称。由于信息不对称，参与市场的买家和卖家面临各种潜在的风险，如虚假交易、欺诈以及恶意炒作等，缺乏一个可靠的信息共享和公开机制来提高市场透明度、降低信息不对称的风险。其二，交易监管体制缺陷。体育资源产权交易的监管牵涉多个部门和机构，包括体育总局、国家知识产权管理部门、税务部门等，但各部门之间缺乏协调和统一的监管机制，“平台外无交易”，对于未进平台交易的后果没有明确规定。虽然国内各地陆续开发了体育无形资产平台，这种交易方式较之于“拉郎配”“一对一”等传统交易方式有显著的进步，有助于资源的市场化配置，但是目前平台交易机制并未完全成熟，缺少针对体育资源特殊性的信息披露制度，这对于交易监管效率低下、监管质量不均衡等问题有重要影响。同时，交易监管缺乏统一的法律法规和标准规范，导致交易过程中出现权利不明、合同违约、纠纷频发等现象，影响了交易的公平性、安全性和效率，因此，需要建立系统化的监管机制，整合相关行政部门的职能，实现有效协调和监管。其三，风险控制问题。体育资源产权交易平台中不同交易主体之间存在不同的风险，如市场波动、资金流失等。为避免风险传递和扩大化，需要建立完善的风险控制和管理机制，并强制执行必要的交易标准和规则。其四，技术支持不足。在交易平台中实施高效监管需要建立现代化的技术架构和各种支持工具，如大数据分析、人工智能等。然而,许多平台缺乏必要的技术支持和安全保障,导致信息泄露、网络攻击等风险。因此,体育产权交易平台的整体秩序有待进一步优化,以交易平台为核心,各会员单位为辅助,建立完整的交易平台运行机制,包括信息机制、价格机制、交易机制和监管机制四个子系统,从整体上构成产权交易市场框架的完整脉络。①

四、体育赛事无形资产侵权现象泛滥

1. 相关法律规定不明晰

我国体育赛事典型的几类无形资产因其背后所具备的商业价值而常遭遇侵权,知识产权保护的意识薄弱以及相关法律法规的适用困难使赛事知识产权没有得到足够的保护,这与侵权行为的泛滥密不可分。体育赛事无形资产中最具代表性的、近年来引起社会各界关注最大的无形资产莫过于赛事转播权。转播权关系着巨大的经济利益,随着传播技术的发展,赛事盗播的门槛越来越低,侵权的形式日趋多样化,影响的范围越来越广。体育赛事转播问题引起了官方的关注,甚至曾经成为中美商贸交流会议内容的一部分。在 2015 年 11 月于广州举行的第 26 届中美商贸联委会上,中美双方同意根据各自法律法规保护包括体育赛事的转播在内的直播赛事的图像或声音和图像的原始记录,打击未经授权使用的行为,包括未经授权在计算机网络上转播此类广播的行为。② 在 2021 年 6 月 1 日《著作权法》修

① 张自如:《体育产业资源所有权属性、交易模式及制度改进》,载《经济研究导刊》2019 年第 20 期。

② 宋雅馨:《美国体育赛事反网络盗播案例研究》,载《武大国际法评论》2016 年第 2 期。

订版条文生效之前，我国的知识产权法律法规体系中并没有相关的规定能够为体育赛事转播权提供完整的保护。体育产业的核心正是在于赛事本身，而提到赛事，就必然会涉及版权的购买与运营，在这个产业链中，版权背后的价值，需要有完善的知识产权立法才能保障其实现。

体育产业的经济价值实现有赖于以知识产权为基础的商业关系。在国内，体育赛事的法律性质一直没有定论，有人主张比赛组织者通常是与媒体签订转让合同后同意记者进入比赛场馆拍摄的，合同中会明确双方的权利和义务，包括以何种方式、在何种范围内向大众传播。因此体育赛事转播就涉及赛事组织者与媒体之间的合同关系，应该适用合同法来调整。① 然而，随着信息技术的发展，有些网络用户以虚拟的身份把一些自拍的体育赛事视频上传到互联网上，如果该赛事只有一家电视台获得了独家转播权，那么网络用户的行为就侵害了获得授权的电视台的利益，但是合同法并不能对该现象进行调整。2021 年《著作权法》生效之前，对体育赛事转播权性质的讨论还集中在是否属于著作权以及具体归属的著作权权项。有些人认为，所录制的体育赛事的画面已经具备足够的独创性，满足了国内《著作权法》对于“作品”的要求。还有人主张，体育赛事转播权是随着体育赛事商品化运作而产生的一种权利。② 如果体育赛事转播画面被认为是录像制品，那么权利人只拥有复制、发

① 张志伟:《体育赛事转播权的法律保护路径》，载《武汉体育学院学报》2013 年第 5 期。

② 陈锋:《体育赛事转播的法律问题》，载沈四宝、王军主编:《国际商法论丛》第 10 卷，法律出版社 2010 年版。

行、出租、信息网络传播权和许可电视台播放的权利,兜底条款的缺失将使其无法享有针对如常见的网络直播和转播等行为的全面保护。

2015 年以来备受争议的新浪网诉凤凰网一案集中暴露出国内立法对于体育赛事转播权规定的不足,使体育赛事转播权纠纷,尤其是网络盗播纠纷时无法可循,或者说分歧很大。2013 年 8 月 1 日晚,新浪网发现凤凰网在中超频道显著位置提供比赛的直播,且在首页设置“凤凰体育将为您视频直播本场比赛,敬请收看”“凤凰互动直播室”等字样及专门网页,明确表示凤凰体育将在何时直播哪场中超比赛。新浪网认为赛事组织者对赛事转播权的授权制度是一种值得法律保护的正当的竞争秩序,因此起诉被告,要求停止侵权、赔偿 1000 万元损失及公开赔礼道歉。新浪网认为,体育赛事直播节目的创作手段与电视纪录片的创作手段高度类似,因此具有独创性。凤凰网未经合法授权,以显著的方式在其网站上设置并宣传中超比赛信息,且非法转播中超联赛直播视频,严重侵犯了新浪网的权利。凤凰网则表示原告新浪网没有提供证据证明涉案视频是电视纪录片类作品。

2. 司法判决缺乏一致性

正因为长期以来法律缺乏明确的规定,关于体育赛事转播权的司法判决也存在缺乏一致性的问题。我国《著作权法》第 3 条①要求作品应具有独创性,抽象的思想转化为具体的表达的过程才属于创

① 本法所称作品,是指文学、艺术和科学领域内具有独创性并能以一定形式表现的智力成果。

作，然而创作的方式丰富多样，水准参差不齐，其复杂性和不确定性虽使独创性作为作品的基本要件之一，却很难明确具体标准，在具体司法实践中有关独创性也没有很统一的判定标准。国内曾出现过与体育有关的节目的网络转播权纠纷，比较著名的有央视国际网络有限公司诉上海聚力传媒技术有限公司一案。2012 年，央视国际网络有限公司发现被告上海聚力传媒技术有限公司在其网站"PPTV.com"上直播了中央电视台享有版权的"2012 年伦敦奥运会开幕式"节目。原告认为被告侵犯了中央电视台授权给其的通过信息网络向公众传播、广播(包括但不限于实时传播或延时转播)的权利并诉至法院。法院认定"伦敦奥运会开幕式"并非被告所主张的单纯对事实的报道，而是通过有选择地对开幕式现场各种表演、人物、场景等的拍摄，对全景、特写镜头等的选取、编辑同时穿插火炬从采集到传递的过程和历届奥运会经典场面的非现场影像，并经中央电视台主持人根据现场画面进行解说、配以字幕后形成的具有独创性的作品，属于《著作权法》规定的以类似摄制电影的方法创作的作品，其著作权由制片者享有。① 上海聚力传媒技术有限公司定时转播开幕式的行为属于"非交互式"传播行为，"不能由《著作权法》第十条第一款所明确列举的其他财产权所调整，故应当适用《著作权法》第十条第一款第(十七)项进行调整"。但是，这个判决中并没有明确体育赛事节目的"作品"性质，也没有涉及直播的法律保护。②

① 上海市浦东新区人民法院民事判决书，(2013)浦民三(知)初字第 241 号。

② 余纪成：《从"新浪诉凤凰网案"看体育赛事节目的司法保护》，载《中国知识产权报》2015 年 7 月 10 日，第 9 版。

与上述案件相似的还有央视国际网络有限公司诉世纪龙信息网络有限责任公司盗播奥运火炬传递节目一案。该案中原告央视国际网络有限公司2008年5月8日发现被告在其网站上通过信息网络,实时转播了中央电视台奥运频道正在直播的奥运火炬珠穆朗玛峰传递节目,原告主张自己的合法权益遭到了被告的严重侵犯,法院最后认定“圣火耀珠峰”直播节目体现了作品的独创性,可以认定是一部以类似摄制电影的方法创作的作品,被告的行为侵犯了原告依照《著作权法》第10条第1款第12项所享有的信息网络传播权。

与前两起案件结果不同的是,在2008年央视国际网络有限公司诉世纪龙信息网络有限责任公司网络转播德国VS巴西女足赛一案中,就CCTV－5频道播放的“德巴女足赛”节目的性质,法院认为“中央电视台在摄制‘德巴女足赛’的过程中体现了一定的独创性,应当认定为电影作品和以类似摄制电影的方法创作的作品以外的有伴音或者无伴音的连续相关形象、图像的录制品”。在央视国际网络有限公司诉华夏城视网络电视股份有限公司著作权侵权及不正当竞争纠纷一案中,深圳福田法院从我国著作权法的体系结构和各种受保护客体之间的逻辑关系角度出发,对于体育赛事的直播画面是否具有充分的独创性从而构成作品的问题进行了分析,认为涉案体育赛事直播节目不属于我国《著作权法》规定的作品而应认定为录像制品。[①] 新浪网诉凤凰网案中,一审判决在我国首次认定体育赛事画面受著作权法保护,而被媒体称为“中国体育赛事转播著作权第一案”。

① 广东省深圳市福田区人民法院民事判决书,(2015)深福法知民初字第174号。

法院认为从赛事的转播、制作的整体层面上看，赛事的转播、制作是通过设置不确定的数台或数十台固定的、不固定的录制设备作为基础进行拍摄录制，形成用户、观众看到的最终画面，这种画面的形成是编导通过对镜头的选取，即对多台设备拍摄的多个镜头的选择、编排的结果。尽管法律上没有规定独创性的标准，但应当认为对赛事录制镜头的选择、编排，形成可供观赏的新的画面，无疑是一种创造性劳动。但该案二审结果大反转，北京知识产权法院作为二审法院从"是否符合固定要求"及"是否符合独创性要求"两个角度对通常情况下的中超赛事直播公用信号承载的连续画面是否构成电影作品进行类型化分析，得出结论认为通常情况下体育赛事节目不构成电影作品或以类似摄制电影的方法创作的作品，但当涉案体育赛事节目满足一定要件时，可能构成电影作品或录像制品。北京市高级人民法院作出再审判决，认定涉案中超赛事节目构成类电作品，新浪网关于涉案赛事节目构成类电作品的再审主张成立，撤销北京知识产权法院作出的二审判决，维持北京市朝阳区人民法院此前作出的一审判决。综合以上案件的判决可以看出，我国法院对体育赛事节目法律性质的认定经历了从"电影作品和以类似摄制电影的方法创作的作品以外的有伴音或者无伴音的连续相关形象、图像的录制品"到"以类似摄制电影的方法创作的作品"的过程，在法规层面，2021 年《著作权法》中关于"视听作品"的规定被学界视为未来赛事转播权的法律依据。表 2－2 中为体育赛事转播权相关典型判例总结。

表2－2　体育赛事转播权相关典型判例总结

序号	案号	审理法院	基本案情	认定理由	裁判结果
1	(2010)穗中法民三初字第196号	广东省广州市中级人民法院	原告央视国际网络有限公司主张被告未经授权在其网站上转播中央电视台直播的2008年北京奥运会比赛,侵犯了原告的著作权和专用权,造成重大经济损失	中央电视台作为电视节目“德巴足球赛”的摄制者,其独创性主要体现在对现场比赛的拍摄及解说,包括机位的设置、镜头的选择、主持、解说和编导的参与等方面。然而尽管如此,其作为以直播现场体育比赛为主要目的的电视节目,在独创性上尚未达到电影作品和以类似摄制电影的方法创作的作品所要求的高度,因此,中央电视台摄制的“德巴足球赛”尚不足以构成电影作品或以类似摄制电影的方法创作的作品。但因中央电视台在摄制赛事节目过程中体现了一定的独创性,应当作为电影作品和以类似摄制电影的方法创作的作品以外的有伴音或者无伴音的连续相关形象、图像的录制品予以保护,中央电视台对其享有录音录像制作者权	中央电视台对本案所涉赛事节目享有录音录像制作者权,央视国际网络有限公司胜诉
2	(2013)浦民三(知)初字第241号	上海市浦东新区人民法院	原告央视国际网络有限公司指控上海聚力传媒技术有限公司未经授权转播2012年伦敦奥运会开幕式,侵犯其独家网络传播权。原告要求删除视频、赔偿100万元经济损失及5万元合理费用	“伦敦奥运会开幕式”节目并非被告所主张的单纯对事实的报道,而是通过有选择地对开幕式现场各种表演、人物、场景等进行拍摄,对全景、特写镜头等的选取、编辑,同时穿插火炬从采集到传递的过程和历届奥运会经典场面的非现场影像,并经中央电视台主持人根据现场画面进行解说、配以字幕后形成的具有独创性的作品,属于《著作权法》规定的以类似摄制电影的方法创作的作品,其著作权由制片者享有	开幕式节目具有“独创性”,构成以类似摄制电影的方法创作的作品。原告央视国际网络有限公司胜诉

续表

序号	案号	审理法院	基本案情	认定理由	裁判结果
3	一审(2014)徐民三(知)初字第1383号	上海市徐汇区人民法院	原告央视国际网络有限公司独家享有2012年伦敦奥运会开幕式转播权,被告上海视畅信息科技有限公司未经授权,通过其网站及客户端实时转播节目	从开幕式节目中可以看出,编创人员采取了跟拍、特写、合成等拍摄手段与技巧,并对已摄录内容进行人为选择,将全部现场影像片段按一定标准进行了有机的编排串联;更为重要的是,除对开幕式现场情形的摄录外,开幕式节目中还包含相当数量的预摄画面,与现场影像进行适时、恰当拼接,共同组合形成最终影像。整部涉案影像的形成过程中,确已融入编创人员对各类画面在自主意识支配下的筛选与整合,体现有相当程度的差异化表达,符合我国《著作权法》中对作品需具备的独创性要求。同时,鉴于开幕式节目为一定介质上制成的一系列有伴音的相关画面,并能够借助适当装置连续放映,故应当认定为以类似摄制电影的方法创作的作品	原告赛事开幕式节目构成以类似摄制电影的方法创作的作品,央视国际网络有限公司胜诉
	二审(2015)沪知民终字第326号	上海知识产权法院	上诉人上海视畅信息科技有限公司因侵害其他著作权及不正当竞争纠纷一案,不服上海市徐汇区人民法院(2014)徐民三(知)初字第1383号民事判决,向法院提起上诉	(1)根据《反不正当竞争法》第2条的规定,经营者在市场交易中,应当遵循自愿、平等、公平、诚实信用的原则,遵守公认的商业道德。上诉人的被控侵权行为并不属于《反不正当竞争法》中所列举的具体不正当竞争行为,故应适用上述条款来判断涉案行为是否属于不正当竞争。被上诉人通过中央电视台在支付了相应的对价后获得涉案伦敦奥	维持原判

续表

序号	案号	审理法院	基本案情	认定理由	裁判结果
				运会开幕式节目在中国互联网上的独家转播权,其对于该节目的独家转播权享有合法的民事权益,而上诉人通过深度链接技术在无须支付相应节目制作成本的情况下,将原本会登录被上诉人网站观看节目的观众分流到自己的看客影视网,在一定程度上替代了被上诉人的同类网络服务,必然会损害被上诉人网站的经济利益,有违公平竞争的市场原则和商业道德,扰乱了正常的市场竞争秩序,具有不正当性 (2)已有证据证明被上诉人多次公开发表声明表达了对其享有权益的节目资源限制互联网传播的意愿,此外,从商业经营角度考虑,被上诉人也不可能有允许其他网站任意分享、利用其所有节目资源的意愿,上诉人未经许可在其经营的看客影视网站上设置指向被上诉人网站节目的深度链接,还在网站的视频播放区设有 CCTV-1 综合……CCTV-5 体育等频道列表,并替换了网站播放的广告,即使注明链接来源、没有对外广为宣传,本院认为其仍然具有实施不正当竞争行为的主观恶意,上诉人在搜索链接技术方面的探索不能成为其不公平地利用他人商业资源的合法外衣	

续表

序号	案号	审理法院	基本案情	认定理由	裁判结果
4	一审(2014)朝民(知)初字第40334号	北京市朝阳区人民法院	原告北京新浪互联信息服务有限公司经合法授权,获得在授权期限内在门户网站领域独家播放中超联赛视频的权利。被告北京天盈九州网络技术有限公司未经其许可,在其网站(www.ifeng.sports.letv.com)设置中超频道,非法转播2012~2014年两个赛季的中超联赛直播视频	赛事的转播、制作是通过设置不确定的数台或数十台固定的、不固定的录制设备作为基础进行拍摄录制,形成用户、观众看到的最终画面。最终画面的形成,是编导通过对镜头的选取编排的结果。尽管法律上没有规定独创性的标准,但应当认为对赛事录制镜头的选择、编排,形成可供观赏的新的画面,无疑是一种创造性劳动,且该创造性的不同选择、不同制作,会产生不同的画面效果,这恰恰反映了其独创性,即赛事录制形成的画面,构成我国《著作权法》对作品独创性的要求,应当认定为作品	赛事录制形成的画面具有"独创性",构成受《著作权法》保护的作品。原告北京新浪互联信息服务有限公司胜诉
	二审(2015)京知民终字第1818号	北京知识产权法院	被上诉人北京新浪互联信息服务有限公司与上诉人北京天盈九州网络技术有限公司侵犯著作权及不正当竞争纠纷案,不服一审法院作出的(2014)朝民(知)初字第40334号民事判决,向法院提起上诉	(1)现场直播过程中,因采用的是随摄随播的方式,此时整体比赛画面并未被稳定地固定在有形载体上,不能满足电影作品中的固定的要求 (2)从纪实类电影作品独创性判断的三个角度(素材的选择、对素材的拍摄、对拍摄画面的选择及编排)分析:①中超直播团队对直播素材(整场赛事)既无选择权,也无独创性;②中超赛事公用信号制作统一化标准化的客观条件,极大限制了直播团队在素材拍摄上的个性选择空间,使素材拍摄达不到电影作品的独创性高度;③虽然在直播过程中直播导演对摄影师传输而	赛事录制形成的画面达不到电影作品独创性的高度,不构成电影作品,北京天盈九州网络技术有限公司胜诉

续表

序号	案号	审理法院	基本案情	认定理由	裁判结果
				来的画面有所选择，但如实反映赛事现场情况是赛事组织者对直播团队的根本要求，故导演工作独创性程度不高。因此，中超赛事公用信号所承载连续画面的独创性达不到电影作品的高度	
	再审（2020）京民再128号	北京市高级人民法院	再审申请人北京新浪互联信息服务有限公司不服北京知识产权法院（2015）京知民终字第1818号二审判决，向法院申请再审	赛事节目连续画面在素材的选择、拍摄以及画面选择、编排上均存在个性化贡献和选择，具有独创性。赛事节目连续画面及制作素材，在摄制、分发、传输等环节中，存在内容与有形载体的附着关系，符合二审法院提出的"固定性"要求	维持北京市朝阳区人民法院（2014）朝民（知）初字第40334号民事判决
5	（2015）闵民三（知）初字第1057号	上海市闵行区人民法院	原告央视国际网络有限公司经央视独家授权，可通过信息网络向公众传播中央电视台享有著作权或获得授权的所有节目，被告未经授权擅自通过其经营的网站向公众提供世界杯比赛的在线直播和点播服务	不同的摄制、导播、解说者因人而异，他们有一定水准、一定经验，但在制作节目过程中他们并非处于主导地位，不能控制比赛的进程，对拍摄的机位、拍摄的内容、镜头的选择、解说内容、编导参与等能按其意志做出的选择和表达非常有限，拍摄体育赛事内容不能构成作品。但被告的行为客观上破坏了体育赛事节目转播的交易秩序，违背了商业道德，致权利人不能有效控制相关节目的传播，造成利益受损。被告行为有违自愿、平等、公平、诚实信用的原则和公认的商业道德，构成不正当竞争	体育赛事节目不能构成类电影作品；对体育赛事的录制或拍摄也不能成为录像制品，央视国际网络有限公司胜诉

续表

序号	案号	审理法院	基本案情	认定理由	裁判结果
6	一审(2015)浦民三(知)初字第191号	上海市浦东新区人民法院	上海耀宇文化传媒有限公司作为原告承办了DOTA2亚洲邀请赛,享有独家视频转播权。被告广州斗鱼网络科技有限公司未经授权转播原告制作的赛事视频,涉及80场比赛,造成重大经济损失	网络游戏比赛画面本身并不属于《著作权法》规定的作品,但网络游戏赛事直播内容的性质是由图像、声音等多种元素组成的一种比赛类型的音像视频节目,这类节目可以被复制在一定的载体上,根据其解说内容、拍摄的画面等组成元素及其组合等方面的独创性有无等情况,有可能构成作品,从而受到《著作权法》的保护	被告的行为违反了《反不正当竞争法》中的诚实信用原则,违背了公认的商业道德,损害了上海耀宇文化传媒有限公司合法权益,破坏了市场竞争秩序,具有明显的不正当性,故驳回上诉,维持原判
	二审(2015)沪知民终字第641号民事判决书	上海知识产权法院	广州斗鱼网络科技有限公司不服上海市浦东新区人民法院(2015)浦民三(知)初字第191号民事判决,向法院提起上诉	上诉人网络直播涉案赛事的行为严重分流被上诉人网站流量,对被上诉人的正当收益造成损害,违反《反不正当竞争法》中的诚实信用原则,也违背了公认的商业道德,损害被上诉人合法权益,亦破坏了行业内业已形成的公认的市场竞争秩序,具有明显的不正当性	上诉人直播涉案赛事画面构成不正当,竞争驳回上诉,维持原判

续表

序号	案号	审理法院	基本案情	认定理由	裁判结果
7	一审(2015)石民(知)初字第752号	北京市石景山区人民法院	原告央视国际网络有限公司主张北京暴风公司未经授权,在“暴风影音”网站及软件播放2014年巴西世界杯节目	赛事电视节目摄制者在拍摄过程中并非处于主导地位,其对于比赛进程的控制、拍摄内容的选择、解说内容的编排以及在机位设置、镜头选择、编导参与等方面,能够按照其意志做出的选择和表达非常有限,因此由国际足联拍摄、经央视制作播出的“2014年巴西世界杯”赛事电视节目所体现的独创性,尚不足以达到构成我国《著作权法》所规定的以类似摄制电影的方法创作的作品的高度,但是符合我国《著作权法》关于录像制品的规定,应当认定为录像制品	涉案体育赛事节目不构成以类似摄制电影的方法创作的作品,但构成录音录像制品,被诉行为对央视国际网络有限公司制作播放的涉案赛事节目录像制品的复制和信息网络传播,被告侵害了原告对涉案赛事节目的录像制品所享有的独占信息网络传播权,应承担赔偿责任
	二审(2015)京知民终字第1055号	北京知识产权法院	央视国际网络有限公司与北京暴风公司因侵害著作权纠纷一案,不服北京市石景山区人民法院作出的(2015)石民	不同类型作品独创性判断的角度及高度要求不尽相同。在存在与电影作品相对应的录像制品这一邻接权客体,而独创性有无并非我国《著作权法》中著作权客体与邻接权客体的区分标	撤销一审判决,提高了赔偿标准,驳回了其他上诉理由

续表

序号	案号	审理法院	基本案情	认定理由	裁判结果
			(知)初字第752号民事判决,向法院提起上诉	准的情况下,电影作品与录像制品的区别显然应为独创性程度的高低,而非有无。依据我国《著作权实施条例》第4条、第5条规定,在符合规定要求的情况下,一系列连续画面如果不构成电影作品,则构成录像制品。因此,虽然涉案64场赛事节目不构成电影作品,但应属于录像制品	
8	(2015)深福法知民初字第174号	深圳市福田区人民法院	国际足联授予中央电视台独家拥有2014年巴西世界杯比赛在中国的转播权。被告华夏城视网络电视股份有限公司未经授权转播直播节目	体育赛事直播节目制作过程中,制作人、导播、摄制者并非处于主导地位,能够按照其意志做出的选择和表达非常有限,因此,虽然制作团队有智力成果的投入,由不同的团队进行直播,呈现的赛事直播画面亦会有所区别,但其所体现的创造性,尚不足以达到我国《著作权法》所规定的以类似摄制电影的方法创作的作品的高度,不属于我国《著作权法》规定的作品。由国际足联拍摄的、经中央电视台制作播出的巴西世界杯赛事直播节目应认定为录像制品。被告未经权利人许可,利用cutv.com网站实时转播中央电视台直播的两场巴西世界杯足球赛事节目,法院依据《反不正当竞争法》第2条认定被告的行为构成了不正当竞争	国际足联拍摄的、经中央电视台制作播出的2014年巴西世界杯赛事直播节目应认定为录像制品,央视国际网络有限公司胜诉

续表

序号	案号	审理法院	基本案情	认定理由	裁判结果
9	一审(2017)沪0115民初88829号	上海市浦东新区人民法院	原告央视国际网络有限公司持欧足联和央视授权，独享在线播放2016年欧洲足球锦标赛权利。被告上海聚力传媒技术有限公司未经授权，在其网站上转播两场比赛并设立专题页面	涉案足球赛事节目作为经过素材选择、机位设置、画面的剪辑、编排等步骤，并融入回放、特效等因素，属于文学艺术领域的“独创性的表达”，且具有可复制性，可以作为《著作权法》规定的类电影作品加以保护	足球赛事节目构成电影作品，原告央视国际网络有限公司胜诉
	二审(2020)沪73民终581号	上海知识产权法院	上诉人上海聚力传媒技术有限公司(原审被告)不服上海市浦东新区人民法院作出的(2017)沪0115民初88829号民事判决，向法院提起上诉	涉案赛事画面是否具有独创性，应当从赛事节目本身是否构成作品来认定，上诉人对涉案赛事画面的使用方式并非认定涉案赛事独创性的考量因素。被诉侵权节目完整播放涉案赛事，并围绕涉案赛事展开，是以播放涉案赛事为中心并加入上诉人嘉宾分析、解说和竞猜要素的体育节目。被诉侵权节目中对涉案赛事的引用，实质上仅是单纯地再现涉案赛事，并没有使涉案赛事在新作品中产生新的信息、功能或艺术表达，不构成转换性使用	上诉人对涉案赛事画面的使用不属于合理使用，上诉人上海聚力传媒技术有限公司的上诉请求不能成立，应予驳回；维持一审判决

五、体育赛事知识产权行政保护不足

体育赛事知识产权是体育赛事无形资产的重要组成部分。通过检索公开的行政处罚信息不难发现我国目前关于体育赛事知识产权侵权行政处罚的案例绝大多数都涉及在我国举办的大型综合性体育赛事,对亚运会标志的未经许可授权使用,以及通过“搭便车”的方式使用奥运会标志等行为。这样的案例很多:例如,2021 年 8 月,南京市市场监督管理局在执法检查中发现南京纽絮商贸有限公司在其天猫店铺“生命源爱之道旗舰店”中销售印有奥林匹克五环图案标志、中国国旗图案的口罩,当事人的行为违反了《奥林匹克标志保护条例》第 4 条第 2 款、《反不正当竞争法》第 8 条第 1 款和《广告法》第 28 条第 2 款第 2 项的规定,南京市市场监督管理局依据相关法律,责令当事人改正上述违法行为,没收侵犯奥林匹克标志专有权的口罩 400 只,并处罚款 24.56 万元。又如,杭州市西湖区市场监督管理局在执法检查时发现,杭州某茶叶经营部自 2023 年 4 月起,擅自销售印有杭州亚运会会徽“潮涌”近似图案的茶叶外包装封签,杭州市西湖区市场监管局根据《特殊标志管理条例》的规定,责令杭州某茶叶经营部立即停止侵权,没收侵权封签并处罚款。成都某房地产公司在其项目附近的围墙上设置了一个宣传展牌,该展牌使用成都大运会吉祥物形象、注册商标,利用成都大运会为其楼盘进行商业宣传,属于以商业目的使用成都大运会知识产权,构成侵权行为。成都大运会执委会直接向成都市市场监督管理局进行了投诉,最终,该房产公司删除了侵权海报,市监督管理局认定其侵权行为并作出罚款 1 万元的行政处罚。

目前,我国在行政执法的法律依据方面还存在明显不足。我国为履行奥运会主办国的义务于 2002 年公布了《奥林匹克标志保护条例》,2018 年又修订了该条例,在奥运会筹备、赛中及赛后期间,我国行政执法部门根据《奥林匹克标志保护条例》对违规使用奥林匹克标志的行为进行了有力查处。但《奥林匹克标志保护条例》只能为奥运会的知识产权保护提供依据,如前面提到的案例,只能适用《商标法》《反不正当竞争法》《特殊标志管理条例》对其进行知识产权保护。《商标法》对于体育赛事标志的适用是有门槛的,无法为体育赛事的标志提供充分保护,或者不符合《反不正当竞争法》适用条件的则只能适用《特殊标志管理条例》。然而,《特殊标志管理条例》公布于1996年,时间较早,已不适应当前特殊标志保护面临的形势变化及需求,内容粗糙,程序高度原则化,缺乏可操作性。此外,该条例所提供的受保护标志范围较窄,对特殊标志范围做出的规定相当严格:其一,要求产生特殊标志的公益活动必须经国务院批准举办,并且必须达到全国和国际活动的水平;其二,受到保护的特殊标志仅限于名称、缩写、徽标、吉祥物等,而公益活动中常用的会旗、口号、会歌等标志类型并未受到保护。[①] 正因为《特殊标志管理条例》对体育赛事标志保护留存空隙,许多大型赛事为了能够更周全地保护标志权越来越倾向于出台有针对性的知识产权保护规范,如浙江省人民政府出台的《浙江省第19届亚运会知识产权保护规定》、四川省市场监督管理局印发的《成都第31届世界大学生夏季运动会知识产权保护规定》、陕西省知识产权局发布的《陕西省第十四届全国运动会知识产权保护规定》。有很多赛事达不到全国和国际活动的水平也无法适用该条例,权利主体也并非该条例要求的公益组织,可见《特殊标志管理条例》在应对新时代新技术背景与新的侵权手段方面已经力不

① 李玲娟、王璞:《我国特殊标志保护的法律问题研究》,载《湖南大学学报(社会科学版)》2022年第2期。

从心，这无形中造成了绝大多数的其他赛事难以受到平等保护的局面。

从上述奥运会、亚运会、大运会相关的赛事知识产权行政执法案件可见，当前中国体育赛事无形资产侵权现象的广泛存在还源于知识产权行政执法机制的缺漏，除大型综合性体育赛事如奥运会、亚运会等受到政府行政部门的重视，有行政力量主动查处赛事转播、体育标志等知识产权侵权行为之外，其他赛事大多很难有这种行政力量来为体育赛事知识产权保驾护航。行政执法作为体育法治实施体系的重要一环，这一环节制度供给与保障机制的不到位与体育赛事知识产权保护局面令人不满有重要关联。我国长期以来实行知识产权行政与司法保护手段的“双轨制”，这种双重保护手段具有明显的优势，但是这种优势在非大型综合性体育赛事相关知识产权保护的过程中并没有充分发挥出来。诚然，群众性赛事的影响力与大型综合性赛事不可相提并论，小规模的赛事标志、转播权等因为背后隐藏的商业利益有限，对侵权者的吸引力也有限，所以相对而言侵权行为较少，但即便如此仍然需要关注非大型赛事组织者知识产权利益的保护，维护体育赛事无形资产开发的法治环境。经过分析不难发现，我国关于体育赛事知识产权行政保护的工作仍然存在执法资源不足的问题，如体育赛事知识产权行政执法涉及多个部门和机构的协作，一些地区或部门存在协调机制不健全的情况，导致侵权行为难以得到有效遏制。

六、体育赛事数据资产纠纷频出

实践中体育赛事数据资产纠纷频繁出现，主要原因是数据的所有权、使用权和价值分配等方面存在较大争议。首先,体育赛事数据作为一种新兴的数字资产,其所有权归属不清晰,导致各方在数据获取、使用和分享方面存在分歧。其次,体育赛事数据的使用权问题也备受争议,包括数据的商业利用、媒体转播、赛事分析等方面的权益纠纷。此外,随着大数据和人工智能技术的发展,体育赛事数据的商业价值日益凸显,数据的价值分配也成为争议焦点,涉及赛事主办方、运动员、数据平台等多方利益的博弈。中国目前的体育赛事数据争议现状呈现出多方参与、纠纷频发的特点。赛事主办方、数据平台、媒体机构、运动员等各方在数据资产的获取、使用和价值分配方面存在诸多矛盾和冲突。一些赛事主办方认为赛事数据是其劳动成果和商业机密,其应当享有完全的所有权和使用权;而一些数据平台和媒体机构则主张数据的开放共享和公平使用,以促进行业的发展和创新。同时,运动员作为数据的产生者也希望能够分享数据价值所带来的利益。由此引发了实践中的诸多争议,这些纠纷诉至法院成为受到大众广泛关注的案例。

1. 上海贝泰电子信息技术有限公司诉上海聚力传媒技术有限公司等

2021 年,上海贝泰电子信息技术有限公司,状告被告上海纳纳科技有限公司(被告一)、苏宁体育文化传媒(北京)有限公司(被告二)、上海聚力传媒技术有限公司(被告三)实施了网络不正当竞争行为,原告是中篮联(北京)体育有限公司的官方数据服务提供商,对 CBA 的官方数据享有独家分销和商业开发的权利。作为 CBA 联赛官方比赛数据在全球范围内唯一分销商,原告拥有 CBA 联赛全部比赛的赛前、赛时、赛后比赛数据及 CBA 联赛 1995 年、1996 年以来全部的历史数据信息。原告的CBA联赛实时数据是由专业人员在比赛现场采集而得,以确保该数据具有较高的准确度和更新速度,通过对比赛数据(包括球队和球员的所有数据)的采集和处理,实时生成即时比分、技术统计、事件直播、投篮位置直播等,并将CBA联赛实时数据通过原告官网、原告微信小程序Gamelog,以及与其他媒体合作发布等方式展现。原告与被告所经营的"PP体育"App之间关于提供CBA联赛实时数据的合作协议已经于2019年9月30日终止。但原告发现至提起诉讼时止"PP体育"App仍在获取、使用原告的CBA联赛实时数据。经查,被告二和被告三的CBA联赛直播页面大量使用了原告独家分销的CBA联赛实时数据,包括即时比分、技术统计等一系列数据。被告上海纳纳科技有限公司利用网络爬虫技术复制CBA联赛数据,还提供给其他被告使用并在"PP体育"App中展示。该案审理法院分析了原告与被告之间的关系,认定两方都是从事数据运营业务的公司,是具备竞争对手关系的经营者,为获取CBA实时数据原告投入了大量资源,被告未经授权许可使用原告采集的数据,具有明显"搭便车"的特性、抢夺了原告潜在的客户、侵害了原告的权益,扰乱市场秩序,故而支持了原告的主张,认定被告的行为构成不正当竞争。[①]《反不正当竞争法》固然可以作为《著作权法》的补充为赛事数据提供一定的保护,但是该法的适用亦有门槛,如主体身份必须构成"经营者",且行为必须实际上扰乱了市场竞争秩序,损害其他经营者或者消费者的合法权益。

① 上海市杨浦区人民法院民事判决书,(2021)沪0110民初19853号。

2. C. B. C. Distrib.(以下简称CBC公司)诉美国职业棒球大联盟(MLB)

CBC公司使用的商业名称是CDM梦幻体育公司,是密苏里州的一家公司,该公司通过电话、邮件、电子邮件和官方网站www.CDMsports.com来销售其体育游戏产品,CBC公司向游戏玩家提供美国职业棒球大联盟球员名单,玩家除了支付游戏费用还需要支付额外的费用来交易球员,为此CBC公司提供了每个球员的最新信息,以帮助游戏参与者为他们的幻想球队选择和交易球员。这些信息包括通常在报纸的得分中找到的信息,如球员的打击率、打数、安打、跑分、二垒打、三垒打、全垒打等。此外,CBC公司还聘请记者来写游戏玩家的报道,如最新的伤病报告、球员简介和球员报告。CBC公司与球员协会(球员协会是美国职业棒球大联盟球员的谈判代表,几乎由所有受雇于美国职业棒球大联盟球员的人组成)签订了许可协议,期限从1995年7月1日至2004年12月31日。在协议到期后,2005年球员协会授权给先进媒体公司使用棒球运动员的姓名和表现信息"通过所有互动媒体进行利用"的独家权利,基于此先进媒体公司开始在美国职业棒球大联盟的官方网站MLB.com上销售棒球比赛游戏。先进媒体公司获得了美国职业棒球大联盟的授权之后,虽继续许可CBC公司在其官网上推广梦幻棒球游戏,但不再授权CBC公司使用MLB的球员与赛事数据。对此,CBC公司表示不满并向法院提起诉讼,法院判决CBC公司对于球员姓名和表现信息的使用并未侵犯球员根据州立法享有的权利。2007年球员协会和先进媒体公司向法院提起反诉,表示并不反对CBC公司在其销售的游戏中使用球员的比赛记录或传记数据;但是CBC公司不能在未有明确授权的情况下在棒球游戏中使用球员的名字,因为球员的身份由他们的名字来表示,未经许可的使用行为侵犯了球员的公开权(publicity rights)。对此,原告CBC公司主张赛事中球员的姓名与赛场表现数据属于《美国宪法第一修正案》中所确定的言论自由的范畴,是已经公开的信息,这一观点得到了地区法院的支持,最后两审法院一致认定原告的行为并未侵犯联盟球员的公开权。

3. NBA诉摩托罗拉公司、STATS公司

1986年,摩托罗拉公司推出一款可随身携带的呼机,该呼机可以以比实况晚2分钟的速度向用户提供即时的NBA赛况信息,这些信息包括比分、控球方、罚球得分等。STATS公司则在网络上发布NBA比赛的信息(比分比实况晚15秒,统计数字比实况晚1分钟)。该公司曾向NBA提出在网上播报实况的许可申请,但未能与NBA达成协议。NBA在美国纽约州南区联邦地区法院(以下简称美国纽约州南区法院)起诉摩托罗拉公司和STATS公司版权侵权、普通法滥用、违反《兰哈姆法》和美国《联邦贸易委员会法》。根据1918年最高法院在*International News Service v. Associated Press*案中的热点新闻理论,美国纽约州南区法院认为被告的行为构成了对原告财产性信息的滥用。1997年1月30日上诉法院推翻了原审法院的判决,并撤销了禁令。上诉法院在审理中需要裁决的焦点问题是未经授权提供实时的信息服务是否侵犯赛事组织者的版权或财产权。原告NBA主张被告摩托罗拉公司在没有获得授权的情况下,从赛事转播中实时收集NBA的比赛数据并发送到用户随身携带的呼机上,这种传播赛事信息的行为和未经允许的转播一样侵犯了自己的版权。通常,美国《版权法》保护所有的原创作品,但上诉法院强调了NBA比赛与其他创作形式不同。体育比赛不

同于电影戏剧和电视节目,前者并无脚本,只是一连串意外情况的结果,因此体育比赛没有可复制性,而可复制性是受版权保护作品的一个重要因素。此外,如果体育比赛有版权的话,在实际操作上也存在问题,因为版权会涉及多元主体,如包括联盟、运动员、裁判员、场地工作人员和赛事观众等。原告提出作品的主张没有得到法院的支持,1976 年《版权法》修改,将实况转播纳入其保护范围,却没有将这种版权保护延伸到比赛项目中。STATS 公司传送的是纯粹的事实性信息而不是受版权保护的"表达",法院最终判决认为,这些信息已经进入公共领域,不再受法律保护。此案结果为 NBA 败诉,这一后果不可逆转地改变了体育媒体的格局,允许在网站上发布实时得分更新,无须得到联盟的同意,从而推动了在线虚拟体育和相关统计内容的激增。实时比分更新可以在没有联盟同意的情况下发布在网站上,促进了在线梦幻体育和赛事数据统计内容的爆炸式增长。NBA 诉摩托罗拉公司、STATS 公司案凸显了体育赛事统计数据、赛事媒体以及梦幻体育游戏公司等多主体之间的关系,这对于福克斯体育等赛事体育游戏业务的领导者媒体公司而言产生了重要影响。

4. Football Data 公司等诉 Sport Radar 公司

Sport Radar 是一家德国公司,主要通过互联网直播英格兰联赛的比赛结果和其他统计数据。该服务名为"体育现场数据",并在该公司的网站上公布这些数据。Football Data 是一个英国公司,负责管理和销售英超联赛和英冠联赛等英格兰足球比赛的数据。该公司汇编了正在进行的足球比赛的数据(进球和进球者、黄牌和红牌以及球员何时被罚下、点球和换人),这些数据是由 Football Data 公司和其他公司雇用的前职业足球运动员所收集。Football Data 公司认为

Sport Radar 公司在其“Football live”服务中向公众提供了 Football Data 公司数据库的内容,其中包含英超联赛及其英格兰和苏格兰联赛的结果和更多信息,要求 Sport Radar 公司赔偿侵犯其特殊权利所造成的损失。Football Data 公司和其他公司主张,数据的获取和核实需要大量投资,数据库的建立涉及相当高的技能、经历、判断力、智力的投入。欧盟法院指令第 7 条裁定 Sport Radar 公司在原告所在国家的网站下载关于赛事的实时数据并将数据在被告所在国家进行传播,这个行为已经构成了对数据的“再利用”,侵犯了原告的数据库权利。这次案件审理的问题,与前面的案件不同,法院没有将注意力放在数据库内容是否符合指令第 7 条规定的保护条件,而是侧重于再利用方法的解释。法院认为,现场收集与英国职业联赛有关的结果和进一步对数据进行处理并结构化地编入足球数据库中,这一连串的举动需要原告投入巨大的成本,因此对原告收集数据而构建的赛事数据库进行保护是以欧盟法院指令的规定为基础的。

本章小结

无形资产识别是确定机构的资产、资产的价值及资产的重要性。在法律意义上,体育赛事无形资产的识别即根据相关正式规定与标准判断某种赛事相关的具备经济价值的事物的法律属性及其归属。体育赛事无形资产的识别过程需关注以下几个要点:第一,因体育赛事的实践而产生;第二,没有实物形态,通常以知识、技术、商业价值等形式存在;第三,能为所有者及使用者带来经济利益。中国体育赛事无形资产开发过程主要分为识别与交易流转阶段,其中交易流转阶段又涵盖了评估、进场交易以及交易监督等环节。本章探讨了体育赛事无形资产的特点、分类和相关权益概念,体育赛事无形资产与体育产业商业模式密切相关,具有权利属性复杂、时效性强、价值不确定性大等特点。我国体育赛事典型的几类无形资产,如赛事转播权、体育赛事标志权,因其背后所具备的商业价值而常遭遇侵害,随着传播技术的发展,侵权的形式日趋多样化,影响的范围也越来越广。本章尝试运用文义解释法去分析实践中常见的赛事举办权、特许经营权、承办权、开发权、供应商权益等概念在不同语境中的含义和差异,以及这些概念在各地方现有体育资源产权交易平台上的使用情况,并运用案例分析法考察了长期以来我国相关立法规定的缺位及司法判例不一致的痼疾。

我国目前的体育无形资产开发尚处于较为初级的阶段,尤其是体育竞赛表演业,重开发产品,缺少对资源内在价值的深度挖掘与创新,导致持续发展动力不足。本章通过对体育无形资产产权交易平台作为落实体育产业供给侧结构性改革重要举措的解读,分析了我国目前已经建成的地方性体育产业资源交易平台的特点和功能,以及平台发展缓慢的原因,以京津冀体育产业资源交易平台和广州体育产业资源交易平台为例,具体说明了平台建设中存在的问题及其成因。基于对最新体育赛事产业的新动态、新发展的关注,总结出我国体育赛事无形资产类别繁杂,各类权益边界模糊不清、概念嵌套适用以及新兴赛事数据识别依据不足等突出问题,并分析了问题产生的背景与原因。

针对流转阶段遭遇的困境,本章通过举出实际例证说明体育赛事无形资产对体育行政部门有较大的依赖性,政府部门在体育赛事活动中既有支持和监管的作用,也有干预和制约的作用。同时,通过考察近 5 年主要体育产权交易平台体育赛事权益交易情况,洞悉我国各地各级体育产权交易平台发展的现状以及存在的信息不对称、监管不力以及风险控制等方面的弊病。为说明体育赛事无形资产侵权现象泛滥的现实,本章以体育赛事转播权和体育赛事标志为代表列举了多个体育赛事无形资产侵权的司法判例及行政处罚案例,并总结出来体育赛事知识产权行政保护手段运用过程中出现的依据不足、执法资源不够等困境。针对体育赛事数据"变现"开发现状,总结中国目前体育赛事数据争议的特点,阐释了赛事主办方、数据平台、媒体机构、运动员等各方在数据资产的获取、使用和价值分配方面存在的矛盾和冲突。

第三章

商业性体育赛事无形资产的开发及法律保护经验

商业性体育赛事与大型综合性运动会等赛事的无形资产开发之间存在重要差异，随着我国体育竞赛表演业的发展，赛事政策生态的不断改善，商业性体育赛事无形资产的开发越来越受到重视。我们发现不同国家或地区在相关领域存在差异化的法律制度和政策安排。然而，在保护商业性体育赛事无形资产权益方面，建立健全的法律框架、加强知识产权保护、提高合同约束力以及加强国际合作是普遍适用的经验。在我国，商业性体育赛事无形资产开发有着一系列相关的法律法规政策支持与引导。从2002年国务院提出开发体育无形资产等要求开始，到2010年、2014年等不同时期的政策文件，都强调体育赛事产业的地位，鼓励赛事市场化运作，完善无形资产开发保护政策，取消商业性体育赛事审批权等，这体现了政府对体育产业的重视与“放管服”改革的推进。然而，这些政策虽有宏观引导作用，但部分条文缺乏具体行为细则，在调整赛事产业权利义务关系上存在不足。同时，也出现了如恒大与东风日产关于球衣胸前广告纠纷、深圳引领平安状告中国平安保险与中超联赛公司侵害商标权纠纷等典型案例。这些案例反映出体育赛事冠名权等无形资产开发过程中的法律问题与市场秩序维护的重要性，如体育赛事冠名权的广告权益本质以及与商标权的复杂关系等。通过研究域外的运作模式、运营策略以及对无形资产的有效开发利用方式，能够为我国商业性体育赛事无形资产开发提供有益的对比与启示。

第一节　商业性体育赛事无形资产开发的概念与特征

一、商业性体育赛事的概念

对于商业性体育赛事的概念学界有不同认识。何伟、李良忠(2008)认为商业性体育赛事是指自主经营、自负盈亏的经营实体,通过市场化运作,为消费者提供体育竞赛产品和相关服务产品,以实现利润最大化目的而举办的特殊活动。[①] 李南筑等(2005)认为相对于大型综合性体育赛事和职业联赛来说,商业性体育赛事产权归属清晰,基本采用市场化运作方式,通过交易实现赛事资源的配置,实现赛事的成功举办。[②] 王凯(2015)认为商业性体育赛事应是经营主体通过自行组织或通过购买获得特定赛事的承办权后,运用市场化的运作方式,在满足观众赛事观赏需要的前提下更大程度地开发和满足市场多元主体的交易需要,以实现自身利益最大化和以营利为目的的特殊事件。[③] 本书认为商业性体育赛事是指举办者在满足观众观看表演的条件下,运用市场化的运作方式,以实现经济利益最大化为目标而公开举行的特殊体育活动。相对于大型综合性体育比赛和

---

① 何伟、李良忠:《浅析商业性体育赛事概念和特征》,载《中国劳动关系学院学报》2008年第1期。

② 李南筑、曲怡、黄海燕:《商业性体育赛事的产权交易特征和交易费用分析》,载《上海体育学院学报》2005年第3期。

③ 王凯:《商业性体育赛事承办权交易价格形成机制研究》,上海体育学院2015年博士学位论文。

职业联赛,如全运会、中超足球联赛,其产权归属清晰,外部影响小,基本上采用市场化运作,除内部的协调组织外,行为主体(俱乐部、企业、经纪人)均通过交易实现资源配置,完成赛事相关工作。

如今随着体育产业的发展,很多非以营利为目的的体育赛事也会采用商业化的运作模式,比如,中国大学生篮球联赛(以下简称CUBA联赛)以“发展高校篮球,培养篮球人才”为宗旨,以CUBA联赛为龙头,但同时为了扩大赛事的影响力与办赛的可持续性,该赛事以社会化、产业化运作模式为手段。2023年第25届CUBA联赛由中国大学生体育协会(以下简称大体协)主办,橙狮体育独家运营,康湃思体育协办。该届联赛还获得了官方战略合作伙伴准者体育、官方赞助商九号科技、官方供应商斯伯丁、官方指定篮球架品牌宏康体育以及官方线上互动App乐动力的大力支持,但这些并不能说明此联赛已经成为商业性体育赛事。

二、商业性体育赛事无形资产开发的特征

商业性体育赛事无形资产是指商业性体育赛事的组织者或者所有者拥有或者控制的,不具有实物形态,能持续发挥作用并且能带来经济利益的体育资源,如商标、著作权、域名、客户关系等。商业性体育赛事无形资产的开发是指通过对商业性体育赛事无形资产的创新、优化、运营和转让等方式,提升商业性体育赛事的竞争力和吸引力,增加商业性体育赛事的收入和利润。交易成为商业性体育赛事价值实现的重要手段。交易的前提条件在于体育赛事无形资产的可分割性,这种可分割性表现为无形资产权益包可拆分为赛事承办权、赛事冠名、赛事门票、赛事转播权等;还表现为使用权与所有权的分

离,如赛事承办权与赛事所有权。

1. 产权归属相对清晰

商业性体育赛事是一个多利益相关方参与的产业,各方在市场规则和经济利益的驱动下倾向于确保产权归属的清晰性。只有各方明确自己的权益和资源归属,才能更好地进行商业合作和资产开发,实现经济效益最大化。商业性体育赛事涉及许多知识产权,如商标、版权、专利等。这些知识产权的许可和保护机制能够保证赛事组织者、球队、运动员等相关方在运营、推广和使用赛事资源时享有明确的产权归属。商业性体育赛事涉及众多关系复杂的合同,如转播合同、赞助合同、授权合同等。这些合同规定了各方之间的权责和利益分配,明确了资源的产权归属以及使用范围,从而确保了产权归属的相对清晰性。学者指出我国的全运会、各大职业联赛等就存在严重的产权不清晰问题,这对于赛事无形资产开发的积极性产生了重要影响。

众所周知,CUBA 联赛由中国大学生篮球协会创办于 1996 年。中国大学生篮球协会成立于 1985 年 2 月,成立之初名为"中国大学生篮球联合会",到 1990 年被教育部改为"中国大学生篮球协会",一年后又被改称为"中华人民共和国大学生体育协会篮球协会",到 1994 年改为"中国大学生体育协会篮球分会",其间已被普遍认可并约定俗成地称为"大篮协"。CUBA 联赛主办权纠纷的另一方主角是大体协,大体协是 1975 年为了满足国家参加世界大运会等国际活动的需要而设立的对口单位。2013 年大体协在西安以管理"分会"的名义主持召开了中国大学生篮球协会换届改选大会,这一行为挑战了中国大学生篮球协会独立运行的民间社团组织身份,在当时更是引起了关于 CUBA 联赛所有权的争议。[①] 正因为商业性体育赛事对于经济价值的追求,市场因素在整个赛事资源的分配过程中起到决定性的作用,赛事经营主体通过对潜在客户(包括观众、媒体、赞助商等)进行充分调查分析,并制定相应的赛事产品,以实现针对性销售,从而最大化赛事经营效益。[②]

2. 资源市场化配置

根据经济学理论,商业性体育赛事资源的市场化配置也可以从价格机制、竞争机制、自由交易、市场监管几个维度来体现。在商业性体育赛事中,资源供求关系的变化将直接影响其价格,如热门比赛门票价格上涨,而冷门比赛可能会降低门票价格以吸引更多观众。通过价格机制,商业性体育赛事可以根据市场需求有效地调整资源配置。竞争机制是商业性体育赛事资源市场化配置的重要手段。各个俱乐部、队伍和运动员为了争夺市场份额和商业利益,努力提高球队或个人的竞技水平,增加粉丝和赞助商的关注度。他们通过培养优秀球员、引进明星运动员,以及投入更多的训练和改善设施等方式,来提高比赛的品质和观赏性,增强其竞争力。商业性体育赛事资源的市场化配置也强调自由交易的原则。在转会市场中,俱乐部可以自由买卖球员,从而实现资源的流通和合理配置。此外,商业性体育赛事还形成了多样的交易方式和出现了不同的市场参与者,如球员经纪人、俱乐部管理层、广告商和转播媒体等。这种自由交易使资

① 王晓易:《CUBA 官网发文维权呼吁公正:强制改选理在何方?》,载网易体育 2013 年 1 月 17 日,https://www.163.com/sports/article/8LDUL9SE00052UUC.html。

② 王凯:《商业性体育赛事承办权交易价格形成机制研究》,上海体育学院 2015 年博士学位论文,第 32 页。

源能够更加灵活地流通和配置。为了保证商业性体育赛事资源的市场化配置,需要有健全的市场监管机制。比赛结果的公正性、俱乐部和运动员的契约执行、转播权的公平竞争等都需要受到监管部门的监督和管理。只有确保市场的公平、透明和稳定运行,商业性体育赛事资源才能更好地实现市场化配置,并充分发挥其经济效益和社会影响力。资源的市场化配置是商业性体育赛事无形资产的一大重要特点,还可以体现在2014年颁布《国务院关于加快发展体育产业促进体育消费的若干意见》后,我国体育赛事市场经历了几年快速的发展,资本大量涌入赛事版权、俱乐部等,有名赛事的版权价格大涨,这是供求关系直接影响价格的典型体现。2019年《国务院办公厅关于促进全民健身和体育消费推动体育产业高质量发展的意见》的颁布,对赛事资源的市场化配置、服务管理等方面做出了要求。从产权交易平台建设,制定体育赛事活动办赛指南、参赛指引,建立跨部门的体育赛事活动综合服务机制或例会制度,开发体育赛事活动安全许可预受理系统等具体方面规定了政府、体育行政部门、体育协会等的权力与义务。赞助招商作为赛事举办方对赛事无形资产开发的过程,其实质上也是一种双边市场交易行为,即通过赞助权益回报(冠名、广告、招待礼遇、促销等权利)获取赞助方支持(金钱、实物、技术或服务等)的等价交换过程。除了赞助权,商业性体育赛事的广告权、特许经营权等权利的交易过程在很大程度上受到市场化趋势的影响,例如,赛事的管理方法、技术运用、经营理念和人员素质要求等方面都遵循了市场的原理和要求。同时,赛事经费的来源更多的是通过赛事经营主体对赛事潜在客户(包括观众、媒体、赞助商等)进行充分调查分析,并制定适应性的赛事产品,以实现赛事效益的最大化。学者认为，政府不断简政放权转变职能的过程实际上是体育竞赛表演业持续市场化发展的过程。① 目前我国高质量的体育赛事产品还比较稀缺，数据显示 2019 ~ 2020 赛季美国职业篮球联赛收入达到 79.2 亿美元，而 2019 年中国足球协会超级联赛总收入约为 2.34 亿美元。②

3. 注重创新技术的应用与衍生产品的开发

商业性体育赛事资源开发还常常借助创新技术的应用。例如，虚拟现实（VR）、增强现实（AR）和数据分析等技术的运用，不仅提升了观赛体验，还为赛事资源的开发带来了新的可能性，如增强互动性、提高个性化服务和粉丝参与度等。商业性体育赛事的无形资产开发主要依靠市场化运营，通过提高赛事质量、增加媒体曝光、拓展商业合作和创新衍生产品等方式来实现。随着科技的进步和市场的变化，商业性体育赛事面临着更多的机遇和挑战。为了适应消费者的多元化需求，提高赛事的吸引力和竞争力，商业性体育赛事必须不断创新资源开发的模式和手段。在这方面，创新技术的应用起到了关键的作用。大数据和人工智能技术自主学习将会使体育赛事内容制作进入自动生成时代。人工智能技术通过大数据的学习和解算，能高速制作视频，并及时纠正制作瑕疵。视觉效果、制作效率、生成处理视频内容的效率都将得到质的飞跃。例如，可将人工智能应用于短视频自动生成、影视剧剪辑、体育赛事集锦等视频内容生产，运

① 李祥林：《中国体育竞赛表演产业发展的历程、逻辑与趋势——基于政府行为变迁视角》，载《体育科学》2021 年第 3 期。

② 德勤：《中国足球协会超级联赛—2019 赛季商业价值评估白皮书》，载德勤官网 2023 年 7 月 28 日，https://www2.deloitte.com/cn/zh/pages/technology-media-and-telecommunications/articles/chinese-football-association-super-league-200729.html。

用深度学习技术进行视频识别与智能编辑，将人脸识别引擎、无人机视觉分析与视频结构化分析等技术快速应用于视频内容分析、视频智能生产等领域。

首先，创新技术可以提升观赛体验，提高观众的满意度和忠诚度。例如，VR 技术可以让观众身临其境地感受赛事现场的气氛，AR 技术可以让观众在屏幕上看到更多的信息和互动内容，数据分析技术可以让观众更深入地了解赛事的背景和细节。这些技术不仅丰富了观赛内容，也增加了观赛乐趣。数据分析技术可以让赛事主办方更精准地了解观众的喜好和行为，从而提供更个性化的服务和营销。据统计，2019 年 NBA 总决赛期间，通过数据分析技术，主办方能够实时监测观众的观看时长、点击率、转化率等指标，并根据不同的用户画像推送不同的广告和优惠信息，从而达到了平均每场比赛增加 15% 收入的效果。其次，创新技术可以创造更多的赛事资源，拓展更多的商业价值。例如，VR 技术可以让观众在虚拟空间中与赛事相关的品牌和产品进行互动；AR 技术可以让观众在现实空间中看到赛事相关的广告和推荐，在现实社区中分享自己的观赛感受和心得；数据分析技术可以让赛事主办方更精准地了解观众的喜好和行为，从而提供更个性化的服务和营销，让赛事主办方更有效地激发和管理粉丝群体的活跃度和忠诚度。

三、商业性体育赛事与其他体育赛事无形资产开发的区别

大型体育赛事无形资产主要涉及特殊标志、奥林匹克标志、电视转播权、特许经营权等，开发目标在于提升大型体育赛事的品牌价值和社会影响力，和增加大型体育赛事的收入和效益。两者在开发无

形资产方面存在明显的不同：首先，目标不同。商业性体育赛事无形资产开发的主要目标是追求经济效益，即最大化商业性体育赛事的收入和利润；大型体育赛事无形资产开发的主要目标是追求社会效益，即最大化大型体育赛事的品牌价值和社会影响力。其次，内容不同。商业性体育赛事无形资产开发的主要内容是利用商业性体育赛事的知识产权、客户关系等资源，进行市场营销、广告推广、产品开发等活动；大型体育赛事无形资产开发的主要内容是利用大型体育赛事的特殊标志、奥林匹克标志等资源，进行法律保护、授权许可、合作伙伴关系建立等活动。最后，方式不同。商业性体育赛事无形资产开发的主要方式是创新和优化，即通过对商业性体育赛事无形资产的改进和提升，增加其市场竞争力和吸引力。大型体育赛事无形资产开发的主要方式是运营和转让，即通过对大型体育赛事无形资产的管理和出售，增加其市场价值和收益。

此外，商业性体育赛事与群众性体育赛事在开发过程中亦存在些许区别。群众性体育赛事活动中的参与主体主要由以下几种主体组成：(1)主办方/举办方，通常是单项体育协会和地方政府，在少量的赛事中，政府和运营赛事公司同时作为赛事的主办方，如上海马拉松赛；(2)承办方/协办方，通常是地方体育局、地方城投公司等，如广州马拉松赛；(3)运营/推广方，一般运营/推广单位以赛事公司为主，如广州马拉松赛。商业性体育赛事与群众性体育赛事的主要差异表现在赛事所有权人和办赛目的不同，群众性体育赛事通常是由政府或非营利组织举办的，其目的是促进公众参与体育锻炼，提高公众健康水平，这类赛事通常不以获得经济利益为目的，而是通过举办赛事来吸引更多的公众参与体育锻炼。

商业性体育赛事的突出特点是由俱乐部、体育中介公司、体育经纪公司等实体组织举办的以营利为目的的赛事。这种赛事能够满足社会群体对于竞技体育赛事观赏的需要，区别于国家体育组织或团体举办的赛事，如奥运会、全国联赛以及各种项目的锦标赛等。商业性体育赛事在盘活各种社会资源、促进体育产业发展的进程中发挥着非常重要的作用。

第二节　我国商业性体育赛事无形资产开发相关规定和典型案例

一、商业性体育赛事无形资产开发相关的法律法规政策

国家和地方政府加强了对体育行业的关注，并颁布了一系列关于体育行业发展的法律法规和文件。在这些文件中，有许多内容涉及体育赛事的发展。早在 2002 年发布的《中共中央、国务院关于进一步加强和改进新时期体育工作的意见》中就已经提出了“要努力开发体育无形资产，加强对商业性赛事的管理，大力发展体育产业”。2010 年 3 月 19 日施行的《国务院办公厅关于加快发展体育产业的指导意见》(国办发〔2010〕22 号)明确提出要努力开发体育竞赛和体育表演市场，积极引导规范各类体育竞赛和体育表演的市场化运作。借鉴吸收国内外体育赛事组织运作的有益经验，探索完善全国综合性运动会和单项赛事的市场开发和运作模式；支持地方根据当地自然人文资源特色举办体育竞赛活动，鼓励企业举办商业性体育比赛，积极引进国际知名的体育赛事，努力打造有影响、有特色的赛事品

牌。强调体育赛事在体育产业发展中的重要地位和龙头作用,同时指出要培育体育中介市场,充分发挥体育经纪人在赛事推广中的作用,强调赛事组织能力,鼓励、引导、规范职业体育赛事发展。国家体育总局2011年发布的《体育事业发展"十二五"规划》强调要积极引进国际知名赛事、创新体育赛事市场开发模式,打造具有知名度的自主品牌,发挥体育赛事的多元功能等,强调了赛事在整个体育产业、体育事业发展中的重要地位,体现了党和国家对于体育赛事产业发展的重视。2014年10月发布的《国务院关于加快发展体育产业促进体育消费的若干意见》对赛事产业的重视和政策变革的力度更是前所未有,提出通过多元化手段丰富赛事产品供给,积极引进国际精品赛事,打造自主品牌赛事。同时,强调完善无形资产开发保护和创新驱动政策,要提高赛事活动名称、标志等无形资产的创造、运用、保护和管理水平。更为重要的是在这一意见中提出了取消商业性体育赛事审批权,研究建立体育产业资源交易平台,创新市场运行机制,推进赛事举办权等具备交易条件的资源公平、公正、公开流转。商业性体育赛事审批权放开源于市场对商业赛事需求的增加,源于国家对于赛事产业的关注。通过营造良好政策环境能够很好地激活商业性体育赛事市场,通过建立产权平台能够很好地促进赛事产权交易市场化,也反映了政策对商业性赛事市场价值的关注。自从2018年4月发布《国家体育总局关于进一步加强体育赛事活动监督管理的意见》(已废止)以来,政府和相关部门加强了对大众体育赛事活动的监督管理,各体育管理机构加强了对其主办、承办或授权其他单位举办的体育赛事活动的日常监管。随着各政府机构对大众体育赛事活动的监督管理的加强,赛事活动的顺利举办更加需要甚至依赖政府的积极参与。[①] 同时,政府及相关部门重视大型商业性体育赛事活动的经济效益和品牌价值,管控意愿强烈;从另一面看来,商业性体育赛事活动的举办对政府部门积极参与的依赖程度也在增强。

《国务院办公厅关于促进全民健身和体育消费推动体育产业高质量发展的意见》将完善体育无形资产评估制度提到了新的高度,明确了支持各类体育协会采用冠名、赞助、特许经营等方式开发其无形资产的态度。[②]《体育赛事活动管理办法》第 10 条规定,"地方体育行政部门应当根据实际需要会同当地有关部门对商业性、群众性大型体育赛事活动建立联合'一站式'服务机制或部门协同工作机制"。该条规定是对 2014 年发布的《国务院关于加快发展体育产业促进体育消费的若干意见》中提出的"取消商业性和群众性体育赛事活动审批"进一步落实,在前者的基础上对地方体育行政部门建立协同工作机制作出明确要求。除此之外,《体育赛事活动管理办法》第 25 条以 2023 年 1 月 1 日施行的《体育法》第 52 条为依据,强调了体育赛事活动的名称、标志、徽记、吉祥物、口号、举办权、赛事转播权和其他无形资产均受到法律的保护。通过确认体育赛事活动组织者对于赛事图片、音视频等信息的专有控制权,排除了其他主体采集或者传播这类信息的合法性。此外,该条还规定"体育赛事活动主办方、承办方应当增强权利保护意识,主动办理商标、专利、著作权等知识

① 戴冠春、刘雨祺:《大众体育赛事活动承办权的市场化运作浅析》,载竞天公诚律师事务所,https://www.jingtian.com/Content/2019/11-04/1623032864.html。

② 宋雅馨:《依法推动体育无形资产高质量开发》,载《中国社会科学报》2021 年 9 月 8 日,第 4 版。

产权手续,通过合法手段保护体育赛事活动相关权益”。2021年《国家体育总局关于印发〈“十四五”体育发展规划〉的通知》中明确指出,竞赛表演产业要加快构建自主品牌体育赛事活动体系,打造100个具有自主知识产权的体育竞赛表演品牌。

上述这些文件表明了政府对于体育产业的重视和支持,希望通过政策引导促进体育产业的发展。政府希望通过开发体育无形资产、加强对商业性赛事的管理、大力发展体育产业等措施来促进体育产业的快速增长。同时,政府也希望通过引导规范各类体育竞赛和体育表演的市场化运作来促进市场经济的健康发展。① 中央层面的法律法规政策出台后,各地也纷纷结合地方特色与具体情况制定政策落实的细则。例如,北京、上海、重庆、浙江、江西等各地区也在其体育产业发展相关文件中纷纷提出鼓励推动体育无形资产的开发,《北京市人民政府关于加快发展体育产业促进体育消费的实施意见》中强调“完善体育无形资产开发保护政策……提升体育无形资产创造、运用、保护和管理水平”。除综合性的关涉体育产业的政策之外,还有专项运动也涉及赛事产业化的内容,如《中国足球改革发展总体方案》。随着我国数字经济和数据立法的发展,体育数据也越来越成为不可忽视的重要资产。体育市场的不断发展和体育产业活动的丰富也会使体育无形资产类型越来越多样。在这一背景下研究赛事产权交易问题具有重要意义。

通过梳理国内历年来对于体育赛事无形资产所给予的政策与制

---

① 戴冠春、刘雨祺:《大众体育赛事活动承办权的市场化运作浅析》,载竞天公诚律师事务所,https://www.jingtian.com/Content/2019/11-04/1623032864.html。

度支持,发现相关的法规政策有以下几个特点:第一,随着体育赛事市场的不断开放,政府出台的法律文件顺应发展趋势,不断深化“放管服”改革,解除架在商业赛事组织者头上的“枷锁”并逐步推进相关措施的落实。第二,政府逐渐意识到了无形资产对于体育赛事产业规模扩大与价值提升的重要意义,持续完善体育无形资产制度,支持各类体育协会采用冠名、赞助、特许经营等方式开发其无形资产。[①]第三,一系列的法规与政策中都涉及体育赛事产业化,但是相关条文均限于概念上的诠释与宏观的、方向性的原则性规定,部分条文虽然出现了为发展体育赛事产业提供优惠政策的字眼,但仍缺乏具体的行为细则,难以对赛事产业的权利义务关系加以有效的调整和保障。第四,政府正在加强体育市场监管,充分发挥法律法规的规范及市场配置作用,推动形成权界清晰、责权一致、运转高效的机制,实现体育产业高质量发展。[②]

二、我国商业性体育赛事无形资产开发典型案例

1. 恒大与东风日产汽车销售有限公司(以下简称东风日产)

在2015年亚冠决赛巅峰对决的亿万观众面前,恒大队替换掉穿了一个赛季的球员球衣胸前广告,从“东风日产　启辰T70”更换成了“恒大人寿”。比赛当晚,东风日产在官网上发布了一条《关于恒大亚冠决赛中的变故声明》,严厉指责恒大不遵守商业契约精神。此

① 宋雅馨:《依法推动体育无形资产高质量开发》,载《中国社会科学报》2021年9月8日,第4版。

② 国家知识产权局:《资产评估准则——无形资产》,载国家知识产权局,https://www.cnipa.gov.cn/art/2020/4/20/art_435_43304.html。

事件一出引来了公众的广泛关注,2014 年 1 月,东风日产与恒大签署了广告合同,对 2014 年 2 月 1 日至 2016 年 1 月 31 日,俱乐部对 2014 赛季及 2015 赛季主、客场比赛服胸前广告权益进行了约定。东风日产启辰与恒大签约的 2 年期限为两个赛季,因此本场亚冠决赛并不是合同期内的最后一场比赛。本场恒大夺得亚冠冠军,意味着在接下来的比赛中,他们还应继续履行此合约。[①] 2014 年 8 月 27 日,在合同期限内,恒大在亚冠 1/4 决赛上将球衣胸前印上"恒大粮油"字样,替代了"东风日产启辰"字样,虽然此事在赛前已获得双方和解,仍引起了舆论风波。2015 年 11 月,恒大曾向东风日产提出回购 2015 年亚冠决赛第二回合比赛服胸前广告遭拒,东风日产与恒大俱乐部的合同主要对合同期限、双方主要权利义务、具体执行方式及违约条款作出了约定,其中对亚冠比赛球衣胸前广告的核心权益约定非常明确清晰。东风日产认为,恒大的行为构成违约,向广州市花都区人民法院提起诉讼,请求法院判定恒大赔偿经济损失 3244.1 万元,并免除双方此前签订的广告合同中约定的第六期 2400 万元付款义务。最终,法院判定恒大所赔付的金额为 2477.86 万元。[②]

恒大与东风日产之间订立的合同本质为冠名合同,体育赛事冠名是赛事开发的重要手段之一,例如,2015 阿里巴巴集团与国际足联签订了一份为期 8 年的体育冠名赞助合同,成为独家冠名赞助商,

① 《恒大上头条真是因为夺冠?然而却是违约!》,载界面网 2015 年 11 月 22 日,https://www.jiemian.com/article/448208.html。

② 张现成、商执娜、吴家琳等:《我国体育赛事产业化实践中的法律规制问题与对策》,载《北京体育大学学报》2018 年第 6 期。

取得 2015 ~ 2022 年国际足联俱乐部世界杯的冠名权。体育赛事本身作为一种充满竞争与活力的事件是积极向上的价值观载体，体育赛事冠名权是一种效益高的曝光媒介，企业通过冠名的手段，结合体育项目本身所蕴含的精神，通过高频次出现的企业标记，以在观众心中留下深刻印象。冠名是市场经济运作中产生的商业行为，早在2002 年上海东部软件园有限公司与上海申花足球俱乐部有限公司冠名权合同纠纷案中，①法官就将冠名权合同认定为无名合同，冠名权合同权利义务的内容是一方以出让己方所属事物的名称设定权或副名称设定权以获得对价，另一方支付金钱或其他对价获得对对方所有物的冠名权。② 该案中法官认为，合同一方实质上出让的是潜在的广告机会，支付对价而取得对某一事物的名称设定权即冠名权并非一方当事人签订合同的本来目的，取得名称设定权仅仅是获得广告机会的法律形式和途径。因此，对受让方而言，真正的合同利益不在于取得对方名称设定权本身，而在于将其企业或产品的名称设定在对方所属具有广告机会的事物上，从而获得潜在的广告机会。故此，赛事冠名权本质上就是一种广告展示的权益，除对东风日产公司的利益造成了损害以外，恒大的行为违背了以赛事冠名作为广告形式的体育赛事商业开发市场秩序。

2. 深圳引领平安公司与平安保险、中超联赛公司

2014 年 2 月，平安保险与中超联赛公司签订协议，约定平安保险向中超联赛公司支付 6 亿元，获得中超联赛 2014 ~ 2017 年度的独家

① 上海市第二中级人民法院民事判决书，(2002) 沪二中民四(商)初字第 21 号。

② 上海市第二中级人民法院民事判决书，(2002) 沪二中民四(商)初字第 21 号。

冠名权，享有“中超联赛独家冠名商”称号，联赛全称“20××中国平安中国足球协会超级联赛”，简称“20××中国平安中超联赛”。原告深圳引领平安公司诉称，被告中超联赛公司与平安保险的冠名行为侵害其商标权，请求法院判令两被告立即停止冠名行为。本案的焦点争议即原告深圳引领平安公司通过受让取得核定使用在“组织体育活动竞赛”服务上的注册商标专用权是否与体育赛事冠名权与商标权之间存在冲突。一种观点主张，原告通过对注册商标的使用已使这两个商标形成商誉，其合法权益受法律保护。被告平安保险与中超联赛公司未经许可，通过约定冠名使用的方式，在中超联赛或中超联赛宣传资料中使用与原告注册商标相同或相近似的“中国平安”或“平安”标识，这不属于推广平安保险服务业务的行为，而是属于“组织体育活动竞赛”服务意义上的商标性使用行为，导致相关公众在服务来源上混淆两被告组织体育活动竞赛的行为与原告组织体育活动竞赛的行为，或者误以为原告、被告之间存在经营上的关联关系，侵害了原告的涉案注册商标专用权，应承担停止侵权、消除影响的法律责任。另一种观点主张，被告平安保险通过约定取得的中超联赛冠名权，其实是一种为自己经营的保险业务打广告的行为，在性质上属于广告权益，其目的在于借助中超联赛平台的强大影响力，以直接或间接的方式向受众介绍自己所主营的保险业务。相关公众在中超联赛或中超联赛的材料中看到“中国平安”或“平安”字样，仅会认为此属被告平安保险在中超联赛中为自己的经营活动打广告的行为，这种行为不构成“组织体育活动竞赛”服务商对“中国平安”或“平安”标识的商标性使用行为，更不会导致相关公众对“组织体育活动竞赛”服务的来源产生混淆，因此，本案两被告的行为没有侵犯原告的涉案注册商标专用权。

深圳市福田区人民法院在审理过程中对于本案被告平安保险与中超联赛公司之间签订冠名权协议的行为进行了全面的分析，法官从商标的基本功能出发，分析商标侵权行为的核心在于构成“商标性使用”，而商标性使用必须将商业标识用于商业活动中，且使用的目的是说明商品或服务的来源，此外该使用行为还要达到能使相关公众区分商品或服务来源的程度。体育赛事冠名权的本质被解释为：由冠名企业向体育赛事活动的举办方提供资金或实物，体育赛事活动的举办方作为回报在赛事活动中标注冠名企业的企业名称或商号。本案中，从中超赛事活动组织者的视角来分析，平安保险作为中超联赛的独家冠名企业，其仅获得在中超联赛及相关赛事活动中推广自己的企业及产品或服务的权利，并未参与中超联赛的任何赛事组织活动。从相关公众的视角来看，其施以一般的注意力看到中超联赛或中超联赛资料中出现的“中国平安”或“平安”字样，不会认为被告平安保险是中超赛事活动的组织者，而只会认为其是中超赛事活动的冠名赞助商。中超联赛或中超联赛资料中出现的“中国平安”或“平安”字样，是被告平安保险行使冠名权的表现，以用来推广自己及其经营的保险服务业务，并非用来表明中超足球联赛服务的组织者。①

① 祝建军：《体育赛事冠名权与商标权的冲突与解决》，载《人民法院报》2017年5月25日，第7版。

第三节　域外商业性体育赛事无形资产开发典型案例和动向

一、美国男子职业篮球联赛(NBA)的赛事转播权开发及相关案例

1. NBA 赛事转播权开发概况

体育媒体每年常常购买千万美元到几亿美元不等的赛事媒体权益和其他媒体权益,然后从赛事等体育节目营销的赞助商和广告商那里获取收益。比如哥伦比亚广播公司(CBS)与 Turner 电视台曾以每年 11 亿美元的价格收购全国大学生体育协会(NCAA)为期三周的全国大学篮球锦标赛(俗称"三月疯狂")2025 ~ 2032 年媒体版权,就让业界为之震动(此前的 2011 ~ 2024 年合约中该版权价格为每年 7.8 亿美元)。纵观世界体育发展史,英格兰超级联赛(以下简称英超)、NBA、美国国家橄榄球联盟(NFL)、奥运会的发展与电视媒体的转播密不可分。虽然传统媒体已经不再具有优势,但新媒体的兴起与逐步成熟给版权内容价值的进一步挖掘带来了很多机遇。转播收入早已成为 NBA 的最大收入来源。2014 年,NBA 与特纳电视网(TNT)、美国广播公司(ABC)和娱乐体育节目电视网(ESPN)签订了 9 年价值 240 亿美元的转播合同,此外,NBA 还与其他电视台和媒体进行了分销合作,以确保全球范围内的比赛播出。NBA 通过与世界范围内各大电视台和网络平台签订长期的转播协议,授权它们对 NBA 的比赛进行直播或点播,同时收取高额的转播费用。NBA 联盟

以一个整体的组织形式与其他商业机构谈判，从事比赛经营活动，如联盟电视转播权、NBA 标志产品的特许经营权等，这种整体的营销方式使 NBA 得以利用自己在职业篮球市场的垄断地位，在价格谈判中拥有很强的话语权，并能获得高额的收入。同时，NBA 联盟营销的收益最终通过平均分配方式返回到各个俱乐部，这样的制度保证了联盟各球队的利益均衡和稳定，保证了每支球队都有相当的财力引入优秀球员和教练，保证了球队间实力差距不致过大，并且避免了球队之间的恶性竞争。NBA 电视转播权销售按区域范围划分为：国际电视转播、全国性电视转播以及地区性电视转播。其中，国际和全国性电视转播权营销权利由联盟掌握，而各球队则拥有当地电视台的电视转播权营销的权利，但地区性的电视转播范围不能超过以主场为圆心、25 公里为半径的圆形区域。这种营销权利的分配，一方面保证各球队通过联盟收益的平均分配而获得持续经营所需的收入，并且有助于维持球队间实力的相对平衡；另一方面也可以激励各球队开拓本地市场，寻求更高利润回报。为了进一步深耕转播权内容获得更丰厚的收益，NBA 利用自己的专属频道 NBA TV，提供实时的比赛直播、原创节目和经典回顾。此外 NBA 还推出了联盟通（League Pass）服务，让球迷可以在手机、平板或电脑上观看任意一场比赛，包括季后赛和总决赛。对于国际市场，NBA 与当地的电视网、有线电视运营商以及流媒体平台进行合作，以确保 NBA 比赛在全球范围内得到广泛传播。

2019 年腾讯与阿里巴巴争夺 NBA 版权，最终腾讯以 5 年 15 亿美元的价格拿下版权。相较于前一份合同 5 年 5 亿美元的价码足足翻了三倍。随着赛事版权价格不断上升，依靠赛事转播产生流量与广告收入已经不能满足要求，为了缓解版权成本压力，深挖内容成为必然。腾讯针对版权内容展开了衍生利用和多次开发。除转播NBA赛事之外,腾讯还深挖NBA各项活动和授权产品的网站的共同运营权以及专属游戏的版权。腾讯开发的NBA 2K OL游戏签约勒布朗-詹姆斯作为代言人,成为国内体育游戏领域的现象级产品。

2. 赛事转播权相关案例

NBA诉摩托罗拉曾是引发广泛关注的案件,该案确认了热点新闻盗用理论的适用条件。原告NBA拥有对联盟篮球体育比赛电视的实况转播权,控诉被告摩托罗拉公司生产了一种叫作Sports Trax寻呼机设备向用户实时提供NBA赛况信息,信息包括体育比赛的得分、命中率、剩余时间等内容。Sports Trax寻呼机的信息来自STATS公司的工作人员在现场观看比赛或从电视、广播直播的比赛中获取的数据,然后将其输入电脑,传送给STATS公司的主服务器。由主服务器汇集、分类、处理后发送给使用Sports Trax寻呼机的客户。NBA在美国纽约州南区联邦法院提起诉讼,主张两被告的行为侵犯其版权。但这一主张并未得到法院法官的认同,法院认为比赛并不能成为《版权法》所保护的作品。虽然1976年国会修改《版权法》时明确将实况转播纳入了《版权法》保护的范围,却并没有将这种版权保护延伸到基础的比赛信息中。联邦《版权法》其实只为特定领域的版权问题提供了保护体系,而进入这个特定领域需要满足客体标准等多项要求,在不满足这些要求的情况下是不能获得版权保护的,这一部分不符合《版权法》保护要求的客体则属于公有领域。纽约州南区联邦法院认为Sports Trax寻呼机传送的是纯粹的事实性信息而不是受版权保护的“表达”(expression),但根据1918年最高法院在*International News Service v. Associated Press*案中的热点新闻理论,认定被告的行为构成了对原告财产性信息的滥用。[①]

原告 NBA 认为未经允许的赛事信息的传播和未经允许的转播行为的性质是一样的,侵犯了其版权。上诉法院强调 NBA 比赛与其他形式不同,比赛并不像电影、戏剧和电视节目,没有剧本而是一连串意外的结果,因此体育比赛没有可复制性,而可复制性是《版权法》保护作品的必要要素,因此两被告的行为并没有侵犯 NBA 转播节目的版权。根据美国法律,赛事组织者对于赛事拥有财产权,如果第三方不经组织者同意而试图从中获取商业利益,可以认定为侵犯了赛事组织者的财产权。但被告所传递的信息在本案中被认定为"公有领域"。此外,他人的"搭便车"行为会影响原告生产产品或者服务的积极性,从而实质性威胁产品或者服务的存在或质量。就被告的行为是否构成"搭便车"的争议,法院认定被告通过付出自己的资源来收集 NBA 比赛中的纯事实信息,并经过加工后通过自己的网络传输给 Sports Trax 寻呼机,该行为无法与 NBA 的现场售票或者转播相抗衡,没有威胁原告现有的产品和服务,因此被告的行为并不构成对原告所付出努力的"搭便车"。综言之,NBA 与摩托罗拉公司案至今仍然被学界援引用来研究赛事数据的归属与侵权行为的认定,对于体育赛事转播权的法律保护有重要影响。[②]

---

① 李俊伟:《从 NBA 诉 Motorola 案看美国的版权优先制度》,载《知识产权》2002 年第 4 期。

② *NBA v. Motorola, Inc.*, 105 F. 3d 841(2d Cir. 1997).

二、欧洲足球赛事的无形资产开发及相关案例

1. 欧洲足球联赛转播权开发概况

英超是欧洲五大联赛中最具竞争力的联盟，英超 2021 ~ 2022 赛季的总收入高达 66 亿美元，和 NBA 一样，英超的收入大头也来自转播。依靠与天空体育、BT 体育和 DAZN 等转播商签订的合同，以及与亚马逊、脸书等公司合作的流媒体转播订阅，英超本赛季获得了 38 亿美元的转播收入。这些转播收入占了赛季整体收入的一半。英国从 1992 年成立英超联赛后，在赛事转播权销售方式上，常规赛事的电视转播权采用的一直是集体出售的方式，1999 年，英国公平贸易办公室（Office or Fair Trade）曾向英国限制贸易行为法庭（Restrictive Practices Court）起诉英超联盟，认为英超联盟打包出售转播权的行为属于垄断行为，限制贸易行为法庭认为英超联赛虽然是由众多俱乐部组成，但是单一销售难以体现联赛整体价值，因此驳回了起诉。英超联赛作为欧洲五大联赛中收益水平较高的赛事，其商业开发的重要特点之一就是积极开发海外市场，主要有美国、中国、非洲市场等。英超的转播收入分为国内和国际两部分，国内收入中有 50% 被平均分配，另外 50% 是基于全国直播场次数量和联赛排名进行分配的。并且，俱乐部每上升一个名次，就可以多得到 170 万英镑收入；而国际收入则全部平均分配给 20 支联赛球队。

意大利 1999 年 3 月 29 日发布的第 78 号法令规定“意大利甲级和乙级联赛俱乐部享有电视转播权”，因此意大利是欧美体育强国中唯一以制定法形式确立“体育赛事转播权”的国家。法国《体育法典》（Code du Sport，French Sports Code）第 L. 333 – 1 – 1 条规定：“体

育协会和赛事组织者享有开发利用由其组织的体育赛事的权利。"法国最高法院认为,依据《体育法典》所规定的"赛事组织者权",赛事组织者可以从事"以获益为目的的经济行为"。通过对赛事组织者权的规定,将赛事组织者之于赛事,类比作者之于作品,作者有权自由利用其作品获得经济利益。[①] 在德国,赛事转播权的具体归属没有明确的法律条文予以规定,在实际操作中通常把赛事转播权归为赛事组织者所有,德国法院和欧盟法院的实际判例又认为赛事转播权是俱乐部所拥有的天然权利。德国同样由德国足球协会全面负责德国足球职业联赛的转播权销售,虽然德国足协也遭受过德国联邦贸易委员会的反垄断调查,但德国联邦议会对该行为实行反垄断豁免。[②]

2. 赛事转播权相关案例

在2011年英超联赛足球协会(Football Association Premier League, FAPL)诉卢克斯顿案中,原告FAPL是英格兰超级联赛的管理机构,通过各俱乐部的权利让渡,FAPL集中出售英超比赛的转播权。FAPL所授予的转播权许可证持有者享有在各自约定的转播区域内转播英超比赛并进行相关商业开发的独家权利。为了保护这种专有权,每个被许可方都有义务对提供给其境内用户的卫星信号进行加密。然后用户需要解码器来解密信号(有源电视是同频同步的专用设备),许可协议还对这些解码器在各被许可方领土外的流通做出了限制。本案被告卢克斯顿先生是斯旺西酒吧的经营者,他向广播公司Miasat as(获得FAPL授权的转播方)购买了一个解码器,并在其酒吧中播

① 姜栋:《论体育赛事转播权的体育法规制》,载《法学家》2022年第1期。

② 陈晓雪、刘亚云、马胜敏等:《反垄断视域下欧洲五大联赛赛事转播权研究》,载《广州体育学院学报》2022年第1期。

放了英超足球赛的视频，播放的过程中，没有收取顾客的费用。① 根据 1988 年《版权、外观设计和专利法》(Copyright, Designs and Patents Act 1988, CDPA) 第 20 条的规定，"向公众传播"是指通过电子设备向公众传播，这包括对作品进行广播，以及通过电子传输向公众提供作品，让公众可以在自己选择的时间和地点访问作品。本案中，"向公众传播"包括通过电视和扬声器向酒吧内的顾客传播作品。免费放映或播放此类受保护作品需要征得权利持有人的同意，以避免侵权。法官认定，提供解码器的供应商只是使被告的侵权行为得以实施，而不构成对任何侵权使用的授权或批准。

FAPL 认为这种活动威胁其电视转播权的独家性和价值，便试图通过法律手段终止这类活动以保障其利益。除上述 FAPL 对使用解码器在酒吧播放英超联赛以及供应商向这些酒吧提供解码器提起的民事诉讼以外，第二起案件是针对卡伦·墨菲，一家酒吧的老板使用解码器播放英超联赛而引发的刑事诉讼。在该案中，英格兰和威尔士高等法院向欧盟法院提交了一系列关于欧盟法解释的问题。欧盟法院认为禁止进口、销售或使用外国解码器的国家立法违反了提供服务的自由，并且在保护知识产权或鼓励公众观看足球比赛的目标上也不能得到合理的解释。欧盟的竞争法原则上不禁止权利持有人将受保护的内容通过卫星在指定期间从一个或多个授权广播商独家播出，但许可协议不得禁止广播公司提供与涉及的体育赛事相关的任何跨境服务，因为这样的协议将使每个广播公司在其许可的领土范围内获得绝

---

① 英国某些酒吧开始使用由希腊广播公司发放给居住于希腊领土用户的外国解码器来观看英超联赛。这些酒吧从经销商处以低于 Sky 在英国拥有的广播权价格购买卡和解码器盒。

对的专有权,从而消除这些服务领域的广播商之间的所有竞争,并根据国家边界将国家市场划分开来。

关于英超赛事本身能否构成版权法保护对象,欧盟法院指出:"体育赛事不能作为智力创造意义上的版权,尤其足球比赛是根据规则进行的游戏,没有智力创造的空间。"但欧盟法院承认体育赛事具有"独特性"和"独创性"特点,可以转化为作品进行保护,在一定条件下的转播可以作为作品进行保护,即开放的视频序列、英超国歌、重要时刻回放以及转播过程中的各种图形等。在这种理解基础之上,英超联赛的开场视频、英超联赛的主题曲、英超联赛比赛的精彩片段和各种图形可以被视为"作品",受版权法的保护。然而,比赛本身并不享有这种保护。因此,当酒吧播放包含这些受保护作品的广播,如开场视频或英超联赛的主题曲时,这被视为根据版权法对公众进行"传播",需要作品作者的授权。当酒吧将这些作品传输给在场的顾客时,这些作品被传输给了作者在授权广播时没有考虑到的公众。

三、数字时代体育赛事无形资产开发的新动向

1. 社交媒体平台的粉丝互动

体育赛事转播文化的发展随着法律规则的不断完善,在体育产业中扮演着越来越重要的角色。数字时代的到来以及"Z 世代"①的出现让体育赛事嵌入球迷的生活方式发生了变化,他们不仅不再蹲守在电视机前面看电视直播,甚至不再看网络媒体流媒体的在线直

① 指新时代人群,又称"网生代""互联网世代"等,通常指 1995 年至 2009 年出生的一代人。

播，体育赛事商业价值的开发者不得不适应粉丝在社交媒体上获取赛事信息的新需求以做出调整。在数字流媒体平台繁荣发展的今天，体育中介平台、体育联盟甚至体育联合会等组织机构在不断完善自身数字媒体服务的基础上，也开始尝试切入C(comsumer)端，通过自建OTT(over-the-top)①服务的形式，向观众提供赛事转播，并收取订阅费用。为了增强“Z世代”不看体育直播的体育迷的黏性，叠加式的数字服务在商业性体育赛事的开发中广泛应用起来，例如，国际管理集团(IMG)已经在拉丁美洲推出了以意甲联赛为核心内容的OTT服务，在瑞典、挪威、丹麦推出了覆盖意大利甲级联赛和西班牙甲级联赛的OTT服务；皇家马德里推出了官方OTT视频平台“RM Play”，提供比赛剪辑、原创内容和存档片段。自有平台的开发已经成为国际体育产业界的趋势，第三方流媒体的应用方式也越发多元化。

OTT作为视频集锦中心，区别于传统的媒体能够为赞助商提供宝贵的客户数据资源。OTT供应商掌握了用户的行为数据，能够为赞助商提供球迷的消费内容，对用户进行画像，推动用户更有意义的参与。赛事版权所有者尽可能通过不同的屏幕和社交平台与粉丝建立联系，正因为他们不再只关注直播，短视频、比赛内容亮点、比赛采访等都是能吸引粉丝的内容。不仅如此，NBA的众多球队以及曼联都入驻了TikTok，尤其以金州勇士队在TikTok上的数字涨粉最为突出。总而言之，赛事版权所有者正在开发多种途径来强化自身的数字输出能力。国际冰球联合会(IIHF)冰球世锦赛与斯柯达达成了长期合作协

① OTT服务是指“over-the-top”服务，通常是指内容或服务建构在基础电信服务之上从而不需要网络运营商额外的支持。

议，作为冰球世锦赛的官方主赞助商，斯柯达于 2022 年推出了数字生态系统“Škodaverse”。

2. 创建数字体育纪念品、收藏品和虚拟球员卡

早在 2019 年，英超球队阿森纳、德甲球队多特蒙德等俱乐部就已率先开发区块链产品。2019 年 2 月，阿森纳与区块链公司 Fantastec 合作，开发一款阿森纳球队专属 App，并在 App 上发售球队相关周边商品。2019 年 3 月，多特蒙德也与 Fantastec 达成合作，用户可在该平台上交易多特蒙德相关的数字藏品。与现实中转售只可获利一次不同，由于区块链的可追踪性，某一非同质化通证（Non-Fungible Token，NFT）的 IP 拥有者可以通过接下来的每一次转售持续抽成获利。NFT 就像是连接虚拟与现实间的桥梁，这一特性或能助其走向大众消费者。2021 年体育数字资产又迎来新一轮高潮。在 2021 年 5 月黄蜂队对战快船队的比赛中，黄蜂队即尝试通过官方 App 推出 NFT 门票供球迷购买。这不是 NBA 球队对于 NFT 的首次尝试，在黄蜂队之前，勇士队曾经通过 NFT 交易网站举办了一场线上拍卖会，为其队史上六个总冠军分别创造了对应的“数字冠军戒指”，并拍出 89 万美元的高价。在体育市场中广受欢迎的各种 NFT 中，由 NBA 与 CryptoKitties[①] 游戏的创建者 Dapper Labs 一起开发的

① CryptoKitties 是一个基于区块链技术的虚拟宠物游戏。它是由加拿大公司 Dapper Labs 开发的，于 2017 年推出。在 CryptoKitties 中，玩家可以购买、繁殖和交易虚拟猫咪。每只猫咪都是独一无二的，并且以 NFT 的形式存在于以太坊区块链上。每只猫咪都有自己的基因和特征，可以通过繁殖产生新的猫咪。CryptoKitties 的独特之处在于它利用了区块链技术的不可变性和去中心化特性，确保每只猫咪的所有权和交易记录都可以被准确地追踪和验证。这使 CryptoKitties 成为区块链游戏的先驱之一，并引起了全球范围内的关注和参与。

NBA Top Shot,如今已经成为最大的加密货币交易卡游戏。CryptoKitties 在以太坊区块链上运行,而 NBA Top Shot 在 Dapper Labs 的专有区块链 Flow 上运行。NBA Top Shot 围绕“时刻”(shot)的所有权开展,让所有玩家都可以购买、持有并交易 NBA 经典比赛或者关键战的小视频。玩家既可以购买“时刻”,也可以在 Top Shot 的二级市场上交易。Dapper Labs 还与 NFL 签署了协议,开发 NFL All Day 的 NFT 产品,玩法类似于 NBA Top Shot,该游戏主要聚焦于“标志性收藏品”的交易。玩家可以根据观赛者的喜好建立其收藏品列表并在二级市场上进行交易。NFL 在全美拥有超越 NBA 的强大号召力和更大的观众基数,NFL All Day 的前景也被市场看好。

F1 Delta Time 是一个区块链生态系统,赛车迷们可以在其中组装 NFT 赛道、汽车、轮胎和车手。F1 官方授权的 NFT 赛车、赛道、车手等都可以在 F1 Delta Time 上访问到。在这里,玩家可以参加各种赛车游戏模式,包括计时赛和大奖赛模式。F1 Delta Time 的玩家不只是为了收藏而购置这些数字收藏品。他们的主要目标是利用 NFT 资产在虚拟锦标赛中取得胜利。

全球范围内的一系列运动员也发布了他们的 NFT。网球明星大坂直美(Naomi Osaka)发布了多个 NFT。4 月,她与姐姐大阪玛丽(Mari Osaka)推出了 6 个 NFT 收藏品,其中 5 个以近 60 万美元的价格售出。① 比利时自行车手沃特·范·阿特(Wout van Aert)发布了他的 NFT 收藏品,内容包含他职业生涯中最伟大的三个时刻,带来

---

① Joyce Li, *Naomi and Mari Osaka Make Their NFT Debut, and It's All for a Good Cause*, Hypebeast (May 13, 2021), https://hypebeast.com/2021/5/naomi-osaka-mari-osaka-debut-nft-collection-interview.

了共约 50,000 美元的销售额。[1] 2021 年 12 月,NBA 巨星斯蒂芬·库里也发布了他的 NFT 收藏品。

NFT 与体育行业的结合将在未来深刻地改变体育技术基础设施、推动球迷参与,产生深远且重大的影响。普华永道也指出,门票销售、媒体版权和赞助是目前球队和联赛最大的收入来源。它同时预计,代币化门票、NFT 媒体权利和数字/虚拟世界活动的赞助将推动该行业的大发展,并指出数字资产销售也可能成为关键的收入来源。该报告补充说,为了实现这一目标,运动队和俱乐部需要一个将新的数字销售数据与现有客户数据库连接起来的技术部门以及一个强大的法律团队,专门处理监管和税务问题。

NFT 与体育跨界结合将对双方都带来革命性的改变。体育界将 NFT 这一全新的技术推向更多的受众,让更多人能够理解和接触 NFT。而 NFT 通过其技术特质,铸造出独一无二且全新的衍生品,能够满足"千禧代"和"Z 世代"的年轻观众,带给粉丝们全新的体验,从而推动体育经济的发展。

3. 数字时代体育赛事无形资产的法律风险

过去 20 多年间,体育赛事统计数据的在线可用性推动了体育游戏的崛起。但是,这种可能性在其萌芽阶段几乎被阻断了。到了 20 世纪 90 年代中期,随着媒体格局演变,美国内容所有者和内容分发商之间的在线体育统计数据成了一个关键的战场。

随着体育赛事转播文化在体育赛事无形资产开发中扮演着越来

① Cyclingnews, *Wout van Aert Race Win NFTs Sell for €47,000*, Cyclingnews (Nov. 17, 2021), https://www.cyclingnews.com/news/wout-van-aert-race-win-nfts-sell-for-euro47000/.

越重要的角色,叠加式的数字服务在商业性体育赛事中发挥了关键作用。其一,体育 OTT 供应商在处理用户行为数据时应遵守相关的法律规定,保护用户的隐私权和数据安全,并确保合法、透明和合规的数据处理行为。OTT 供应商在收集、使用和处理用户行为数据时,需要遵守适用的隐私法规和政策,如欧盟的《通用数据保护条例》或其他国家和地区的个人数据保护法。OTT 供应商应当提供适当的机制保障用户对其个人数据享有的访问、更正、删除和限制数据处理的权利。OTT 供应商应当明确说明收集用户行为数据的具体目的,并按照合法、明确的目的使用这些数据。OTT 供应商不应擅自将用户数据用于与原目的不相关的其他用途,除非事先获得用户的明确授权。同时,OTT 供应商需要采取合理的安全措施来保护用户的行为数据,以防止未经授权的访问、篡改或泄露,包括使用加密技术、安全访问控制和数据备份等措施。

其二,形象权或称公开权,也是球星卡等体育收藏品业务中重要的法律问题。铸造 NFT 时也会遇到需要使用运动员形象权的情况,如 NBA Top Shot 就是将运动员在赛场上的“高光时刻”(moment)保存并数字化的 NFT 数字收藏品,每个 NFT 都留存了运动员本人在赛场上的记录,因此运动员形象的使用需要本人的授权。NBA 曾在 2011 年与 PANINI 公司签订了独家授权合同,由 PANINI 公司生产球星卡。NBA 直接拥有各球队的形象使用权,当球员和球队签约后,球员的形象使用权已经授权给 NBA 官方,再由 NBA 官方将球员的形象使用权转授权给其他人进行运作。开发 NFT 市场使用俱乐部徽标、球员肖像和其他相关资产时,要确保提供充分的信息和保持充分的透明度,以保护消费者的权益。遵守消费者权益法规,特别是关于虚拟商品和数字产品的规定。

其三，体育数字收藏品的开发还存在刑事风险。体育界曾发生了一些知名的 NFT 诈骗事件。2021 年巴塞罗那足球俱乐部决定取消与 NFT 市场 Ownix 的合作伙伴关系，①因为该公司的一位顾问涉嫌加密货币诈骗而被逮捕。② 此外，NBA 球星德亚伦·福克斯（De'Aaron Fox）也关闭了他的 NFT 项目，令那些已经花费了至少 150 万美元购买加密货币的投资者感到手足无措。在体育 NFT 发行的一级市场与二级市场，发行者的行为都是受到既有法律法规体系监管的，如发行者接受法币或者与法币之间具有可兑换性的资产作为支付手段，或者虚构 NFT 价值或可交易空间，则可能会涉及非法经营罪与诈骗罪的问题。

其四，知识产权问题亦是创建数字体育纪念品、收藏品和虚拟球员卡需要面对的难题。NFT 是区块链技术与应用催生的新产物，运动场景、明星运动员等元素是来自或改编自现实世界中的相关实体以及基于原生 IP 的二次创作。经营者在元宇宙空间中的活动没有束缚，实现了在虚拟世界低成本、高自由的经营，这种高自由性对于知识产权相关法律的适用构成了威胁，如在元宇宙内利用现实世界

① Steven Anderrson, *FC Barcelona Cancels Marketing Agreement With NFT Marketplace Ownix*, thecoinrepublic. com (Nov. 20, 2021), https://www. qxwa. com/fc-barcelona-cancels-marketing-agreement-with-nft-trading-marketplace-ownix. html.

② Ownix 顾问、耶路撒冷贝塔足球俱乐部的老板摩西·霍格格（Moshe Hogeg）在俱乐部办公室中被捕，以色列警方在官方推特页面上发表的声明表示："8 名嫌疑人因涉嫌在加密货币领域犯下欺诈罪而被捕，金额达数亿谢克尔。"声明没有透露嫌疑人的名字。据 FOS 报道，涉嫌与加密货币相关的欺诈行为总计至少 6500 万美元（约合人民币 4. 14 亿元）。李嘉咏：《巴萨和曼城的加密货币赞助都黄了，背后合作方涉嫌诈骗》，载微信公众号"懒熊体育"2021 年 12 月 2 日，https://mp. weixin. qq. com/s/j8Hw0upRmjXk9qvuvk7ExQ。

的商标生成、交易贴标产品或利用商标打造虚拟场景，在类似商品上将他人注册商标作为商品名称或者商品装潢使用等行为，都面临一定的商标侵权风险。元宇宙并非法外之地，已有判决证明在虚拟空间中未经他人许可使用权利人的作品、商标等知识产权需要承担相应的法律责任。印度的德里高等法院在 *Exphar SA v. Eupharma Laboratories Ltd.* 一案中认定，Eupharma Laboratories 在虚拟世界中使用与 Exphar 商标近似的商标构成商标侵权。① 可见，虽然与现实的仿冒情况相比存在差异，但虚拟世界中同样需要严格遵守商标法律法规的规定，侵犯商标权的行为仍需承担法律责任。

本章小结

商业性体育赛事是指举办者在满足观众观看表演的条件下，运用市场化的运作方式，以实现经济利益最大化为目标而公开举行的特殊体育活动。相对于大型体育比赛和职业联赛，如全运会、中超足球联赛，其产权归属清晰，外部影响小，基本上采用市场化运作，除内部的协调组织外，行为主体（俱乐部、企业、经纪人）均通过交易实现资源配置，完成赛事相关工作。商业性体育赛事无形资产开发具备：产权归属相对清晰、资源市场化配置、注重创新技术的应用与衍生产品的开发等主要特征。商业性体育赛事是由俱乐部、体育中介公司、体育经纪公司等实体组织举办的以营利为目的的赛事。这种赛事能

---

① *Exphar SA v. Eupharma Laboratories Ltd.*, CASEMINE (Feb. 20, 2004), https://www.casemine.com/judgement/in/5609adf7e4b0149711412a68.

够满足社会群体对于竞技体育赛事观赏的需要,区别于国家体育组织或团体举办的赛事,如奥运会、全国联赛以及各种项目的锦标赛等。商业性体育赛事在盘活各种社会资源、促进体育产业发展的进程中发挥着非常重要的作用。

国家和地方政府加强了对体育行业的关注,并颁布了一系列关于体育行业发展的法律法规和文件。国内商业性体育赛事的无形资产开发过程中产生了诸多案例,其中恒大与东风日产关于球衣胸前广告的纠纷以及深圳引领平安状告中国平安保险、中超联赛公司侵害商标权纠纷具有典型性,受到社会广泛关注。

域外商业性体育赛事的无形资产开发是一个多层次、多维度的过程。以 NBA 与欧洲足球联赛为代表的商业性体育赛事建立了强大的品牌形象,本章通过分析 NBA 与欧洲足球联赛的转播权开发策略与相关案例纠纷,总结了域外体育赛事建立品牌形象,销售转播权以获得持续发展资助的成功经验。本章还探析了数字化转型如何成为提升商业性体育赛事价值的重要手段,赛事组织者通过实时数据分析、虚拟现实和增强现实技术、发展在线直播和社交媒体互动等方式,使赛事能够更好地与观众和粉丝进行互动交流,提升参与度和优化用户体验。

第四章

大型综合性体育赛事无形资产的开发及法律保护经验

奥运会、亚运会以及全国运动会等大型综合性体育赛事的举办对于举办国、省市的竞技体育实力及综合性发展都具有显著的带动作用。通过无形资产开发来充分发挥其经济效益，获得赛事的可持续发展已经成为这类赛事的共同课题。作为大型综合性体育赛事，相比起部分商业性体育赛事，其投入成本更高、筹备与申办时有着较大的经济影响，且具备稳定的周期性特征。国际体育赛事举办的经验为国内赛事的无形资产开发提供了宝贵的经验，尤其是针对赛事特殊标志的保护问题，我国已经形成了一套立法、司法、执法有机组合的工作体系，值得进一步研究与推广。我国举办的大型体育赛事，按照惯例或默认的行业准则，均会设立赛事管理机构——组织委员会（以下简称组委会）。国内赛事或国际单项赛，如全运会、城运会以及单向体育竞赛及地方综合性运动会等，往往由主办单位、承办单位、赛事推广者等共同组成赛事组委会，大多为不具有独立法人地位的临时性组织机构，不具备法律上的独立人格，其承担法律风险的能力有限。大型国际赛事则倾向于设立独立法人机构，便于对内实行高效的管理，对外独立承担法律责任，如北京奥运组委会、广州亚运组委会以及杭州亚运组委会。北京奥运会开先河地成立了法律事务部，为北京奥运会的圆满举办保驾护航，并留下许多宝贵的精神财富和解决路径。

第一节　奥运会无形资产开发及法律保护经验

一、奥运会无形资产开发的历史

1. 奥运会无形资产开发的起源

奥运会早在20世纪80年代之前就创造过高达2.5亿美元的收益，自1976年起，奥运会引入了赞助商体系，通过与全球知名品牌建立合作关系，共同推广品牌和发掘奥运会价值。其中，像可口可乐、阿迪达斯、麦当劳等跨国公司都在多届奥运会中担任赞助商，通过广告、产品推广以及奥运会主题活动来增强自身品牌形象。官方赞助商的数量在1976年蒙特利尔奥运会达到了628家的峰值，当时的赞助模式是不分等级的，所有赞助商都能成为“官方赞助商”。国际奥委会和组织方从这一赛事举办的过程中看到了惊人的经济效益。

彼得·V. 尤伯罗斯(Peter V. Ueberroth)当时担任洛杉矶奥运会组委会主席，1984年，奥运会进入“尤伯罗斯模式”时代。其一，洛杉矶奥运会组委会首先采用竞标、保证金制度以及海外销售竞标等方式开发电视转播权，首次采用了投标方法出售电视转播权，美国三大广播公司为了独家转播权展开了激烈争夺，开拓电视转播权的销售范围，将转播权分别卖给欧洲国家、澳大利亚等。其二，奥运会实施分级赞助制度，不同层级的赞助商有不同大小的权利范围，当时每个层级每个类别只有一家公司能成为官方赞助商，总数限定在30家以内，且每家赞助费不低于400万美元，可口可乐豪掷1200万美元打败百事可乐；日本富士胶卷则付出了700万美元打败了行业老大柯达。其三，面向公众销售火炬传递权名额，一改往届只有优秀运动员、社会名流参与圣火传递的传统，以 3000 美元一公里的价格售出，为奥运会组委会筹集了 4000 万美元。其四，使用奥林匹克标志、徽记、吉祥物等知识产权发行纪念币、纪念邮票、纪念章、赞助券等，成为奥运会组委会重要的集资手段，同时这些纪念品也成为极具收藏价值的艺术品。

2. 奥运会商业开发的组织机构

奥运会市场开发的组织机构有三个：国际奥委会、第 × 届奥林匹克运动会组委会、国家奥委会。国际奥委会是奥运会市场开发的最高组织管理机构，它享有对奥运会的全部权利，包括对奥运会的组织、开发、广播电视和复制的权利；拥有奥林匹克标志、奥林匹克旗、奥林匹克格言和奥林匹克会歌的权利；从奥运会比赛项目中撤销运动大项、分项或小项的权利；取消奥运会组委会承办奥运会的权利等。针对奥运会市场开发，国际奥委会负责监督和审核奥运会市场开发营销政策，提供资源、计划支持政策等，拥有奥运会媒体转播、奥运会全球合作伙伴计划、TOP 计划、奥运会全球供应商计划、奥运会全球特许产品计划等权利，并将约 90% 的每期奥运会市场开发收益用于支持各国（地区）运动员发展，支持促进全球奥林匹克运动和体育组织的其他活动、世界体育的发展等，10% 的市场开发收益用于国际奥委会日常运营和管理支出。

奥运会组委会是一个临时性机构，从成立之时就与国际奥委会直接联系并接受其指示，它和举办城市共同承担组织和举办该届奥运会的财务责任，奥运会组委会的市场开发活动属于国际级开发层次。奥运会组委会具有国际奥委会让渡给奥运会组委会或国家奥委会的奥运会相关营销权利，如与全球 TOP 计划不冲突的产品类别、仅限于奥运会组委会所属国家或地区之内的赞助计划、供应商计划、票务计划、特许产品计划等。

3. 奥林匹克标志隐性营销规制的演变

国际奥委会对 1984 年洛杉矶奥运会的赞助计划进行了一次重大的调整，开始实施分级赞助制度，规定不同层级的赞助有不同大小的权利范围，当时每个层级每个类别只有一家公司能成为官方赞助商。这种赞助计划原本是为了大幅提高赞助费的价值，最后却起到相反的作用，促使那些未能成为官方合作伙伴的企业去寻找能够与赛事建立联系的替代方式。第一起针对奥运会的隐性营销事件发生在洛杉矶奥运会期间，柯达公司赞助美国田径国家队和电视转播商，伏击了作为奥运官方赞助商的富士公司。柯达公司的这一举动给了无法成为官方赞助商的公司很大的启发，此后通过赞助单项体育运动协会或者国家队和媒体转播商来实现隐性营销的行为大量涌现。1988 年首尔奥运会期间，富士公司以赞助美国游泳国家队的方式回击了竞争对手，此类行为即被视为隐性营销。隐性营销又被称为隐性市场，是指由个人或实体所进行的，可能明示或暗示其与奥组委、国际奥委会、国家奥委会、奥运会国家体育代表团等之间，或者与上述机构组织的任何活动之间具有事实上并不存在的商业性关联的，或虽具有一定的关联但未经上述机构授权的广告、宣传、商业识别或其他活动。[①]

① 宋雅馨：《奥林匹克标志反隐性营销的法律保护——以〈奥林匹克标志保护条例〉为视角》，载《知识产权与市场竞争研究》2019 年第 1 期。

为了坚决抵抗类似的隐性营销行为的扩张,《奥林匹克宪章》第40条规定成为运动员参与商业活动的"铁律",规定除非经国际奥委会执行委员会许可,参加奥运会的任何运动员、教练员、训练员等在奥运会期间都不得将其本人、姓名、图像或运动表现用于广告目的,附则中还规定"参赛者和持证人员也不许推销任何品牌、产品或服务,不管是论坛帖子、博客、推特或其他社交网络"。此规则通常从奥运会开幕式前9天持续到闭幕式后3天(这期间被形象地称为"冻结期"),在这段时间内,如果运动员的个人赞助商不同时为奥运会的赞助商,则运动员不能代表自己的赞助商进行广告活动;凡是参赛的运动员、教练员/训练员等的个人赞助商已经将广告宣传投放到市场的,必须满足一定条件才可以在奥运会期间继续开展广告活动,包括符合国家奥委会的规定,广告不得创建与任何奥林匹克资产特别是与奥运会之间的商业联系的任何印象,广告申请必须提交给国家奥委会或国际奥委会批准。[①] 第40条从由"原则上不可以"变为"有条件的可以"也是受到运动员商业赞助权利意识逐步增强以及国内法干预的影响。

4. 奥运会无形资产开发的数字战略

NFT及区块链技术在东京奥运会中大展拳脚,表现亮眼。2021年7月初东京奥运会开赛之前,国际奥委会宣布Animoca Brands的子公司nWay获得国际奥委会的官方授权发布NFT奥运徽章(Olympic NFT Pins),并在其网站(nWayPlay. com)上发行和

① 宋雅馨:《竞争法视域下〈奥林匹克宪章〉第40条变迁的审思》,载《天津体育学院学报》2022年第5期。

销售。NFT 奥运徽章是奥运徽章的数字版本，可收藏、可交易，并且保真、稀有、出处可循。这一举措将 NFT 技术与奥林匹克运动相结合，为体育爱好者和数字资产收藏者提供了一个机会，以数字方式庆祝和纪念奥林匹克精神。这也突显了 NFT 在文化和娱乐领域中的不断融合和创新应用。发行与体育赛事相关的体育 NFT 首先要获得赛事组织者、运动员所在团体或其他相关权益方的必要授权。只有获得相应权益人的授权，NFT 提供商才能进行 NFT 的铸造和销售。这些授权范围可能包括但不限于赛事直播、转播权以及与赛事相关的电视节目信息网络传播权等。以涉及赛事视频的 NFT 为例，如果 NFT 提供商在自行录制某场比赛后剪辑部分视频用于 NFT，就该考虑是否需要获得赛事组织者的授权。如果使用其他作者制作的赛事节目视频，那么也要考虑是否需要获得该作者的授权，否则可能涉及侵权问题。与此同时，正如前文提到的 NFT 奥运徽章，NFT 提供商 nWay 在获得国际奥委会授权后发布了 NFT 奥运徽章。英国国家队也成了首支在东京奥运会上推出 NFT 产品的代表队，他们与 NFT 提供商 Tokns 合作，授权 Tokns 推出英国国家队 NFT，通过固定价格销售和拍卖销售两种方式，面向粉丝和收藏家进行销售。

2022 年北京冬奥会除继续与 nWay 合作推出常见、稀有、史诗、传奇四个等级的系列 NFT 奥运徽章及以吉祥物“冰墩墩”为原型设计的相关 NFT 以外，国际奥委会还与 nWay 推出了基于 Flow 区块链创建的移动端游戏 Olympic Games Jam：Beijing 2022。参照冬奥会的比赛项目，在游戏中，玩家可以与他人比拼自由式交叉滑雪、高山滑雪、短道速滑等冰雪项目，排名靠前的玩家可以获得“宝石”奖励，而“宝石”可用于打开包含 NFT 奥运徽章的“盒子”或兑换为加密资产等。与如火如荼的北京冬奥会遥相辉映，该游戏在区块链上开辟了一块数字冬奥会赛场。连续两届奥运会对于数字化开发无形资产的布局宣告 NFT 概念的深入人心，采用新的数字技术来推广奥林匹克价值观并与运动迷们建立直接关系，符合国际奥委会的数字战略。NFT 作为一项新技术，提供的不仅仅是收藏品，更是弘扬奥林匹克精神的新途径。

二、我国关于奥林匹克标志保护的立法与实践

我国举办了第二十九届夏季奥运会与第二十四届冬季奥运会，北京由此成为“双奥之城”。从 2001 年到 2009 年，在北京奥运会及残疾人奥运会筹备、运营、善后工作全程中，北京奥组委出色的法律工作业绩，为中国特色社会主义法治实践和奥林匹克法律实践、残奥会法律实践做出了重要贡献，形成了极有价值的精神财富和制度遗产。北京 2022 年冬季奥运会和冬季残疾人奥运会市场开发计划由赞助计划、特许经营计划和票务计划三大部分组成。

1. 关于奥林匹克无形资产开发的立法

除《商标法》《著作权法》《特殊标志管理条例》等法律法规以外，在中国两次申奥成功之后，为全面履行保护奥林匹克知识产权的合同义务，国内颁布并修订的《奥林匹克标志保护条例》为奥运会知识产权权益保护提供了有效的法律支撑。2002 年《奥林匹克标志保护条例》出台背后涉及了一系列国际和国内因素，一方面，随着奥林匹克运动的商业化程度不断加深，奥林匹克标志变得越来越有价值。这导致了大量的商业利益与奥林匹克相关联，包括赞助商、广告商和商品制造商。为了保护这些商业利益，需要制定更严格的法规以应

对潜在的侵权行为。作为奥运会主办国，中国政府急切需要保证奥林匹克标志在国内得到充分的法律保护，以显示其对奥运会的承诺和支持。另一方面，随着中国在国际舞台上的崛起，国内知识产权保护变得更加重要。《奥林匹克标志保护条例》的制定被视为中国知识产权保护法律体系不断完善和加强的一部分，也符合中国政府对知识产权的更广泛重视。为此，我国政府制定了《奥林匹克标志保护条例》，这一法规旨在确保奥林匹克标志的合法权益，为我国成功承办2008年北京夏季奥运会提供了坚实的法律基础。

继2008年夏季奥运会后我国再次成功申办2022年冬季奥运会和冬季残疾人奥运会。举办冬季奥运会进一步提高了奥林匹克运动在中国的知名度和影响力，因此需要更强有力的法律保护。同时，为适应奥林匹克标志知识产权保护的新趋势，我国对《奥林匹克标志保护条例》进行了修订，扩大了奥林匹克标志及其权利人的范围、完善了确定和许可程序、增加了对隐性营销行为的规制、加大了对侵权人的处罚力度等，修订后的《奥林匹克标志保护条例》于2018年7月31日起正式实施。这一法规的修订，进一步凸显了我国对奥林匹克标志的珍视和保护，具体体现在以下几个方面：首先，扩大了奥林匹克标志及其权利人的范围。修订后的条例明确了奥林匹克标志不仅包括传统标志，还包括各种变体和相关标志，以及与奥林匹克相关的标志。这意味着更多与奥林匹克有关的标志将受到法律保护，确保了奥林匹克运动的完整性和声誉。其次，完善了奥林匹克标志的认定和许可程序。对于权利人来说，更容易获得标志的认定和合法使用许可，同时也加强了标志的管理和监督，确保其使用符合法规要求。此外，针对潜在的隐性营销行为，修订后的《奥林匹克标志保护条例》

第 5 条规定了不得以商业目的使用奥林匹克标志的几种情形，第 6 条规定“除本条例第五条规定外，利用与奥林匹克运动有关的元素开展活动，足以引人误认为与奥林匹克标志权利人之间有赞助或者其他支持关系，构成不正当竞争行为的，依照《中华人民共和国反不正当竞争法》处理”，该条增加了规范措施，它明确禁止未经授权而使用奥林匹克标志进行广告宣传、商品销售等商业活动，以保护奥林匹克运动的纯粹性和公平性。最重要的是，修订后的条例提高了对侵权行为的处罚力度。违反奥林匹克标志保护法规的行为将面临更严重的法律后果，这将起到强有力的威慑作用。总之，修订后的《奥林匹克标志保护条例》的实施为我国奥林匹克标志的保护提供了更为健全和完善的法律框架。这不仅有助于传承奥林匹克精神，也有助于确保奥林匹克运动在我国的长期稳定发展。这一法规体现了我国政府对奥林匹克运动的坚定支持和对其价值的高度认可，为维护奥林匹克的荣耀和尊严提供了有力的法治保障。

2. 奥林匹克标志的非商业性使用

在北京冬季奥运会期间，冬季奥运会特许经营生产商和零售商可以依据北京冬季奥运会特许经营计划生产和销售带有“冰墩墩”形象和名称的特许商品。对于北京冬季奥运会吉祥物“冰墩墩”等知识产权产品，根据《北京 2022 年冬奥会和冬残奥会组织委员会有关标志非商业使用规则》（冬奥组委发〔2019〕19 号）第 4 条的规定，机关法人、基层群众性自治组织法人、事业单位等非营利法人或者组织可以申请非商业使用。国际奥委会和北京冬奥组委会优先考虑、维护赞助商的权益，在此基础上兼顾公共利益，对于申请了有关标志非商业使用的主体，予以审批通过。获得许可的使用人应当按照许可的范围、签署的承诺以及北京冬奥组委会制定的技术规范使用“冰墩墩”，不得实施任何侵害北京冬奥组委会知识产权的行为，也不得协助任何第三方实施足以引人误认为其与北京冬奥组委会、北京冬季奥运会等存在特定联系的混淆行为。

3. 奥林匹克标志保护的行政手段

我国知识产权保护的显著特点之一就是行政保护与司法保护的“双轨保护”，知识产权行政保护是我国知识产权保护的特色，是“司法主导、行政并行”的知识产权保护体系的重要内容。事实上，采用行政手段保护奥林匹克标志并非我国独有的，许多筹办过奥运会的国家也曾通过行政手段配合司法手段保护奥运会知识产权，因为体育赛事标志的价值波动很大，在比赛开始前期及比赛举办期间通常最具有商业潜力，而这段时间仅仅持续一两年甚至几个月，相比起司法途径，行政手段对于时效性的满足更能为权利人的权益实现提供保障。除此之外，知识产权行政保护手段可依职权查证，减轻权利人负担，并且这些证据在行政机关做出的决定书中有所体现，若有下一步程序如侵权诉讼等，这些证据完全可以作为侵权证据向法院提交。我国主办的两届奥运会履行协助查处知识产权侵权职责的主要机构是北京奥组委，准确来说是奥组委法律事务部，①由于人力资源与业务成本的限制，该组织积极与行政部门配合为奥运会知识产权保护做出重要贡献。针对奥林匹克标志侵权行为特征与之前的维权经验，国家知识产权局、国家市场监督管理总局联合颁布了《北京 2022

① 刘岩：《北京奥运会与冬奥会的法律实践》，载法治网，http://www.legaldaily.com.cn/index/content/2022-05/19/content_8720157.htm。

年冬奥会和冬残奥会奥林匹克标志知识产权保护专项行动方案》，根据该方案，各地各级有关行政部门结合地方实际，全面开展专项整治活动，重点强化商品生产集中地、销售集散地、电商平台总部所在地奥林匹克标志保护，推动违法线索互联、监管标准互通、行政执法信息共享。同时加强赛区场馆周边区域的重点巡查，高度关注广播电台、电视台、门户网站、社交网站、自媒体平台以及相关重要区域，规范在广告宣传、营销中使用奥林匹克标志的行为。奥组委协助国内各地各级行政执法机关依法查处了数千起侵权案件（不包括行政执法过程未经奥组委协助的案件）。

4. 奥运会知识产权侵权纠纷典型案例

（1）奥运会标志纠纷案

汕头市金味食品工业有限公司（以下简称金味食品公司）在其生产、销售的"金味"麦片产品的包装上使用了奥林匹克五环标志，并在多种媒体上进行宣传。中国奥委会认为金味食品公司使用五环标志的行为违反了《奥林匹克宪章》《中国奥林匹克委员会章程》的有关规定。在中国奥委会就金味食品公司的侵权行为进行交涉后，金味食品公司仍未停止侵权，中国奥委会起诉至法院，请求法院对其合法权利给予保护。

一审法院认定，奥林匹克五环标志属于知识产权保护的范畴，该标志由国际奥委会在我国进行了商标注册，受我国《商标法》保护。根据《奥林匹克宪章》的规定，奥林匹克五环标志的专用权属于国际奥委会。根据我国法律、《奥林匹克宪章》和《中国奥林匹克委员会章程》的规定，中国奥委会有义务维护奥林匹克五环标志不受侵害，并且可以根据国际奥委会的授权对侵犯奥林匹克五环标志专用权的行为在我国法院提起诉讼。①

金味食品公司未经国际奥委会的许可,在其生产、销售的“金味”麦片产品包装上使用奥林匹克五环标志,同时还在多种场合宣传使用了奥林匹克五环标志的“金味”麦片产品,造成严重后果和不良影响。据此法院判决金味食品公司立即停止侵权、公开致歉并赔偿中国奥委会500万元。金味食品公司不服一审判决,向北京市高级人民法院提出上诉。北京市高级人民法院认为,根据中国奥委会的诉讼请求和本案事实,可以认定中国奥委会在本案中主张的权利是奥林匹克五环标志的专用权,一审法院认定中国奥委会主张保护的权利是奥林匹克五环标志的商标专用权。金味食品公司未经许可使用奥林匹克五环标志的行为属于商业性的使用,已构成侵权,因此终审判决金味食品公司立即停止使用奥林匹克五环标志,赔偿中国奥委会500万元,并向其公开致歉。②

本案是我国首例涉及奥林匹克五环标志的知识产权案件,该案于国际奥委会确定2008年奥运会主办地前不久做出终审判决,引起了社会各界的广泛关注,提高了公众对奥林匹克知识产权保护的意识,同时对我国知识产权法律法规的完善起到了推动作用。一方面,法院对于奥林匹克五环标志的保护,明确了奥运会标志在我国知识产权法律中的地位,为今后类似案件的处理提供了法律依据。另一方面,本案也强调了企业在使用奥林匹克标志时应遵循的规范,警示了潜在的侵权行为。总之,作为2008年奥运会的主办国,我国不仅

① 北京市第一中级人民法院民事判决书,(1998)一中知初字第93号。

② 北京市高级人民法院民事判决书,(1999)高知终字第32号。

要确保奥运会的顺利进行，还要维护奥运会的知识产权。本案使国际奥委会与中国奥委会的章程和规定得到了进一步的推广，让更多人了解到体育组织的权益和义务。这有助于提高社会公众对体育法律法规的认知，推动体育产业的健康发展。

(2)奥运会标志行政处罚案

中视搜藏(北京)国际收藏品有限公司与某电信公司围绕北京2022年冬奥会题材合作推出8个企业联名卡项目，其中6个项目已经量产，最后2个项目尚未投产。当事人从某电信公司处购买电信数据后，委托第三方加工制卡及印刷相关证书，成品由当事人对外销售，且没有库存。当事人的上述产品未经特殊标志持有人许可，擅自使用与特殊标志(登记证号为第14511306号、第15469567号)相同或者近似的文字、图形或者其组合，并制作、销售其特殊标志产品用于商业活动。中视搜藏(北京)国际收藏品有限公司违反了《特殊标志管理条例》第16条第1项、第2项之规定，已构成未经特殊标志所有人许可，将其特殊标志用于商业活动的违法行为。依据《特殊标志管理条例》第16条第1项、第2项之规定，北京市工商局海淀分局责令中视搜藏(北京)国际收藏品有限公司等当事人立即停止侵权行为，并做出没收违法所得78万余元和罚款234万余元的处罚决定。[①]

特殊标志是企业、组织或个人在特定领域内拥有的独占权利，未经持有人的许可，任何单位和个人不得在相同或类似商品上使用相同或近似的特殊标志，否则即构成侵权行为。此次北京市工商局海

① 杨滨：《乱用奥运标志　北京两公司被罚372万》，载中国经济网，http://district.ce.cn/newarea/roll/201612/07/t20161207_18486605.shtml。

淀分局对中视搜藏(北京)国际收藏品有限公司的处罚决定,不仅是对其违法行为的纠正,更是对特殊标志权的一种有力保护。这不仅有助于维护市场秩序,也有助于鼓励创新,保护知识产权,促进我国文化、体育等领域的健康发展。

(3)奥运会转播权纠纷案

在央视国际网络有限公司起诉馨可鑫公司侵犯著作权一案中,原告央视国际网络有限公司主张其经中央人民广播电台独家许可授权获得涉案开幕式节目的著作权及以自己名义维权的权利,故就涉案开幕式节目依法享有包括广播权及广播组织权的著作权及邻接权。在奥运会期间,央视国际网络有限公司发现馨可鑫公司未经授权许可擅自通过其运营的"蓝鲸体育"网站及"蓝鲸体育"移动端App(以下简称涉案网站)向公众提供涉案节目的实时同步全程在线直播服务,并且其在移动端App首页显著位置进行宣传和推荐,在具体的涉案节目直播画面中故意遮挡CCTV台标,设置弹幕互动,鼓励用户对直播节目进行打赏、发红包等。央视国际网络有限公司主张馨可鑫公司的涉案行为严重侵害了央视国际网络有限公司对涉案作品享有的广播权和广播组织权,请求判令馨可鑫公司赔偿经济损失及合理支出200万元和维权合理支出2万元,并消除影响。被告馨可鑫公司辩称,直播行为系平台主播所为,馨可鑫公司对此并不知情,且在收到通知后第一时间关停相关直播间,从中获取利益极低。北京知识产权法院经审理认为,案涉东京奥运会开幕式节目系中央广播电视总台在赛事公共信号基础上加以解说、字幕等创作完成,蕴含了人的智力投入,具有独创性,能够被公众感知,属于视听作品。央视国际网络有限公司基于中央广播电视总台的授权及其合法电视传播行为而享有涉案开幕式节目的广播权及广播组织权。[①]

公众在涉案奥运会开幕时段通过涉案网站直播间实时观看涉案开幕式节目，且对于涉案网站及应用程序上的直播内容，网络用户只能按照固定时间收看，而无法进行点播。可见，涉案上述转播行为，属于非交互式传播，涉案行为落入了现行《著作权法》中广播权规制的第一种情形，由此法院认定涉案转播行为侵犯了央视国际网络有限公司的广播权。

(4)奥运会转播相关的不正当竞争纠纷行为保全案

在与北京冬奥会相关的某数码公司与某科技公司等不正当竞争纠纷行为保全一案中，某数码公司是某网络视频平台的运营商，获得了中央广播电视总台的授权，可以在其自营的某网络视频平台和App上以短视频、长视频（完整赛事节目）点播形式向用户提供第二十四届冬奥会赛事节目的点播服务。冬奥会赛程期间，某数码公司发现某科技公司等通过其运营的“电视×”App提供冬奥会赛事节目的直播、回看、点播以及相关节目集锦短视频，同时设置了冬奥会专题，整理和推荐某科技公司提供的冬奥会赛事节目，并以冬奥会赛事节目作为“电视×”App的主要宣传点，以此来吸引用户下载使用。某数码公司以某科技公司等上述行为构成不正当竞争为由，向审理法院提出诉前行为保全申请，要求某科技公司等立即停止通过“电视×”App提供第二十四届冬奥会赛事节目相关内容。

审理法院认为，某数码公司投入巨大成本获得相应授权，在自营

① 张嘉艺：《擅自“盗播”奥运会开幕式，被判侵权赔偿|结案信息》，载北京知识产权法院网2023年8月31日，https://bjzcfy.bjcourt.gov.cn/article/detail/2023/08/id/7506976.shtml。

的网络视频平台等传播第二十四届冬奥会开闭幕式、各项赛事活动，此为其参与市场竞争的优势所在。某科技公司等并非合法的被授权主体，其提供冬奥会赛事节目直播、回看以及相关节目短视频等服务的行为减损了某数码公司可能获得的关注度和用户流量，获取了不当的商业利益，对某数码公司运营的网络视频平台造成现实的、可预见的损害，违反了体育赛事转播应当获得合法授权的商业惯例和法律规定，扰乱市场竞争秩序，构成不正当竞争的可能性极大。审理法院裁定，某科技公司等应立即停止在"电视×"App提供第二十四届冬奥会赛事节目相关内容；如不停止侵权，审理法院将通知相关网络服务提供者在冬奥会期间，停止为"电视×"App提供网络服务。诉前行为保全裁定生效后，某数码公司就本案提起民事诉讼，最终以调解方式化解纠纷。

本案是保护第二十四届冬奥会相关知识产权的典型案例。冬奥会赛程仅有19天，相关赛事节目具有极强的时效性，若不及时采取行为保全措施将会使获得许可的申请人的合法权益受到难以弥补的损害。审理法院在受理申请后24小时内即作出诉前行为保全裁定，责令被申请人立即停止相关侵权行为。为保障执行效果，审理法院在全面衡量损益大小、充分论证可行性后，裁定如被申请人不停止侵权行为，将通知相关网络服务提供者在冬奥会期间停止为案涉App提供网络服务，提高了对冬奥会相关知识产权保护的及时性和有效性。人民法院结合案件情况，及时采取行为保全措施，维护权利人的合法权益，规范体育赛事转播市场化运营行为，彰显了人民法院加大知识产权司法保护力度的鲜明态度，有助于促进体育产业的健康发展。①

第二节 亚运会无形资产开发及法律保护经验

一、亚运会无形资产开发的概况

亚洲运动会，是亚洲规模最大的综合性运动会，由亚洲奥林匹克（以下简称亚奥）理事会的成员方轮流主办，第一届亚运会于1951年在印度新德里举行，3年后举行了第二届，此后每4年举行一届。亚运会知识产权与其他大型综合性体育赛事一样是汇集了多种类型法律权利的权利束，涉及著作权、商标权、专利权、商业秘密、域名等，在部分国家（地区）还涉及特殊标志受保护的权利等。亚运会采取市场开发的方式，如电视转播权销售、赞助收入、供应商收入、特许经营、捐赠、门票收入等。在这些获得资金的途径中，赞助收入、电视转播权的销售、特许经营等都涉及知识产权。

在亚运会的市场开发模式中，一方面，亚运会标志的权利人，授予赞助企业亚运会相关标志的使用权，以获取赞助费来支持亚运会的举办；另一方面，赞助企业通过对亚运会标志的使用，提高其知名度，在市场中占据有利地位。可以说，亚运会知识产权相关法律工作的有序开展是亚运会的主办方与企业实现共赢的保障。②

① 最高人民法院：《最高人民法院发布2022年中国法院十大知识产权案件和50件典型知识产权案例》，载中国法院网2023年4月20日，https://www.chinacourt.org/article/detail/2023/04/id/7254550.shtml。

② 寿步、王永红主编：《广州亚运会知识产权战略实施》，上海交通大学出版社2011年版，第16页。

亚运会的无形资产开发由亚奥理事会、亚奥理事会代理开发商、东道主亚洲运动会组织委员会(以下简称亚组委)共同负责。亚奥理事会是负责亚运会无形资产开发的最高管理机构,拥有与亚运会相关的所有权利,亚奥理事会授权专业的代理开发商负责亚运会市场开发,代理开发商从中获取一定的佣金。东道主亚组委是一个临时组织机构,与亚运会举办城市一起组织、举办亚运会,并一起承担举办亚运会的费用,在获得亚奥理事会让渡的市场开发权之后,与亚运会代理商联合开发赛事无形资产。比如,《亚奥理事会章程和规则》(2019)第69条细则的第1款规定了"执行委员会将指定'市场开发代理'以协助市场开发活动,代理费用由执行委员会决定"。亚奥理事会主席有权在亚奥理事会行政部门内成立一个市场开发部或此等机构以推广亚奥理事会的资产。

第11届亚运会于1990年9月22日至10月7日在北京举行,这是中国举办的第一次综合性的国际体育大赛,那个年代传播技术发展有限,国内大部分地区还处在用黑白电视观看比赛的阶段,转播尚未出现侵权的情况。而对于亚运会标志保护方面,北京亚运会的吉祥物"盼盼"在当时被不少企业作为参照物注册了一系列的商标,如为人熟悉的盼盼安居门业有限责任公司。亚组委是经国务院批准设立具有独立法人资格的事业单位,主要负责亚运会筹备、组织、协调等工作。1990年北京举办第十一届亚运会时,我国《著作权法》才刚刚颁布,尚未正式实施。中国的知识产权制度才刚刚建立。我国最早涉及体育等公益活动标志保护的条例是国务院于1996年颁布的《特殊标志管理条例》,所以举办北京亚运会时还未出台针对性的标志保护法规。当时的《亚奥理事会章程和规则》中也没有系统地对亚运会知识产权问题做出规定。时隔 20 年,这 20 年是中国体育事业飞速发展的 20 年,也是中国法治社会健全完善的 20 年。广州亚运会市场开发主要依据为以下四份文件:《亚奥理事会章程和规则》(2010)第 67 条、《主办城市合同》附件 G《亚奥理事会市场开发指南》、《第 16 届亚运会市场开发权让渡协议》以及《广州 2010 年亚运会市场开发指南》。《广州 2010 年亚运会市场开发指南》作为广州亚组委市场开发工作的直接依据,从广州亚运会市场开发的背景条件、市场开发的宗旨、赞助商、特许产品、纪念币和邮品、电视转播、捐赠、票务、新媒体的销售、亚运会场馆冠名、亚运会火炬接力等主题活动的冠名、公共广告资源等方面对广州亚运会市场开发进行了阐述,向社会公众发出邀请。2008 年 2 月 1 日,亚奥理事会与广州亚组委在经历了 20 多轮谈判后,最终签订了《第 16 届亚运会市场开发权让渡协议》,该协议是广州亚组委进行市场开发和赞助权益、收入分配的基本依据,也是《广州 2010 年亚运会市场开发指南》制定的基础,亚奥理事会首次"一揽子"将全部市场开发权让渡给主办城市,广州亚组委获得了在亚奥理事会的指导下自主进行广州亚运会市场开发的权利。正是因为有了这样的自主权利,广州亚组委根据广州亚运会筹备工作的实际需要,充分利用各项市场开发条件,筹得赞助总额超过人民币 30 亿元。

杭州第 19 届亚运会(The 19th Asian Games)又称"2022 年杭州亚运会",是继 1990 年北京亚运会、2010 年广州亚运会后,中国第三次举办亚洲最高规格的国际综合性体育赛事。根据中国体育报的报道,截至 2023 年 8 月底,杭州亚(残)运会市场开发协议总收入累计达46.44亿元。[①] 2022年杭州亚运会无形资产的开发势头同样迅猛,主要表现在电视转播权、特许商品、商标、冠名权、赞助计划等多个方面。在电视转播权方面,2022年杭州亚运会主要由主转播商和持权转播商组成。中央广播电视总台经亚奥理事会授权,并与浙江省人民政府签署了《杭州亚运会广播电视宣传战略合作协议》,正式成为本届亚运会主播机构,即成为主转播商,拥有亚运会中国内独家全媒体转播权及分授权权利;[②]2022年10月,香港有线电视正式成为杭州2022年第19届亚运会持权转播商,获得杭州亚运会在香港特别行政区的独家全媒体转播权[③];2023年6月至7月,抖音集团与快手相继成为杭州亚运会的持权转播商,此外快手还与亚组委签约,成为杭州亚运会官方指定短视频分享平台[④];韩国电视台(KBS)等为国际持权转播商,共计21家一级持权转播商。[⑤] 在赛事特许商品开发方面,杭州亚运会特许经营规模历史最佳,其特许经营上线了17大品类、1100余款特许商品。[⑥] 杭州亚运会结合电子竞技游戏人物、

① 王世让:《杭州亚运会市场开发创新高》,载《中国体育报》2023年8月22日,第2版。

② 新华网:《杭州亚运会第一次世界转播商大会召开》,载新华网,http://sports.news.cn/c/2022-01/24/c_1128296577.htm。

③ 中国新闻网:《杭州亚运会香港特别行政区持权转播商确定》,载中国新闻网,http://www.chinanews.com.cn/ty/2022/10-17/9874717.shtml。

④ 白金蕾、徐超:《抖音集团与中央广播电视总台达成合作,成杭州亚运会持权转播商》,载新京报2023年6月15日,https://www.bjnews.com.cn/detail/1686823286169248.html;界面新闻:《快手成为杭州亚运会赛事持权转播商》,载界面新闻2023年7月17日,https://www.jiemian.com/article/9757463.html。

⑤ 国际传媒港:《亚运会国际广播中心(IBC)喜迎首批国际持权转播商(RHB)入驻》,载微信公众号"国际传媒港"2023年8月26日,https://mp.weixin.qq.com/s/NDT3yi-a-WsuJ5Cv3hqAng。

⑥ 马莲红:《44亿赞助、1100款特许商品、数百万观众,杭州亚运创3大纪录》,载微信公众号"体育大生意"2023年6月16日,https://mp.weixin.qq.com/s/bvyiBazn52ucYLZsvZKCUg。

亚运会吉祥物、亚运会理念设计多款特许商品，包括卡莎水壶、吉祥物三色亲子T恤、亚运丝领组合套装、英雄联盟卡莎限定冰箱贴等产品，拓宽国内体育赛事商业化边界。

二、广州亚运会知识产权保护的立法与实践

1. 广州亚运会知识产权保护的相关规定

《亚奥理事会章程和规则》(2010)第10条第7项规定，亚组委必须根据亚奥理事会指示保护亚运会标志；第8项规定，亚奥理事会可以采取所有适当措施在国家和国际范围内获得对其涉及亚运会和任何亚奥理事会财产的法律保护。《主办城市合同》第34条规定，会徽与吉祥物的法律保护明确约定主办城市、亚奥理事会与组委会应当不迟于组委会成立后1年，确定组委会的会徽与吉祥物在主办国得到适当的保护。若对于上述物品的保护存有任何疑问，主办城市、亚奥理事会与组委会应当从主办国的政府或适当的国家权力机构处取得令亚奥理事会满意的、足够的、持续的法律保护。不取得上述保护将构成本合同下的实质性的违约。组委会应当尽最大努力确保其会徽与吉祥物在亚奥理事会成员国/地区得到保护，并应当向亚奥理事会提供详尽的、已取得的或已申请的注册的清单。[①]

知识产权在体育赛事市场开发工作中起着核心作用。知识产权在广州亚运会筹备中的创造、运用、保护和管理工作，有机地形成了一个整体，尤其针对广州亚运会标志的保护，我国各级行政机关出台

① 寿步、王永红主编：《广州亚运会知识产权战略实施》，上海交通大学出版社2011年版，第24～28页。

了一系列办法,不仅包括了国家工商行政管理局①颁布的《亚洲运动会标志保护办法》(已废止),广东省政府为实现广州亚运会知识产权保护还制定了《广东省亚运标志保护办法》(已废止),广州市政府制定了《广州市亚洲运动会知识产权保护规定》等。各级各类相关规范的制定都以切实加强亚运会标志保护工作为目标。《国家知识产权局、中央外宣办、公安部、海关总署、工商总局、版权局、体育总局、高级人民检察院关于加强2010年广州亚运会知识产权保护工作的通知》规定,以广州市为中心、广东省为重点、其他地区协同配合,开展亚运会知识产权保护工作。这些关于广州亚运会标志保护的各级法规在受保护的标志范围、权利主体、侵犯亚运会知识产权的行为以及相应处罚措施方面做出了明确的规定,对于工作的开展具有重要意义。

(1)明确受保护的标志范围

《广东省亚运标志保护办法》(已废止)明确规定,亚运标志主要包括两类:一是与亚奥理事会有关的标志,含亚奥理事会的名称、会徽、会旗等;二是与广州亚运会有关的标志,包括广州亚运会的名称、会徽、吉祥物、理念等。《广州市亚洲运动会知识产权保护规定》第4条规定得更加细致,保护的标志包括亚奥理事会的名称、会徽、会旗、会歌、格言等;第16届亚运会申办机构的名称、申办标识、申办口号和其他标志;广州亚组委的名称、徽记、域名和其他标志;第16届亚运会的名称、会徽、吉祥物、口号、会歌、会旗、火炬、奖牌、纪念章、纪念品等;广州亚组委自行或者委托他人举办的艺术表演、拍摄的影视

① 现为国家市场监督管理总局。

宣传片、策划的开幕式和闭幕式创意方案、开发的计算机软件和创作的其他形式作品、宣传品等;其他与亚运会有关的商标、特殊标志、专利、商业秘密、作品和其他创作成果等都是受保护的,还特别强调了包括以上成果的全称、简称、译名和缩写。

(2)明确权利主体

《广东省亚运标志保护办法》(已废止)与《广州市亚洲运动会知识产权保护规定》第5条规定的亚运标志权利人,是指亚奥理事会和第16届亚运会组织机构。亚奥理事会与第16届亚运会组织机构关于亚运标志的权利划分,依照《亚奥理事会章程和规则》(2010)和《第16届亚运会主办城市合同》确定。亚运会知识产权相关权利人是指经亚奥理事会或者广州亚组委授权使用亚运会知识产权的被许可人。

(3)明确侵犯亚运会知识产权的行为

《广州市亚洲运动会知识产权保护规定》第10条规定,未经授权,在生产、经营、广告、宣传、表演、展览和其他活动中使用与亚运会知识产权相同或者近似的商标、特殊标志、作品和其他创作成果;伪造、擅自制造与亚运会知识产权相同或者近似的商标标识、特殊标志或者销售伪造、擅自制造与亚运会知识产权相同或者近似的商标标识、特殊标志;变相利用与亚运会知识产权相同或者近似的商标、特殊标志、作品和其他创作成果;未经授权,在企业、事业单位、社会团体、商户等名称中或者在网站、域名、地名、建筑物、构筑物、场所等名称中使用与亚运会知识产权相同或者近似的商标、特殊标志、作品和其他创作成果;未经授权,以生产经营为目的实施亚运会专利;未经授权,在产品、产品包装、广告或者其他宣传材料上标注涉及亚运会的专利标记或者专利号；故意为侵犯亚运会知识产权行为提供场所、仓储、运输、邮寄、隐匿等便利条件；其他侵犯亚运会知识产权的行为。

《广东省亚运标志保护办法》（已废止）第 7 条明确了为商业目的使用，是指以营利为目的，包括将亚运标志用于商品、商品包装或者容器以及商品交易文书上的；用于服务项目中；用于广告宣传、商业展览、营业性演出以及其他商业活动中；销售、进口、出口含有亚运标志商品的；制造或者销售亚运标志的；可能使人认为行为人与亚运标志权利人之间有赞助或者其他支持关系而使用亚运标志的其他行为；以及以营利为目的，以这些方式使用与亚运标志相近似的标志的，视作为商业目的使用亚运标志。

（4）明确了处罚措施

《广东省亚运标志保护办法》（已废止）第 13 条规定侵犯亚运标志专有权的，由工商行政管理部门责令其停止侵权；对于非生产经营行为可以并处 1000 元以下罚款；对于生产经营行为可以并处 10,000 元以下罚款，有违法所得的，可以并处 30,000 元以下罚款。利用亚运标志进行诈骗等活动，构成犯罪的，依法追究刑事责任。《广州市亚洲运动会知识产权保护规定》第 18 条则根据行为所违反的规则效力等级进行了划分，违反有关法律、法规、规章而侵犯亚运会知识产权的，由负责知识产权管理的部门依法处理；违反《广州市亚洲运动会知识产权保护规定》规定的，而有关法律、法规、规章没有规定处罚措施的，对于非生产经营行为的法人或者其他组织可以处 1000 元以下罚款；对于生产经营行为的法人或者其他组织可以处 10,000 元以下罚款，有违法所得的，可以处 30,000 元以下罚款；对于法人或者其他组织的责任人可以处500元以下罚款。

2. 广州亚运会知识产权保护的实践

除完善立法工作之外,广州亚运会的标志保护工作还落实于商标注册工作,广州亚组委登记保护会徽、吉祥物等知识产权160项。其中1件会徽标志和1件吉祥物标志还分别在日本、美国等16个国家和地区申请了境外商标注册。在知识产权保护意识方面比北京亚运会有了大幅进步。随着3G通信、手机电视产业的兴起,第16届亚运会的媒体报道,由传统的电视报道扩张为“多媒体形态”的报道,甚至还有更多的人通过网络视频、手机电视等方式来观看亚运会。在观看方式愈加丰富的背景下,广州亚运会全民的参与程度又达到一个新的高度。赛事转播权的开发主要包括新闻报道权、节目集锦权、赛事电视直播权和赛事录像转播权。新闻报道权主要指赛事新闻使用竞赛画面3分钟以上就必须购买该项权利。节目集锦权是指以竞赛为主体的板块节目,超过15分钟就需购买。直播或者录制亚运会的赛事,需要购买赛事电视直播和赛事录像权。此外,在广州亚运会中,网络转播赛事作为赛事市场开发的一部分内容被提出来。组委会设立了国际转播中心,拥有电视转播权的转播商可以在中心建立各自的演播室,允许在现场制作节目。由此可以看出,广州2010年亚运会对赛事转播权开发的权利内容主要包括许可他人现场直播和录像的权利,此外,对使用包括购买直播权的电视台制作的直播赛事节目还享有控制权和获得报酬权。①

---

① 乔泽波:《2010年广州亚运会赛事转播权的法律性质分析》,载《广州体育学院学报》2007年第4期。

广州亚运会知识产权保护的系列工作中,有几个案例集中体现了广州亚运会知识产权保护工作的特点。

(1)域名抢注纠纷

在广州亚运会筹备工作早期,徐某抢先注册 www. gz2010. com、www. guangzhou2010. net、www. gz2010. net 三个国际域名,以图转让获利。同时徐某还开办了 www. gz2010. com 网站,私自刊载广州亚组委官网内容,造成公众混淆,侵犯了广州亚组委的著作权、特殊标志专用权等相关权利。了解到该情况后,广州亚组委组织相关人员进行了网上证据保全工作,完成了所有投诉程序的准备工作,并且分别草拟了致广东省通信管理局、广东省政府新闻办公室、广东省新闻出版局、广州市版权局、广州市工商行政管理局的投诉举报信,请求上述部门按照各自的行政管理职责,对徐某的侵权行为进行查处。同时,广州亚组委还委托律师草拟了致 www. gz2010. com 网站的接入服务提供者的律师函,指出该网站的违法行为,要求该服务提供者停止为该网站提供接入服务。2007 年 12 月,www. gz2010. com 网站服务器所在的四川绵阳电信停止对该网站提供接入服务,该网站被关闭。2008 年 1 月 4 日,广州亚组委指派相关人员就 www. gz2010. com 网站停止运营后的后续问题与徐某进行了面谈,着重向徐某指出其行为的违法性、严重性,徐某最终愿意无偿将所拥有的三个域名转让给广州亚组委。

(2)生产和销售假冒特许产品纠纷

2009 年,在对侵犯广州亚运标志专用权的行为进行市场调查的过程中,广州亚组委在荔湾区芳村中茶交易市场的两间商铺内发现勐海县某茶厂生产的“纪念饼　普洱茶(熟茶)”包装盒的正中央印有“中国广州第十六届亚运会　纪念饼”及五羊雕像图像，并在五羊雕像图像的下方印有“16TH ASIAN GAMES Guangzhou2010”“限量：8888 片”等字样。经确认，该款茶是未经广州亚组委授权生产并销售的侵权产品。为了打击该侵权行为，广州亚组委开展了一系列工作，从商铺的现场调查、购买样品调货、对购买过程进行公证、库存仓库地址的调查确认、向工商行政部门进行投诉到最后成功进行行政查处，广州亚组委以及工商行政部门的工作人员都付出了很大的努力，并最终成功查扣逾 1700 饼普洱茶，对该侵权人的侵权行为进行了有力打击。[①]

(3)赛事转播权纠纷

经中央电视台授权，原告央视国际网络有限公司独占享有通过信息网络向公众转播中央电视台“CCTV－新闻”频道及提供该频道播出的全部电视节目的权利。在原告对其独家转播(广东省除外)“2010 年广州亚运会”赛事及开、闭幕式电视节目进行维权监控的过程中，原告发现被告广州颐高网络技术服务有限公司未经许可擅自通过其运营的网站(域名：it. com. cn)，直接向公众提供由中央电视台制作和播出的包含了“2010 年广州亚运会”开幕式和闭幕式实况的转播服务。审理法院认为原告根据中央电视台签署的授权书，独占取得了包括“2010 年广州亚运会”开幕式和闭幕式在内的中央电视台所有电视频道的全部电视节目的信息网络传播权，并有权作为上述权利在全世界范围内进行交易的独家代

① 寿步、王永红主编：《广州亚运会知识产权战略实施》，上海交通大学出版社 2011 年版，第 51 页。

理方，可以以自身名义对外主张权利，被告在明知未经合法授权的情况下，仍在其经营的网站向公众提供中央电视台"CCTV－新闻"频道的"2010年广州亚运会"开幕式和闭幕式实况转播服务，其行为侵犯了原告所享有的与著作权有关的权利，依法应当承担侵权赔偿责任。①

（4）赞助商权益纠纷

2008年9月，广州亚奥理事会与大哥大公司签订合同约定，大哥大公司作为正装制服独家供应商，在2010年广州亚运会中享有广告及媒体赞助的权利和机会，包括以独家供应商识别在中国参与广州亚组委举办的综合识别和宣传计划的权利。为避免任何疑问，供应商供应产品如属于运动服装，则不应被视为约定的供应商供应产品。此后，大哥大公司发现《广州日报》2010年11月13日网络版页面载有《体育精神激荡羊城夜空》一文，文中使用多幅图片，其中名为"裁判员代表燕某在昨晚的开幕式上宣誓"的图片上显示裁判员燕某所穿正装上佩戴了"361°"标识。另外，大哥大公司发现许多网络视频和网页显示广州亚运会升旗手正装服装上有"361°"标识，还发现有题为"361°携手亚组委倾力打造亚运官方制服"的报道文章出现。大哥大公司认为，在宣传中使用"官方制服"的描述，导致公众混淆误认，侵犯了大哥大公司的赞助利益。事实上，三六一度公司作为广州亚奥理事会高级合作伙伴，其赞助权利以高级合作伙伴品牌为名分发、广告、营销和销售其产品，能够在广州亚组委新闻发布会、广州亚组委官方仪式以及其他社会活动上展示品牌等。广州市天河区人民

① 广东省广州市天河区人民法院民事判决书，(2011)穗天法知民初字第576号。

法院一审判决驳回大哥大公司的全部诉讼请求,大哥大公司不服一审判决,提出上诉。二审法院判决驳回了大哥大公司的上诉,维持原判。就该案中三六一度公司是否侵犯了大哥大公司商标专用权引发了广泛关注,裁判员在亚运会开幕式上佩戴"361°"胸牌,不是为了标示其所着服装的来源,而是为了说明三六一度公司作为亚运会高级合作伙伴的身份,故该行为本身并不是商标使用行为。该案看似是商标侵权争议,而实际上是赞助商之间关于赞助利益的纠纷,是赞助合同欠细致、约定欠清晰导致的。①

三、杭州亚运会标志保护的立法与实践

1. 杭州亚运会知识产权保护的相关规定

《专利法》《特殊标志管理条例》等法律法规规定了对杭州亚运会、亚残运会及组委会名称、会徽、吉祥物、口号、二级标志等特殊标志,杭州亚运会、亚残运会火炬、运动员奖牌、纪念章,杭州亚组委自行或者委托他人设计的服装、纪念品,杭州亚运会、亚残运会特许商品等的外观设计或者其他专利等有关知识产权要加快审批,并及时依法保护。国家知识产权局发布公告,对亚运会组委会提交的"2022年第19届亚运会""杭州亚运会"等12件特殊标志登记申请予以核准。除已有法律法规之外,为落实党中央、国务院关于强化知识产权保护的决策部署,加强亚运知识产权保护工作,《国家知识产权局、中央网信办、公安部、海关总署、市场监管总局关于开展杭州亚运会和亚残运会知识产权保护专项行动的通知》强调各级执法部门要加强

① 广州知识产权法院民事判决书,(2017)粤73民终1884号。

网络监测和市场巡查,对杭州亚组委转送及主动巡查发现的侵权违法线索,及时处置。为了完善保护工作体系,杭州亚运会与其他大型综合性体育赛事的知识产权保护工作一样,拓宽了各级执法部门以及社会投诉举报渠道,对侵权行为进行迅速的行政干预。在浙江省层面,2020 年 10 月 27 日浙江省人民政府公布了《浙江省第 19 届亚运会知识产权保护规定》,进一步明确了市场监管等行政监管部门的知识产权保护责任,以及对涉及杭州亚运会的商标、专利、作品、商业秘密等知识产权权利客体等保护规定,对加强亚运会知识产权保护,维护亚运会知识产权权利人的合法权益,保障和促进亚洲奥林匹克运动的持续、健康发展具有重要意义。浙江省体育局印发了《浙江省体育赛事改革发展"十四五"规划》的通知,明确将"开发场馆冠名权、赛事赞助权、独占权和以'观赛 VIP 服务、贵宾座位、包厢服务'等核心无形资产"作为加大杭州亚运会无形资产开发的主要途径。2022 年 4 月 26 日,杭州亚组委在杭州 2022 年第 19 届亚运会知识产权保护系列成果发布会上公布了《杭州亚运会标志保护指南》,针对亚运会相关标志使用的特性,从多个视角出发,通过对特定案例进行抽象概括、分类展示,生动还原现实生活中已出现或可能出现的杭州亚运会相关标志应用场景。同时,对正确使用亚运标志的行为予以指导,对错误使用的情形予以阐释,并对合理使用、隐性营销、禁止性使用等行为予以详细论述,从而全面介绍杭州亚运会相关标志的保护与使用。[①]

---

① 杨虞波罗、高雷:《〈杭州亚运会标志保护指南〉发布》,载人民网,http://ent.people.com.cn/n1/2022/0426/c1012-32409273.html。

2. 杭州亚运会知识产权保护的实践

(1)未经许可商业性使用亚运会标志的行为

杭州亚运会筹备期间出现多起知识产权纠纷,其中侵害赛事组委会特殊标志专有权及不正当竞争纠纷一案引起重点关注。“杭州亚运会”已经被亚运会组委会提交国家知识产权局核准登记,并据此取得特殊标志专有权,亚运会组委会在某网站搜索“杭州亚运会”时发现,第一条搜索内容是某置业公司开发楼盘的营销页面,该置业公司未经亚运会组委会许可,擅自在其发布的互联网广告中将“杭州亚运会”设置为搜索关键词。该置业公司曾向亚运会组委会出具《说明及承诺书》,承认侵害杭州 2022 年第 19 届亚运会相关知识产权。亚运会组委会起诉请求某置业公司和某科技公司共同赔偿损失 150 万元。2022 年 10 月 9 日下午,杭州亚组委诉某置业公司、某科技公司侵犯杭州 2022 年第 19 届亚运会特殊标志一案在杭州市萧山区人民法院公开开庭审理。审理法院认为,某置业公司未经权利人合法授权商业性地使用了标志的行为,已构成对杭州亚组委特殊标志专有权的侵害。将搜索“杭州亚运会”关键词的公众引流至其房产广告链接,该行为客观上使相关公众误认为某置业公司所开发房产与“杭州亚运会”存在关联,构成不正当竞争。同时,某置业公司作为广告的使用者和受益者存在重复侵权,其作为房产开发公司,有理由相信广告产生的推动效应较为明显,其侵权时间较短、链接点击次数较少,但系经杭州亚组委交涉后才停止侵权。某科技公司作为专业广告公司,未尽合理审查义务,致使某置业公司发布的广告侵害杭州亚组委的民事权利,依法应承担相应责任。本案在侵权人存在明显过错的基础上,全额支持权利人赛事组委会的赔偿主张,体现了法院强化赛事知识产权保护的决心，该案也被列入 2023 年最高人民法院发布的“涉体育纠纷民事典型案例”八个案例之中。[①]

(2) 非商业性活动不当使用亚运会标志的行为

某书画院未经许可，擅自举办了“亚运杯”书画摄影大赛，并在比赛宣传及证书封面上使用了亚运会会徽。该大赛虽然没有收取参赛费用，但奖品为某品牌酒类，获奖证书还可作代金券或折扣券用以购买该品牌酒类商品及另一品牌茶叶。该行为并未经杭州亚组委许可，某书画院将亚运会会徽用于活动宣传及证书封面的行为侵害了杭州亚组委的特殊标志专有权。经授权可使用亚运会标志的非商业性活动，不得以活动奖品或活动用品等名义发放、展示非亚运会赞助企业的商品、服务。该赛事表面上是非商业性文化活动，但实质上是借非商业性活动之机推销特定品牌的酒类、茶叶，该书画院的行为构成了隐性营销。杭州市上城区市场监督管理局对该活动依法进行了查处，责令改正，并处罚款。

(3) 不当“合理使用”亚运会标志的行为

某房地产公司在其微信公众号上发布文章，开头以 G20 峰会、杭州亚运会为例，展示杭州近年来的高速发展，并使用了杭州亚运会会徽作为插图。该文实际上是以杭州发展为引语，介绍相关房产项目区位优势、地段、户型等的商业广告，其使用亚运会会徽的行为并未得到杭州亚组委的许可，也不属于相关法律法规规定的合理使用。该文章在商业广告中使用亚运会会徽的行为违反了《特殊标志管理条

① 人民法院新闻传媒总社：《最高法首次发布涉体育纠纷民事典型案例》，载中华人民共和国最高人民法院 2023 年 6 月 21 日，https://www.court.gov.cn/zixun/xiangqing/404182.html。

例》的规定，构成了擅自使用亚运会特殊标志的违法行为。杭州市富阳区市场监督管理局做出行政处罚决定，责令当事人立即停止侵权，对该房地产企业和微信公众号代运营公司分别罚款，并没收违法所得。①

上述这些典型案例说明了虽然《特殊标志管理条例》颁布时间较早，但目前仍然能为经国务院批准举办的全国性和国际性的体育赛事标志提供保护，其保护范围涉及由文字、图形组成的名称及缩写，会徽，吉祥物等标志。除该条例之外，大型综合性体育赛事的标志也可依据《体育法》第 52 条第 1 款的规定受到保护。某置业公司擅自将特殊标志设置为互联网广告的搜索关键词的行为构成侵权，侵权人应当承担相应责任，在侵权人存在明显过错的基础上，法院倾向于全额支持权利人赛事组委会的赔偿主张，这体现了人民法院加强知识产权保护、加大损害赔偿力度的司法导向，有利于营造公平竞争的市场环境，形成竞争有序的市场体系。

第三节　全运会无形资产开发及法律保护经验

一、全运会无形资产开发的概况

全运会是中国国内水平最高、规模最大的综合性运动会。全运会的比赛项目除武术外基本与奥运会相同，其原意是为国家的奥运战略锻炼新人、选拔人才。全运会每 4 年举办一次，一般在奥运会年

① 黄益杰、余玮婷、鲍淑丹等：《2022 年第 19 届亚运会组委会知识产权保护典型案例》，载杭州 2022 年第 19 届亚运会官网，https://www.hangzhou2022.cn/xwzx/jdxw/ttxw/202204/t20220426_48047.shtml。

前后举行。前九届全运会由北京、上海、广东三地轮流举办。全国性综合运动会兼具体育事业的公益性与一定的市场性。在1983年举行第五届全运会之前，由于受到计划经济体制的影响，体育赛事市场开发发展进程迟缓，从第五届全运会开始，每一届全运会赛事都有不同的特色，市场的开发不断取得新突破。我国改革开放以来，逐步转化为国家办与社会办相结合的格局，但由于尚处于初级阶段，运作机制还不成熟与完善；在上海召开的第八届全运会首次在组委会中增设了“集资部”“广告部”等专门的经营机构，但仍旧没有摆脱计划经济的思维禁锢；第9、10、11、12届的全运会市场开发逐渐成熟，并提出了全运会等级赞助商和全运会相关无形资产开发的概念，并借鉴奥运会的市场开发成功经验引进了多样化的开发手段。第十届全运会于2005年10月12日至23日在南京举行，第十届全运会在赛事市场开发上取得了骄人的成绩，签订的赞助合同总金额达到近6亿元。自该届全运会始，营销工作的重点不再集中在“集资”上，而是面向市场，整体开发。① 全运会成立赛事组委会，下设市场开发部或者资源开发部，经组委会授权统一对全运会的无形资源进行开发、经营。第十届全运会在电视转播权开发上取得了重要突破，在我国全运会史上，电视转播权开发在上海举办的第八届全运会时才开始启动，在第九届全运会上才真正进入实质性运作，并初步实现了电视转播权以现金方式的有偿转让。② 在第九届全运会的经验基础上，电视转播权开发范围获得了较大拓展。除内地（大陆）28家电视台和港澳

① 田雨普：《近三届全运会市场营销研究》，载《体育文化导刊》2008年第8期。

② 应华：《论体育赛事赞助的商业权利及其保护》，载《浙江体育科学》2003年第4期。

台电视台争相购买了第十届全运会电视转播地方版权以外，第十届全运会电视转播权开发首次成功推向了海外。德国的 ZDF 电视台首次购买了第十届全运会的海外版权，填补了全运会电视版权开发史上的一项空白，是电视版权开发立足国内、辐射海外的一次成功突破。第十四届全运会于2021 年 9 月 15 日在陕西西安开幕，第十四届全运会和残特奥会赞助企业达到 107 家，包括赞助、特许、捐赠以及市区市场开发在内，市场开发总收入达到 15. 5 亿元。

二、全运会市场开发保护立法与实践

1. 全运会市场开发相关法律法规

全运会由国家体育总局主办、地方政府承办，实行分级管理的综合性管理模式。2017 年国家体育总局印发了《全国综合性运动会组织管理办法》的通知(体竞字〔2017〕12 号)(以下简称《全运会组织管理办法》)，其中第 57 条规定，“运动会市场开发权归主办单位所有。主办单位可以授权组委会进行当届运动会的市场开发，并对此项工作进行指导和监督。承办单位确定后 6 个月内，主办单位和承办单位协商确定运动会市场开发权利义务等内容”。据此，国家体育总局作为该赛事的所有方拥有一切市场开发的权利，总体指导全运会竞赛工作，承办地成立全运会组委会，作为一个临时机构全面负责全运会的筹办工作，国家体育总局将包括赛事无形资产开发在内的所有市场开发权利让渡给全运会承办方，全运会市场开发收益按照“谁承办、谁开发、谁收益、谁承担风险”的原则进行分配。历届全运会的市场价值主要从赞助商开发、特许经营、票务、转播权等几个方面挖掘，这种做法在《全运会组织管理办法》第 59 条里得到明确支持，即“鼓励整合市场资源，通过赞助、特许经营等方式吸引社会资本为运动会组织工作提供资金、技术和服务支持”。2021 年举办的第十四届全运会在筹备期间对外发布了全运会市场开发计划，其中包含了赞助计划、特许经营计划、票务计划、市场推广计划和品牌保护计划共五大类。

组委会除规范使用运动会名称、会徽、吉祥物、主题口号等标识，通过商标注册、版权登记、专利申请、特殊标识登记等手段加强对运动会标识的保护以外，正如《全运会组织管理办法》中规定的“组委会应当注重赞助企业投资回报，防范隐性市场营销，维护赞助企业权益”，全运会知识产权保护的重要一环包括隐性营销行为的防范与处理，保护赞助商与合作伙伴的利益，以维护赛事的长期发展。为规范第十四届全运会各参赛单位市场开发工作，保护组委会和参赛单位的市场开发权益，国家体育总局办公厅特印发了《第十四届全国运动会决赛期间代表团(单位)、运动队(员)冠名及服装广告规定》，基于对历年来国际国内赛事反隐性营销的经验总结，该规定针对代表团(单位)、运动队(员)冠名及服装广告主体资格，代表团接受冠名的能力，代表团成员团服，运动员和教练员领奖服，以及比赛服装、器材、宣传品等的冠名规则都做出了规定。

第十四届全运会组委会办公室、残特奥会组委会办公室联合印发的《陕西省第十四届全国运动会知识产权保护规定》成为我国首个全国运动会知识产权保护规定，该规定共 21 条，明确了第十四届全运会知识产权的保护客体及权利归属，第十四届全运会知识产权的管理、保护和适用范围以及侵犯第十四届全运会知识产权的行为类型和法律责任；规定了第十四届全运会知识产权保护的领导机构、协同部门以及各部门相应的职权与责任，第十四届全运会知识产权及权利人商业目的使用行为及使用权限等；代表我国全运会组织部门对于赛事知识产权开发与保护的重视程度再上一个台阶。

2. 全运会知识产权保护司法实践

近年来，全运会组委会在已有的大型体育赛事知识产权保护经验基础上，适时专门发布针对知识产权合法授权、特许经营的合作伙伴权利公告，构建知识产权的合法权利主体体系，然而，“搭便车”等知识产权侵权行为仍然伴随每一个国际国内大型体育赛事，全运会也不例外。经过对各个全运会知识产权侵权案例的总结发现，全运会知识产权侵权的主要行为模式包括未经许可擅自使用全运会标志进行商业活动，未经许可转播全运会赛事画面等。在央视国际网络有限公司诉福州几何网讯科技有限公司侵害著作权纠纷案中，福州几何网讯科技有限公司在其经营的中国海峡网的“在线直播室”页面上全程实时转播了央视国际网络有限公司在其网站上同步播放的中央电视台第五频道直播的第十一届全运会闭幕式节目。法院经审理认为“第十一届全国运动会闭幕式”直播节目是摄制在一定的介质上，由一系列有伴音的画面组成，系以类似摄制电影的方法创作的作品，属于《著作权法》保护的客体。组委会已授权原告独家享有第十一届全运会的互联网络等媒体形式的视频直播的权利，并有权针对侵权行为以自己的名义采取包括提起诉讼在内的法律措施。被告未经原告许可，擅自通过互联网络实时转播涉案作品，侵害了原告对涉案作品经过中央电视台授权所享有的实时转播的权利，根据本案的具体情况，综合考虑作品的类型、侵权行为的方式、持续的时间、影响的范围等因素酌情确定赔偿5万元。①

本章小结

大型综合性体育赛事办赛规模不断加大,水平不断提高,市场开发潜力不断增强,但政府给予的支持有限,赛事市场开发是赛事运营机构通过市场营销行为对体育赛事无形资产进行挖掘的过程,②在此背景下,无形资产开发的收入成为大型综合性体育赛事办赛经费的重要来源。大型综合性体育赛事市场开发可以提升赛事的影响力,是赛事推广和赛事营销的必要手段。大型综合性体育赛事无形资产开发主要涉及赞助权、媒体传播权、门票市场开发权益、特许产品开发权益等,不同于商业性体育赛事,此类体育赛事的所有权归属于国际组织或者政府机关,通常其无形资产开发不包括冠名权。一般而言,大型综合性体育赛事主办方是赛事无形资产的所有方,主办方享有有关赛事无形资产开发所有的权益,并主导无形资产权益的分配。赛事承办方是具体运营赛事的组织或者机构,与赛事主办方就无形资产开发事宜要进行商定,第三方赛事无形资产开发机构对于开发所获得的权益分配,要听从赛事主办方或者承办方的安排。以奥运会、亚运会、全运会等大型综合性体育赛事为例,组委会是一个临时机构,从成立之时就与承办方密切联系并接受其领导。

为了保证大型综合性体育赛事无形资产开发的效益,保障赞助

① 福建省福州市中级人民法院民事判决书,(2010)榕民初字第299号。

② 王卫东主编:《大型综合性体育赛事组织与市场开发》,人民体育出版社2022年版,第132页。

商、合作伙伴的利益，维护赛事品牌的价值，尤其是国际赛事的主办国，从立法、司法到执法等各个环节深入，构成了一套全方位的无形资产开发与保护机制。在我国举办的两届奥运会便是很好的例证，为了兑现申办奥运会时的承诺，履行主办城市合同中的义务，以《奥林匹克标志保护条例》为例，我国有关部门积极开展立法、修法工作，同时使用了奥运会知识产权侵权纠纷快速解决的高效行政治理手段，运用了市场监督管理、海关等多部门的力量。近年来，奥运会规则体系中规制隐性营销的条文受到国内法的挑战，国际赛事无形资产的开发与知识产权的保护更加关注国内公共利益的平衡。总而言之，各级政府部门与司法机关通力合作，确保了赛事无形资产权益各方的利益，在此过程中出现了多起典型案例，形成了宝贵的法律保护经验。

第五章

体育赛事数字藏品开发实践及典型案例

体育赛事数字藏品开发是一个新兴领域，目前正处于快速发展的阶段。数字藏品的本质是利用区块链技术，将体育赛事中的元素转化为独一无二的数字资产，并存储在区块链网络中。这种数字化收藏品为体育赛事的参与者提供了新的价值体验方式，同时也为赛事组织者和赞助商带来了新的商业机会。然而，在这片新兴领域的繁荣背后，却隐藏着诸多亟须明晰与解决的法律暗礁。从数字作品NFT交易在国内外的飞速发展，到交易平台著作权合规治理引发的广泛关注，从体育赛事NFT交易的法律性质界定争议，到数字资产所有权转移与著作权许可转让的模糊不清，再到代币化行为在著作权法下的权利归属谜团，无一不在挑战着现有的法律框架与认知边界。体育赛事NFT数字资产交易的法律性质究竟该如何准确判定？在体育赛事NFT的著作权侵权风险领域，数字作品侵犯现实著作权的质疑频现，如国内首例数字藏品侵权案件所揭示的未经授权铸造与交易NFT数字作品引发的信息网络传播权纠纷，以及交易平台在其中的间接侵权认定难题，都如同一团团迷雾，笼罩着整个体育赛事数字藏品市场。

第一节 体育赛事数字藏品开发实践

体育本身是一种具备了参与性、体验性的文化，赛事衍生纪念品连接了赛事和体育迷。数字藏品，是指以区块链技术为支撑，对应特定的作品、艺术品、出版物生成的唯一数字凭证。体育数字藏品被喻为原生体育资产的数字化表达，是数字内容的资产化，兼具收藏与实用价值。“体育＋数字藏品”的组合如今已经成为市场追捧的热点，数字藏品与体育赛事通过多种模式结合起来，在此过程中数字藏品价值与被映射的体育资产原生价值保持高度一致，具有推动赛事产业发展的效果，赋予体育竞赛表演业乃至整个体育产业以商业潜力。

一、域外体育赛事数字藏品开发实践

体育藏品本身具有高价值属性，基于数字技术生产创造的数字藏品同样成为体育市场“吸金”的新热点。据报道，体育 NFT 区块链游戏服务商 Dapper Labs 的年销售额从 2019 年的 3.61 亿美元增长到 2020 年的 7 亿美元，几乎翻了一番。[①] 麦肯锡的一项分析发现，2021 年美国体育 NFT 的每周销售额达到 1.38 亿美元。[②] 根据咨询公司普华永道的《2022 年北美体育展望》报告，NFT 和数字资产是体育行业的十

---

① Bill Shea, *NBA Top Shot, NFL All Day and the New NFT Reality: What's Next as Market Falls?*, The Athletic (Jan. 6, 2023), https://theathletic.com/4061485/2023/01/06/nba-top-shot-nfl-all-day/.

② Dam Singer & Ben Vonwiller, *Mckinsey Analysis: Despite Slump, Sports NFTS aren't Going away*, Sportico (Oct. 13, 2021), https://www.sportico.com/business/tech/2021/mckinsey-analysis-sports-nft – 1234636826/.

大趋势之一。[①] 从世界范围的体育竞赛产业领域来看,以体育明星形象为主要形式的体育数字产品开发进行得如火如荼,粉丝对体育明星、体育赛事的认同附加在 NFT 上,激发了区块链上粉丝经济商业模式的开发。美国棒球俱乐部推出了包括 1986 张球星卡在内的数字收藏卡,卡面图案是球星比赛照片。大多数球队在 Sorare[②] 上发行球星卡,部分俱乐部和电竞团队在 Socios. com(Socios. com 是面向全球体育迷的一站式影响力和奖励应用程序)上发行 NFT,粉丝们出于热爱收集购买偶像球星卡。

全球也不乏围绕体育赛事展开的数字藏品开发模式与应用场景,2020 年欧洲足球锦标赛就发布了 NFT 形式的数字门票。[③] NBA 与 Dapper Labs 共同开发推出了 NBA Top Shot 平台。[④] 阿迪达斯公司也推出了"Into the Metaverse"系列 NFT,为持有者提供访问元宇宙虚拟体验的通行证,持有者也有权免费兑换特殊的实体产品。[⑤] 2022 年澳大利亚网球公开赛主办方与 Decentraland(一个由 Ethereum 区块链驱动的去中心化虚拟现实平台)深度合作,在该虚拟世界

---

① Ryan Stanton, *PwC Announces Record Global Revenues of US $50 Billion*, PwC (Apr. 10, 2022), https://www.pwc.com/gx/en/news-room/press-releases/2022/pwc-global-annual-review-2022.

② Sorare 是一款基于区块链技术的足球 NFT 收藏游戏,2019 年 3 月正式推出,玩家可以通过购买经俱乐部或联盟所认证的 NFT 球星卡自行组建球队,参加 5 v 5 虚拟比赛。

③ 巴比特:《2020 ChinaJoy 背后的区块链技术:揭秘 120 万张 NFT 门票》,载维科网·物联网 2020 年 8 月 17 日,https://iot.ofweek.com/2020-08/ART-132214-8120-30453025.html。

④ 陈雯雯、黄海燕:《元宇宙视域下的体育产业:诉求、变革与展望》,载《西安体育学院学报》2022 年第 4 期。

⑤ Jacob Kastrenakes, *Adidas is Launching an NFT Collection with Exclusive Access to Streetwear Drops*, TheVerge (Dec. 16, 2021), https://www.theverge.com/2021/12/16/22822143/adidas-nft-launch-into-the-metaverse-price-release-date.

平台，任何拥有互联网访问权限的人都可以访问墨尔本公园，探索大满贯体育场、罗德拉沃竞技场等的3D版本，对于近期举行的体育赛事，虚拟参与者可以访问独家内容，包括与球员的虚拟聚会以及来自周围300多台摄像机的幕后花絮。此外，澳大利亚网球公开赛还将NFT与体育赛事相结合，推出了多个NFT网球，每颗球的元数据都会在铸造时随机链接到网球场上的不同区域，如果某场比赛赛点的制胜分落在持有者所分配的空间，该区域对应的NFT网球的元数据将会被实时更新来记录比赛的信息，同时公布持有者所获得的奖励。①

二、国内体育赛事数字藏品开发实践

随着数字技术的进步，在数百亿资本的关注和2025年体育产业达到5万亿元目标的刺激下，体育经济持续复苏与发展。中国当前正面临一个拥有巨大发展潜力、并富于激情和创造力的体育市场。体育收藏的市场在此背景下前景广阔，国内体育收藏品已有专门的体育收藏门户网站。体育藏品的数量和种类也在不断扩充，越来越多的物品因为其特殊意义而变得富有收藏价值，从而被收藏、买卖，成为体育收藏品。冬季体育用品、球类（足球、篮球、古董乒乓球）、奥运火炬、奖牌、陶瓷、铜章、徽章、吉祥物、奥运签名文献、体育雕塑等藏品都越来越受到收藏者的青睐。赛事官方平台发售的数字纪念品、赛事精彩锦集、运动员真人或者动漫形象卡等不仅吸引着体育爱好者，也因其商业价值而广受投资者和收藏家关注。2021年5月12

① 陈天皓：《5000张赛场"座椅"，居然被法网做成了NFT》，载腾讯网2022年5月30日，https://new.qq.com/rain/a/20220530A0BW6P00。

日，中国首个 NFT 加密艺术品交易平台 umm. art 上线，在东京奥运会上推出了竞拍定制"粉丝牌"活动，竞拍成功后粉丝可以获得对应运动员的 NFT 动漫形象资产，该资产可以在二级市场进行流通。以球员照片或者卡通形象作为画面内容的 NFT 球星卡广泛应用在与体育相关的游戏领域。在 2021 年的欧洲杯期间，支付宝发起了一项梦想之旅竞猜赚积分赢数字奖杯的活动。排名前 1600 的球迷会获得 2020 年欧洲杯得分王数字奖杯。数字奖杯是一种数字收藏品，通过蚂蚁链技术，将实体得分王奖杯进行链上存证并限量发放，可以保存、欣赏。但与奥运徽章不同的是，该数字奖杯既不可以转赠，也不可以买卖。2022 年北京冬奥会期间，中央广播电视总台新媒体平台央视频筹备组织了"数字雪花"互动项目，通过"数字雪花"项目，用户可以生成独有的"数字雪花"形象，通过上传照片、风格选择、新年祈福等互动活动让"数字雪花"个性化、专属化，随着一系列丰富的交互活动，这朵"数字雪花"最终成为代表用户参与冬奥会的专属认证。[①] 抓住北京冬奥会这个机会，2021 年 6 月，国际奥委会于 NFT 平台 nWayPlay 上发行了从 1898 年雅典奥运会到 2014 年索契冬奥会数十次奥运会的数字徽章，除此之外，还发行了冰墩墩数字盲盒 EPIC BOX，[②]有了数字身份的冰墩墩作为体育藏品其价格一度上涨近千倍。[③] 不仅如此，国际奥委会也顺势推出了区块链游戏 Olympic

---

① 邢斯馨：《央视频"数字雪花"互动项目上线，为全民打造冰雪体育盛宴》，载央视网，https://news.cctv.com/2022/01/05/ARTIRZpllWEfDxTtoa9A2kTQ220105。

② 司林威：《冬奥会数字盲盒即将开售，冰墩墩也有 NFT 了》，载澎湃网 2022 年 2 月 12 日，https://www.thepaper.cn/newsDetail_forward_16658121。

③ 李利：《冰墩墩 NFT 盲盒限量发售，NFT + 体育是天作之合?》，载澎湃网 2022 年 2 月 15 日，https://www.thepaper.cn/newsDetail_forward_16694907。

Games Jam：Beijing 2022，玩家可以在游戏中参与滑雪等运动从而获得游戏中的虚拟货币，通过游戏货币兑换 NFT 奥运徽章等。[①] 阿里巴巴旗下的 NFT 交易平台鲸探在 2021 年年底开展了“体育梦传承”体育数字藏品周的活动，发行了诸如 1981 年首届北京马拉松数字纪念奖牌、杭州亚运会吉祥物等一系列数字藏品。[②] NFT 与体育赛事的结合正在逐步改变体育赛事无形资产开发的场景，以后将成为引导球迷进一步参与、做大赛事无形资产“蛋糕”的重要阵地。北京智网星云科技公司与中国篮球协会（以下简称中国篮协）全资子公司深篮体育达成官方合作协议，未来将围绕中国篮球多项核心 IP（中国篮球名人堂、中国篮球之队、中国三人篮球国家队、中国三人篮球联赛、中国女子篮球联赛、全国男子篮球联赛、全国青少年 U 系列联赛等）进行数字藏品发行。“第一体育”平台以数文链提供的区块链底层基础设施为支撑打造数字藏品平台，聚焦于体育产业核心 IP 为其提供数字藏品存证、备案、登记、发行、销售等服务，以数字化重新定义体育，联合各体育竞赛组织、知名运动员，将运动员精彩瞬间映射在区块链上存证，形成数字化藏品，每份藏品都有不可篡改的唯一标识，兼具文艺与收藏价值，大力开拓体育产业在数字时代的新探索。

---

① Staff Writer, *IOC Unveils NFT-Based Game for Beijing* 2022, Marketing-Interactive (Feb. 7, 2022), https://www.marketing-interactive.com/ioc-nft-beijing-olympics.

② 徐赐豪：《1700 亿元的 NFT 市场　阿里、腾讯、字节跳动、京东之间的卡位战》，载腾讯网，https://new.qq.com/rain/a/20220107A09BK800。

第二节　体育赛事数字藏品背后的法律问题

虽然体育赛事数字藏品交易模式的出现似乎为赛事组织者开辟了一个独立于实体纪念品的新市场，但是，这其中隐藏着许多有待明晰和解决的法律问题。数字作品 NFT 交易在国内外发展迅速，交易平台的著作权合规治理引起越来越多的关注。体育赛事 NFT 交易是虚拟财产所有权的移转还是数字作品著作权的许可或转让，代币化行为本身属于《著作权法》下何种权利的控制范围等一系列问题随之而来，并成为研究的热点。

一、体育赛事 NFT 数字资产交易的法律性质

NFT 开发者的初衷是将 NFT 作为一种不可篡改的、可溯源的、分布式存储的数字化权益凭证。NFT 要在现实世界中交易运行就必须在既有法律体系中找到对应的坐标，需要解决的第一个问题就是 NFT 数字资产的权利属性，购买了 NFT 的买家获得的是什么权利，该问题与其后续的展示行为和转售行为的合法性判断密切相关。当消费者购买一项 NFT 数字资产时，他取得了何种财产权利？一种观点认为，消费者取得了 NFT 数字资产所有权。根据我国《民法典》第 240 条的规定，“所有权人对自己的不动产或者动产，依法享有占有、使用、收益和处分的权利”，因此当我们在民法的背景下提到“所有权”的概念时，即应满足：第一，为动产或者不动产；在这个方面，NFT 数字资产属于信息，虽然我国《民法典》第 127 条明确规定了网络虚拟财产是受法律保护的财产类型，但其并不符合动产与不动产的属

性。第二,所有权人可以按照自己的意愿对不动产或动产进行"直接支配"(《民法典》第 114 条第 2 款),当其他计算机节点接受该备选区块后,打包该备选区块的计算机节点就能获得利润(区块奖励),而该备选区块也将被永久地记载在区块链账本上。可见,NFT 的转让需要"矿工"的协助,因此,其不同于所有权人无须他人协助即可直接支配。[①] 民法上的"所有权"概念是有门槛的,并非日常生活中说的"所有权",以上述要点为主要理由,"购买 NFT 即获得了数字资产所有权"的观点遭到种种质疑,所以并不能简单认为消费者对其所购买的 NFT 享有数字资产层面的所有权。

然而,在 NFT 交易的实践中也并非所有的情况都不涉及所有权的转移,比如,部分数字艺术品交易中,根据平台展示的协议条款,售卖的数字艺术品的所有权也跟随 NFT 通证一并转移。由此可见,NFT 持有者的变更并不一定意味着其所依附的图像、视频等原型的所有权移转,需要根据具体的协议来判断。例如,NBA 推出的 NBA Top Shot,根据 DappRadar 提供的数据,2021 年度,NBA Top Shot 在第一个季度创造了近 5 亿美元的收入,使 NFT 在第一季度的总交易量超过 15 亿美元,是体育 NFT 火爆的重要推手。[②] NBA Top Shot 就是将 NBA 球员在赛场上"高光时刻"视频在 Flow 公链上铸造为 NFT 发行。根据平台提供的服务条款,对于购买这些视频的消费者而言,意味着完全拥有底层 NFT,买方有权交换、出售或赠送"高光时

① 阮神裕:《NFT 数字资产的权利属性》,载《检察日报》2023 年 5 月 15 日,第 3 版。

② Ian Kane, *NBA Top Shot Transaction Volume Swells 40% in 24 Hours*, Dappradar(Mar. 17,2021), https://dappradar.com/blog/nba-top-shot-transaction-volume-swells-40-in-24-hours.

刻”;“高光时刻”的所有权完全由 Flow 公链调节;如果出现持有人不是从合法来源获得“高光时刻”等情况,平台有权删除相关图片与描述,但此类删除不影响买方对已经拥有的 NFT 的所有权;“高光时刻”凭借在 Flow 公链中维护的所有权记录而存在。根据上述权利描述,持有人对 NFT 的权利符合所有权的特征。这类条款的内容规定接近于所有权所包含的权能。但需要明确的是,持有 NFT 仅意味着对 NFT 这一区块链通证享有所有权,当消费者购买一个“高光时刻”,该消费者不获得任何由此 NFT 所描绘的篮球“高光时刻”的权利,也不享有该“高光时刻”相关的知识产权,因此,未经 NBA、美国国家篮球运动员协会(National Basketball Players Association,NBA-PA)和 Dapper Labs 的明确许可,消费者不获得任何利用该 NFT 产品的权利。[①] 换言之,如无明确的约定,消费者在平台上购买了“高光时刻”,NFT 只是获得了区块链通证的所有权,并不代表获得了球员“高光时刻”视频的著作权等相关权利,NFT 所映射的数字资产享有何种权利取决于当事人之间的另行约定。国际足联推出 FIFA + Collect 数字资产平台并在该平台上出售展示比赛中巅峰瞬间的 NFT。根据 collect. fifa. com 上载明的协议,球迷在该平台上购买了 NFT 即意味着其享有与这个 NFT 相关的所有权利,包括对 FIFA NFT 拥有进行交换、出售、赠送的权利。FIFA NFT 的所有权是完全依托 Algorand Network 这个平台建立起来的。除非另有约定,或者出现官方确定 FIFA NFT 从不合法来源获得的情况,又或者发生第

① 邓建鹏、李嘉宁:《数字艺术品的权利凭证——NFT 的价值来源、权利困境与应对方案》,载《探索与争鸣》2022 年第 6 期。

三方侵权、盗用或诉讼的情形，否则官方绝不会没收、冻结或以其他方式修改任何 FIFA NFT 的所有权。平台条款中还表示“购买 FIFA NFT 的消费者视为同意 FIFA 及其授权者拥有或控制本应用程序所有其他元素的所有合法权利、所有权和利益，以及所有知识产权（包括但不限于所有媒体、设计、系统、方法、信息、计算机代码、软件、服务、外观和感觉、内容的组织、代码、数据和应用程序的所有其他元素）”。由此可见，FIFA NFT 区块链凭证的转移也不代表记录“高光时刻”的相关作品的知识产权转移。

综上，NFT 与其所映射的现实世界的物也好，作品也好，并不必然存在绑定流转的关系，NFT 可以在某些情况下被理解为现实权利的凭证，也可以在某些情况下仅代表区块链通证本身，主要还是依据交易平台的条款或者当事人之间其他形式的约定。由此，体育赛事 NFT 数字资产交易的法律性质也要依据体育赛事数字艺术品 NFT 的发布者及平台的具体规定来确定其究竟是对著作权、实体物权还是数字资产的转移。

二、体育赛事 NFT 的著作权侵权风险

1. 数字作品侵犯现实著作权

NFT 是区块链技术与应用催生的新产物，体育赛事无形资产开发者与技术公司合作，通过算法将现实世界中受到著作权法保护的图片、赛事视频、赛事徽章等转化为 NFT。体育赛事 NFT 产品在技术上打造的是数字化内容的买卖关系。目前体育赛事相关的 NFT 在网络上交易的方式有两种：一种是著作权人自己运营的官方发行平台，比如，体育公司、游戏公司等在其官方网站上或者官方移动应

用上出售 NFT 数字作品;另一种是第三方交易服务平台。后者的方式是目前的主流,但其存在易引发纠纷的风险点,即若将未获得权利主体授权的 NFT 数字藏品在元宇宙空间中发行出售,则可能侵犯权利主体的著作权。当体育赛事画面、视频、运动员形象的非合法权利主体将这些受法律保护的客体铸造为 NFT,或者说 NFT 的铸造者身份与其所关联的数字作品的著作权人身份分离时,体育赛事知识产权的权利人或者运动员是否可以依据现行法律主张其著作权或者人格权受到了侵犯?侵犯的是哪些著作权权项?这些问题的答案尚且存在争议,从其他领域数字作品铸币纠纷中可见一斑。

现阶段针对 NFT 发行过程,常见的侵权形式是未经原权利人许可,擅自为特定资产"铸造"NFT,此时 NFT 相关权利的合法性存疑。[①] 比如甲创作了一幅画 A,邀请了朋友乙来欣赏这幅画。乙将这幅画拍照上传到 NFT 网站上并以自己的名义进行销售。区块链无法识别现实生活中的权属问题,因此,在区块链上 A 画就是乙的数字作品,但是现实生活中,这幅画属于甲。2021 年 7 月 15 日,国内知名媒体"财新网"发布公告称其旗下媒体报道的《显影|中国告别比特币"挖矿"》配图的原创摄影作品被人未经授权地改编为 NFT 并在 Open Sea 等主流 NFT 公开平台上售卖。但元宇宙空间的虚拟性导致财新网难以维权,司法机构也同样面临管辖和执法的困境。[②] 在国内数字藏品侵权案件中,原告奇策公司以其作品信息网络传播权受

---

① 邓建鹏、李嘉宁:《数字艺术品的权利凭证——NFT 的价值来源、权利困境与应对方案》,载《探索与争鸣》2022 年第 6 期。

② 刘潇:《反侵权公告(第 45 号):关于摄影作品被恶意侵权的谴责》,载财新网,https://www.caixin.com/2021-07-15/101740785.html。

到侵犯为由将杭州原与宙公司起诉至法院。原告通过继受的方式从作者 A 处获得了“胖虎”系列作品在全球范围内独占的著作权财产性权利及维权权利。奇策公司在杭州原与宙公司经营的涉案平台发现用户铸造并发布了“胖虎打疫苗”NFT。该 NFT 作品与作者 A 在微博发布的插图作品完全一致,甚至 NFT 作品右下角依然带有“不二马大叔”的水印。在铸造作品过程中,杭州原与宙公司平台仅要求用户上传 NFT 作品图片、填写作品名称、作品简介、作品描述、作品标签及艺术家介绍等基本信息,未要求用户就作品提交任何权属证明。奇策公司认为,杭州原与宙公司的行为违反了《民法典》《著作权法》等相关规定,严重侵害了其所享有的著作权,给原告造成了经济损失。在本案的审理中,法院认为,NFT 是数字作品复制品在以太坊上的呈现形式,因此 NFT 铸造、交易属于著作权权项中的复制权、信息网络传播权的控制范围。法院依照《民法典》第 1195 条、第 1197 条,《著作权法》第 3 条、第 10 条、第 11 条、第 52 条、第 53 条、第 54 条,《最高人民法院关于审理侵害信息网络传播权民事纠纷案件适用法律若干问题的规定》第 9 条,《最高人民法院关于审理著作权民事纠纷案件适用法律若干问题的解释》第 4 条、第 9 条、第 11 条,《民事诉讼法》第 67 条之规定,判决被告杭州原与宙公司侵害了原告奇策公司《胖虎打疫苗》美术作品信息网络传播权。[①] 此判决一出引起行业内的广泛关注,有学者就是否可以将 NFT 铸币行为看作《著作权法》规定的“复制”,发表了反对的意见,认为 NFT 铸币和交易不能改变权利变动的基本规则,并不赞同该案审理法院所说的 NFT 交

① 杭州互联网法院民事判决书,(2022)浙 0192 民初 1008 号。

易的实质是所有权的转移的结论，而主张 NFT 铸币不必然意味着数字作品的复制。究其原因，NFT 的本质是特定财物的数字登记，即资产的数字证书。[①] 也有学者认为，将他人享有著作权的 NFT 数字作品进行线上交易，事实上是以出售的方式向公众提供作品的复制件，应当落入著作权人发行权的控制范围。[②]

胖虎打疫苗案被认为是我国“元宇宙 NFT 数字藏品侵权第一案”，法院认为 NFT 数字作品铸造、交易包含对该数字作品的复制、出售和信息网络传播三方面行为，网络用户未经许可通过平台交易 NFT 数字作品的行为，应认定为侵害权利人作品的信息网络传播权。[③] 此案也揭露了体育赛事 NFT 发行可能产生的著作权纠纷，体育赛事的无形资产开发涉及多元主体，各主体之间就赛事画面、图像、个人形象的利益分配由一系列的契约来维系，存在非权利人未经许可将现实世界的作品打造成为元宇宙世界数字藏品进行获利的较高风险。

一个值得探讨的问题是对于体育赛事中已经公开公布的信息或进入公有领域的作品，是否可以不通过体育赛事组织者或者其他有关主体的授权将其作数字化处理之后代币化出售。根据我国《著作权法》的规定，对于进入公有领域的作品，社会公众可以使用，但必须

---

① 马振华：《NFT 著作权属性辨正——兼评我国“NFT 侵权第一案”》，载《电子知识产权》2022 年第 9 期。

② 陶乾：《论数字作品非同质代币化交易的法律意涵》，载《东方法学》2022 年第 2 期。

③ 最高人民法院：《最高人民法院发布 2022 年中国法院十大知识产权案件和 50 件典型知识产权案例》，载中国法院网 2023 年 4 月 20 日，https://www.chinacourt.org/article/detail/2023/04/id/7254550.shtml。

尊重作者的著作人格权、署作者名字、不得任意修改、不得侵犯原作品完整权，这些人身权利是作者永久享有的，不应因数字化的处理行为而受到损害。故对于已经进入公有领域的赛事信息或者作品，只要在尊重原作者人格权益的基础上即可不经授权对其进行数字化的处理。

此外，一个值得考虑的因素是体育事业事关公共利益，例如部分为社会大众所广为接受的体育赛事，在充分保障了赞助商的利益之余，应该使其相关的特殊标志回归到公有领域，包括允许对其进行数字化处理，兼顾公众利益的平衡，体现我国以人民为中心的体育事业发展理念。

2. 交易平台的间接侵权认定

使体育赛事 NFT 的法律纠纷变得更复杂的因素还有前面提到的第三方交易平台的参与，而且与第三方交易平台合作开发数字产品的情况目前占多数，这种情形下往往还涉及平台的间接侵权责任认定等问题。体育赛事 NFT 作品交易中涉及四类主体：著作权人、铸造者、平台和购买者。其中，著作权人和铸造者可能出现身份重合，当著作权人和铸造者身份不重合时，平台的著作权合规治理就尤为重要。体育 NFT 区块链游戏服务商 Dapper Labs、Sorare 以及以太坊等与体育赛事组织者或其他体育主体合作的平台是否需要承担验证链上的球星卡等数字产品具备合法授权来源的义务，这个问题的答案依旧存在争议。随着网络技术的不断发展，平台力量日益壮大且扮演着越来越重要的作用，在平台话语权变强的趋势中，它们应当承担的权利保护义务也受到公众的关注。事实上，交易平台难以判断上链的商品是否含有著作权争议的内容，亦无法验证一个 NFT 的“铸造者”是不是待交易的数字商品中所包含的摄影作品、视听作品、音乐作品或美术作品的真正权利人。当一个 NFT 的铸造者并非其所映射的数字作品的著作权人时，那么，其行为是否侵权以及侵犯哪些著作权项是不确定的，有可能涉及复制权、信息网络传播权、展览权、发行权等，需要依据具体情况来确定。著作权人发现自己的作品被他人公开于 NFT 交易平台时，可以发通知要求移除。这种情况下，应该参照现实世界中平台帮助侵权判定的系列规则，同时，在虚拟数字空间也要建立起“通知—删除”保护机制，要求交易平台也及时履行删除侵权产品的义务。

第三节　域外数字藏品侵权纠纷的典型案例

一、爱马仕（Hermès）公司与梅森·罗斯柴尔德（Mason Rothschild）

2023 年 2 月 8 日，美国纽约州南区法院审结的爱马仕公司诉艺术家梅森·罗斯柴尔德商标侵权案①被称为“美国 NFT 商标第一案”。本案中，被告艺术家于 2021 年 11 月以爱马仕标志性铂金包（Birkin）为灵感在 NFT 销售网站 Open Sea 上以最初每件约为 450 美元的售价创作并发布了 100 件不同颜色的人造毛皮数字手袋，并命名为 MetaBirkins 系列。此后这些 NFT 作品以原价的许多倍被转售。原告爱马仕公司在向被告发律师函要求其删除侵权作品未果

① *Hermes Int'l v. Rothschild*, 22 – CV – 384 (JSR) (S. D. N. Y. May. 18, 2022).

后，在 2022 年 1 月 14 日正式对被告梅森·罗斯柴尔德提起诉讼，指控其商标侵权、商标淡化和域名抢注等。原告主张被告在没有得到原告许可的前提下销售和转售 NFT 获利，并错误标注其来源，使部分消费者对其来源和授权产生误解，侵害了原告爱马仕的商标和商誉。被告使用 metabirkins. com 这一域名销售 NFT 数字作品，构成了不当的域名抢注，也影响了原告品牌进军元宇宙的商业计划。对此，被告梅森·罗斯柴尔德抗辩称，MetaBirkins 系列 NFT 作品是艺术作品，属于商标的艺术创作使用，受到《美国宪法第一修正案》的保护，不构成侵权。美国纽约州南区法院在审理此案时，驳回了被告关于 MetaBirkins 系列 NFT 产品仅仅是艺术作品的抗辩理由。法院认为，被告侵权产品是以爱马仕商标为基础出售和转让的数字资产，且被告从中获得了利润和佣金，符合商品性的定义，故侵权产品具有商品性。法院最后裁定被告构成对原告商标权的侵权、商标淡化及域名抢注；在损害赔偿方面，爱马仕将因商标侵权和商标淡化而获得 110,000 美元的赔偿，以及因域名抢注而获得 23,000 美元的法定赔偿。这一判决为防止数字资产的潜在侵权提供了参考，也提醒了众多品牌所有者重视其商标在 Web3.0 时代的价值。[①]

二、Yuga Labs 公司与莱德·里普斯(Ryder Ripps)

2023 年 4 月 21 日，美国加利福尼亚州中区联邦地区法院（以下简称加州中区法院）审理的 Yuga Labs 公司诉莱德·里普斯及其联

---

① Rosemary Feitelberg, *Hermès Wins Court Battle Against Mason Rothschild Over "MetaBirkins" NFTs*, WWD(Feb. 8, 2023), https://wwd. com/fashion-news/designer-luxury/hermes-wins-court-battle-over-metabirkins-nfts-mason-rothschild – 1235510445/#!.

合创始人杰里米·卡恩商标侵权一案受到广泛关注,这起案件是美国 NFT 市场的商标侵权纠纷之一。原告 Yuga Labs 公司指控被告创建的 RR/BAYC NFT(无聊猿游艇俱乐部)系列在销售过程中涉嫌商标侵权、虚假广告和不正当竞争等行为。原告指出,被告除销售与原告创作的无聊猿 NFT 作品完全相同的无聊猿 NFT 产品外,还在销售过程中使用了"Bored Ape Yacht Club""BAYC"等文字商标,以及模仿了 BAYC 的猿头骨图商标。加州中区法院在审理过程中支持了原告的部分诉讼请求,认定被告侵犯了 Yuga Labs 公司的商标并进行了域名抢注。首先,法院反驳了被告关于"NFT 是无形的,不符合商标保护条件"的辩护。法院沿用了上一案件美国纽约州南区法院在爱马仕公司诉艺术家梅森·罗斯柴尔德商标侵权案中的结论,即尽管 NFT 是虚拟商品,但实际上属于《兰汉姆法》中的"商品",故在一定程度上肯定了无聊猿 NFT 的商品属性。本案判决更为具有启示意义的是,法院驳回了被告关于原告在出售 NFT 时已将其中商标权转移的观点,认为原告关于 NFT 的许可仅是版权许可,并没有转让任何商标权利。由此,法院认定被告使用无聊猿商标的行为并不构成合法的艺术表达,侵犯了原告享有的商标权。最终,法院裁定原告 Yuga Labs 公司有权获得禁令和损害赔偿。这一判决不仅提高了 NFT 市场的信任度和规范度,还强调了维护 NFT 真实性的重要之处。就涉案双方以及整个 NFT 市场而言,这起案件的判决都将产生深远的影响。

三、尤文图斯足球俱乐部(Juventus Football Club)与Blockeras公司

在2022年7月,罗马法院的知识产权法庭审理了尤文图斯足球俱乐部诉Blockeras公司商标侵权案。[①] 被告在2021年创作并发行了一系列以某意大利足球运动员为主题的NFT球星卡,其中一张卡片描绘了该球员早年穿着原告俱乐部的官方球衣,并复制了该俱乐部的标志(胸前有两颗星的黑白条纹)。原告认为被告在未获得授权的情况下复制了其俱乐部的商标以及视觉元素,包括标志性的黑白条纹,"Juve"和"Juventus"文字标识,故构成商标侵权和不正当竞争。罗马法院支持了原告的主张,裁定被告制造和销售NFT的行为侵犯了原告的商标,并且构成了不公平竞争。法院指出,首先只有商标所有人可以同意商标的使用;球员本人授予被告公司的权限仅仅涵盖使用其个人形象的权利,不能扩展到复制第三方拥有的商标。法院还认定被告发行NFT产品并从中获利,是一种纯粹的商业行为,不属于意大利《版权法》中规定的"出于科学教育等目的"而使用名人形象的情形。此外,法院认为被告Blockeras公司未经许可复制原告知名商标,构成了不正当竞争行为。鉴于尤文图斯足球俱乐部一直在采取具体措施以部署进入元宇宙市场,法院认为双方是竞争对手,因此适用不正当竞争条款。最终,法院支持原告提出的临时禁令(preliminary injunction)申请,禁止Blockeras公司从事进一步的生产或销售与本案相关的NFT。

① *Juventus Football Club v. Blockeras*, July 20, 2022, Docket No. 32072/2022.

四、耐克公司与电商平台 StockX 平台

StockX 在美国是一个规范化的球鞋交易平台，成立于 2016 年，卖家可以在该平台上进行销售或购买。StockX 发布了 Vault NFT，Vault NFT 可用于兑换 StockX 平台上的实体球鞋，兑换后，对应的 NFT 自动销毁。但在兑换前，Vault NFT 可以在 StockX 平台上交易。这种模式就给炒鞋行为提供了更低的门槛。Vault NFT 上线不久后，耐克公司起诉了 StockX，认为该产品在未获得耐克品牌授权的情况下，违规使用了耐克的商标、商誉和 9 款球鞋的图片。耐克公司在诉讼中表示，担心消费者误以为 Vault NFT 是他们与 StockX 合作推出的产品而影响到耐克公司的商誉，基于耐克 Dunks 和 Air Jordans 等推出的球鞋 NFT，可能会让消费者感到困惑，在这些产品和耐克间建立虚假联系，稀释其商标。事实上，2021 年 12 月耐克公司收购虚拟球鞋制作商 RTFKT，进军 NFT 领域，并取得了不错的成绩，因此对于 StockX 将球鞋进行 NFT 处理进而造成球鞋价格虚高的现象颇为介意。

在诉讼过程中，双方就 Vault NFT 的性质进行了辩论，StockX 认为他们就是在产品销售时，以 NFT 来指代实体球鞋，Vault NFT 基本上等同于实体球鞋的“购买票据”；耐克公司则认为 NFT 是使用了品牌商誉的独立商品，绝不是耐克宣称的“虚拟产品或者数字球鞋”。[①]耐克公司请求法院认定被告的行为构成商标侵权及不正当竞争，判

---

① 庄坤潮：《耐克与 StockX 这场官司，或将成 NFT 市场的风向标》，载腾讯网 2022 年 5 月 30 日，https://new.qq.com/rain/a/20220530A0BX4500。

定其商标淡化的行为构成了对原告的侵害。耐克公司的起诉可能会引发监管机构对 NFT 市场的关注,进一步规范 NFT 市场的行为以防止知识产权侵权和误导消费者。此案是体育领域 NFT 产品开发关于商标侵权的又一典型争议,对于后续 NFT 产品开发规避商标侵权具有重要意义。

五、朱恩·弗里尔(Jeeun Friel)与 Dapper Labs 公司

本案涉及的收藏卡是一款由被告 Dapper Labs 公司与某体育联盟合作推出的 NFT 产品,NBA Top Shot 实质上是销售“高光时刻”的平台应用,Dapper Labs 公司与 NBA 和 NBAPA 合作设计了 NFT 产品,每张球星卡拥有独一无二的序列号,记录着球星们在比赛中的高光时刻,用户可以使用加密资产或信用卡购买,支持二级市场交易。Dapper Labs 公司通过三种方式从销售“高光时刻”中获得收入:第一种方式是通过打包销售球星卡,第二种方式是收取 5% 的交易费用,第三种方式是通过 Dapper Wallet 从支付手续中收取费用。到原告提起诉讼为止,Dapper Labs 还没有向美国证券交易委员会(U. S. Securities and Exchange Commission, SEC)提交任何关于销售“高光时刻”的注册声明。2023 年 2 月 22 日,美国纽约州南区法院审理并初步裁定的朱恩·弗里尔诉 Dapper Labs 案就是投资者针对 NFT 卡牌发行方提出非法证券交易指控的案件。[①] 原告朱恩·弗里尔是一名体育类数字收藏卡的用户,由于被 Dapper Labs 公司阻止“套现”而受到亏损,遂于 2021 年 5 月将 Dapper Labs 和其负责人罗哈姆·加雷

① *Friel v. Dapper Labs*, 1:21 – cv – 05837 – VM (S. D. N. Y. Oct. 8, 2021).

戈滋洛起诉至法院,指控被告发行的 NFT 产品实质上是一种未注册的证券,被告不仅未向美国证券监管机构注册,且存在人为操控该产品市值的嫌疑。

被告抗辩称,该产品是“数字篮球卡”而非证券,并列举了游戏卡宝可梦卡(Pokemon)也非证券的案例。此后,原告、被告双方的争议焦点在于 NBA Top Shot 是否为未经注册的证券,为确定这一问题的答案,双方根据既有案例确立的“豪威测试”(Howey Test)标准展开了争论。① 该卡牌是否属于共同事业、是否存在预期收益和是否基于 Dapper Labs 或第三方的努力提出各自的主张。NBA Top Shot 不是第一个受到 SEC 调查的 NFT 产品,2022 年 10 月,NFT 龙头项目 Bored Ape Yacht Club(无聊猿 BAYC)与社区代币 ApeCoin(APE)也曾面临同样的考验。法院的最终判决是悬在 Dapper Labs 头顶的达摩克利斯之剑,美国纽约州南区法院于 2023 年 2 月做出的最新裁定认为,在应用“豪威测试”后,这一 NFT 卡牌可能符合证券的定义。法官维克多·马雷罗表示,原告对于被告提供的 NFT 属于投资合同的指控十分充分,被告在没有适用于其他投资合同的标准注册和披露的情况下出售系列 NFT 卡牌,该行为违反了《美国证券法》第 5 条和第 12 条。但法院在结论中也指出,对于“豪威测试”中投资合同的判断仅是针对本案的 NFT 项目,其他项目是否属于证券则需要个案

① 美国法院在涉及加密货币的案件中广泛地使用了“豪威测试”对加密货币的证券属性进行分析。该测试核心理念在于“保护投资者的合法权益”,有以下四个标准:(1)投资人是否有金钱投资(the investment of money);(2)投资于共同事业(common enterprise);(3)投资人有收益预期(expectation of profit);(4)收益仅来自第三方的努力(efforts of others)。如果以上四个条件都满足,则该交易可以被认定为投资合约,从而属于证券产品。

分析。2024 年 6 月,Dapper Labs 与原告达成了一项 400 万美元的和解协议,该案最终以和解结案。从本案来看,目前 NFT 的风险性被越发重视,相关起诉案件的增多也意味着 NFT 已被美国监管机构加速列入监管范围。

六、拉维尼亚·黛博拉·奥斯本(Lavinia Deborah Osbourne)与 Ozone 网络公司等

2022 年 4 月 22 日,英国高等法院审理并判决的拉维尼亚·黛博拉·奥斯本诉 Ozone 网络公司一案①成为英国首例关于 NFT 的诉讼。原告拉维尼亚·黛博拉·奥斯本女士是一位创业者和区块链专家。她发现自己的加密钱包被黑客入侵,其购买的两个 NFT 被转移到了被告 Open Sea 平台上的两个不同钱包中,但无法知悉钱包背后的所有人。原告随即在英国高等法院提出紧急申请,认为其被盗的 NFT 具有财产属性,要求对其进行冻结,并要求被告 Open Sea 提供相关信息,以便追踪或识别盗窃者。英国高等法院在没有通知被告网站的情况下,批准了原告的所有申请,并发出了临时禁令和银行信托令。这是英国首次就 NFT 的法律地位和保护做出判决。这一案件确认了 NFT 具有财产性质,并且可以受到英国法律的保护和救济②。

随着 Web 3.0 时代不可阻挡的到来以及数字资产在全球范围内的兴起,我国体育赛事无形资产的开发者已经参与到这次浪潮中。综

① *Osbourne v. Persons Unknown, Ozone Networks Inc.*, [2022] EWHC 1021 (Comm).

② 宋海燕、董美孝:《NFT 的法律属性及司法实践——美国、欧盟、英国及中国内地和香港之比较法研究》,载金杜律师事务所 2023 年 5 月 15 日,https://www.kwm.com/cn/zh/insights/latest-thinking/nft-legal-attribute-and-judicial-practice-a-comparative-study-of-us-eu-uk-chinese-mainland-and-hong-kong.html。

观以上域内域外的典型案例，爱马仕公司诉艺术家梅森·罗斯柴尔德商标侵权案件、Yuga Labs 公司诉莱德·里普斯及其联合创始人杰里米·卡恩商标侵权案以及尤文图斯足球俱乐部诉 Blockeras 公司商标侵权案，都显示出 NFT 并非知识产权的法外之地，未经授权使用商标来创作和销售 NFT 作品可能会构成侵权行为。在我国，随着 NFT 市场的不断发展，越来越多的商业品牌进军元宇宙并铸造和发行自己的 NFT。NFT 商业模式的不断创新，如何将现有的知识产权法律适用到虚拟世界中并设定明晰的标准，将变得十分重要。类似的商标侵权案件逐渐增多，这也提醒了 NFT 市场的参与者要重视知识产权保护，遵循市场规范，以确保市场的可持续健康发展。除知识产权纠纷之外，另一个体育赛事 NFT 开发行为在境外遇到的重大挑战是部分 NFT 交易可能构成证券发行的标准，这也是朱恩·弗里尔诉 Dapper Labs 公司案判决给该领域带来的最大冲击。加密货币在美国法律下最为核心和关键的问题之一便是其是否属于《美国证券法》下的证券，各界关于这个问题已经进行了广泛的讨论。在实践中，美国联邦最高法院在美国证券交易委员会诉 W. J. 豪威公司案件中确立了以“豪威测试”作为判断一些“另类投资”是否属于证券的主要认定方法。如 NFT 被认定为证券，那么相关的所有活动需依据《1933 年证券法》(Securities Act of 1933)和《1934 年证券交易法》(Securities Exchange Act of 1934)关于发行注册、营销和转让交易等一系列的规则来进行。

本章小结

数字技术在体育市场中的应用已成为备受关注的话题。数字化的体育收藏品在体育领域的应用越来越广泛，包括体育明星形象、球星卡、数字门票、奥运徽章、马拉松纪念奖牌等。NFT 数字收藏品通过区块链技术进行存证，是不可篡改的唯一标识。这些数字藏品的销售额不断增长，吸引了大量粉丝和收藏爱好者，也成为投资者关注的焦点，显示出数字体育藏品市场的巨大潜力。在国际体育界，一些体育赛事与虚拟现实平台深度合作，为观众提供全新的体育体验。例如，欧洲足球锦标赛、NBA、澳大利亚网球公开赛等在内的国际体育赛事的组织者都开始开辟无形资产开发的新赛道，与成熟的数字技术平台合作推出与赛事相关的 NFT 产品；在国内体育界，体育藏品的数量和种类也在不断扩充，以北京冬奥会为契机开发了一系列的相关 NFT，中国篮球协会也开始与数字科技企业合作共同发行核心品牌赛事的数字藏品。此类合作不仅为体育迷们提供了全新的观赛与互动方式，也为体育赛事的营销和推广带来了新的可能性。此外，一些体育组织和公司也在数字藏品领域展开合作，以数字化重新定义体育，将体育运动中的精彩瞬间映射在区块链上存证，形成数字化藏品。随着技术的不断发展，更多创新的数字体育产品和体验出现，这种趋势表明数字技术已经深刻地改变了体育市场。

体育数字藏品迅速发展的同时也引发了一系列的法律争议，域外及国内法院关于 NFT 的判例都在逐渐增多。在域外，爱马仕公司诉艺术家梅森·罗斯柴尔德商标侵权案、Yuga Labs 公司诉莱德·里普斯及其联合创始人杰里米·卡恩商标侵权案、尤文图斯足球俱乐部诉 Blockeras 公司商标侵权案以及耐克公司诉电商平台 StockX 平台案等商标侵权与不正当竞争案例成为 NFT 知识产权纠纷的典型案例。NFT 的交易还引发了对数字资产法律性质以及交易合同法律效力等问题的争议,如朱恩·弗里尔诉Dapper Labs公司案以及拉维尼亚·黛博拉·奥斯本诉Ozone网络公司等案,审理法官或是应要求对NFT产品进行证券属性的判断,或是判断NFT是否具有财产属性。本章以国内"元宇宙NFT数字藏品侵权第一案"为例,探讨了NFT数字藏品交易行为是否受信息网络传播权所控制,并对NFT平台应当承担的审查注意义务进行了剖析。作为NFT相关的首例判决,该案分析并界定了NFT、数字商品、数字藏品的内涵和外延,并肯定了NFT数字藏品在我国现有法律体系下的合法财产地位。前述案例给我国体育赛事组织者在开发NFT市场、发行数字藏品带来重要启示,同时也对体育NFT市场的规范与发展具有指导意义。

第六章

强化中国体育赛事无形资产开发法律保护的路径

法律保护强化对于中国体育赛事无形资产开发，乃至中国竞赛表演产业的发展都具有重要意义。首先，有助于维护体育赛事无形资产的知识产权。赛事名称、标志、转播权等体育赛事无形资产，都具有知识产权的属性，通过加强法律保护，可以有效地打击侵权行为，维护赛事组织的合法权益，从而为体育赛事无形资产的开发创造良好的法律环境。其次，有利于规范体育赛事无形资产的交易市场。相关法律法规的完善和执行能够为体育赛事无形资产的交易提供明确的法律依据和规范，促进交易的公开、公平和顺利进行，从而推动体育赛事无形资产的开发和利用。最后，有助于提升体育赛事无形资产的商业价值。在法律的保障下，体育赛事无形资产的拥有者可以更加放心地进行投资和开发，从而提升体育赛事的品牌价值、吸引更多的赞助商和合作伙伴，进一步推动赛事价值的开发。总而言之，强化对中国体育赛事无形资产开发的法律保护对于保护创新成果、维护市场秩序、提升国际竞争力、鼓励社会参与以及促进体育产业与其他产业的融合发展都具有重要的意义。

第一节　理顺赛事无形资产开发所涉各方主体关系

一、体育赛事无形资产开发相关主体

现阶段我国体育赛事无形资产的开发成效在很大程度上受制于所涉主体的法律风险意识以及我国相关法治保障的水平。体育赛事无形资产开发相关主体指任何能影响体育赛事无形资产开发，或被体育赛事无形资产开发结果影响的企业、协会、实体或组织、个人，包括政府、赛事开发公司、参赛俱乐部、相关媒体、赞助商、投资商、供应商、运动员、社区等。[①] 体育赛事无形资产开发关涉的诸多利益相关者构成矛盾的统一体，它们是互相依存、互相影响、互相制约的关系。体育赛事无形资产开发法治保障的关键是协调核心利益相关者与其他利益相关者之间的关系。在体育竞赛表演产业中，核心利益相关者主要包括体育赛事组织者、媒体、运动员、俱乐部和赞助商，而其他利益相关者则包括政府、观众、行业协会、周边产品制造商等。要实现法治保障的有效运作，就需要在法律法规框架下，平衡各方利益，确保体育赛事无形资产的开发顺利进行。

第一，体育赛事组织者。这类主体通常为赛事的主办方或者承办方，其作为职业赛事的运作核心，根本的责任和目标是科学地控制赛事支出，有效地降低运作成本，挖掘和创造赛事强大的市场价值和附加值。体育赛事活动主办方负责对体育赛事活动的全面组织提出

① 杨涛、羿翠霞、崔鲁祥等：《基于共生理论的中国职业足球联赛利益相关者关系研究》，载《西安体育学院学报》2020年第4期。

体育赛事活动组织方案(包括赛事活动名称、规模、竞赛规程、经费来源等),与承办方共同建立组委会等组织机制,明确举办体育赛事活动的责任分工,协同合作;承办方与协办方也结合自身优良的运作经验及赛事营销手段在体育赛事无形资产开发中发挥重要作用。

第二,媒体。媒体对体育赛事的需求是通过赛事转播、报道,提高媒体收视率或增加受众群,使媒体获得更多的广告收入。所以,媒体需要赛事具有新闻价值,具有关注度,具有良好的媒体服务、转播的基本条件等。

第三,运动员。运动员在赛场内外的形象使用权对于包括赛事运营权在内的赛事核心无形资产有重要影响。例如,中国网球公开赛赞助商会参考是否有纳达尔等知名运动员参加赛事而决定是否赞助。就运动员而言,他们通过参与赛事获得成绩和声誉,从而提升自己的商业价值。赛事无形资产的开发有助于提高运动员的知名度,增加他们的商业机会和收入。

第四,俱乐部与赞助商。从宏观经济视角来看,职业体育俱乐部是以无形资产销售为主、衍生产品为辅的特殊企业,其无形资产的开发主要有赛事转播、商业赞助、球队冠名三大方面。[①] 俱乐部参与赛事能提升俱乐部的品牌价值和知名度,通过俱乐部的粉丝和关注者对赛事的关注,增加赛事的受众基础和商业价值。赞助商可以为赛事提供大量资金,也可以通过赛事提高知名度和美誉度,塑造良好健康的形象。赞助商很看重赛事的规模、影响力、媒体曝光率等。赞助

① 邹新娴、刘雪薇、布特等:《我国职业足球俱乐部价值链困境及其重建》,载《体育与科学》2023年第2期。

商通过赞助赛事与赛事的声誉和品牌价值绑定,可以获得与赛事相关的无形资产,如广告权、冠名权等,这些无形资产有助于提升赞助商的品牌知名度和形象,从而进一步提升自身的商业价值。

第五,政府。放眼国际社会,许多大型体育赛事是由社会团体举办和管理的,赛事组织机构与政府体育管理部门在法律上并无隶属关系,而是平等的合作关系。我国体育知识产权以权利为主导,因此在其形成和开发过程中较为依赖行政和业务管理部门。而政府体育管理部门及其他相关部门承担了赛事活动的宏观调控和政策制定角色,无论是对于奥运会这样重大的国际赛事,还是对于国内地方政府主办的群众性赛事,政府仍是赛事无形资产开发的重要利益相关者,回报率关乎政府投资的成败。通过对这些无形资产的开发,可以进一步提升赛事的影响力和商业价值,从而为主办方带来更多的收益。在开发赛事无形资产的过程中,如果处理不当可能会对赛事主办政府带来负面影响。例如,如果品牌形象管理不善,可能会导致公众对赛事产生负面印象;如果商业赞助过多或不合适,可能会影响赛事的专业性和公平性。

第六,体育协会。《国务院办公厅关于加快发展体育竞赛表演产业的指导意见》中也明确规定了:“赛事相关权利归各级单项体育协会以及其他各类社会组织、企事业单位等合法办赛的赛事主办方所有。”由于职业体育赛事的曝光度与社会认知度较高,相关职业体育协会通过服务职业赛事,与赛事建立关联,从而体现出了其组织实力与服务水平,提高了团体的知名度与美誉度。职业体育协会在体育赛事无形资产开发中扮演着引领、规范、协调和支持的重要角色,为行业内赛事无形资产的优化开发提供了有力的支持和保障,主要体现在以下几个方面:(1)制定行业规范和标准。职业体育行业协会可以制定行业内赛事无形资产开发的相关规范和标准,包括赛事品牌建设、商业合作、赞助合作、媒体传播等方面的规定,从而引导和规范行业内赛事无形资产的开发和运营。(2)协调各方利益。职业体育协会可以代表行业内各方利益,维护行业整体利益和形象,在赛事无形资产开发中,职业体育行业协会可以组织行业内的赛事运营机构、赞助商、媒体机构等各方进行合作和交流,协会可以协调各方利益关系,促进合作,推动行业健康发展。目前我国体育赛事采取的不是社会组织模式,但可以借鉴国外体育组织的管理方式,包括对转播权的利用、与赞助商的合作以及无形资产的开发,使我国体育项目不仅不依赖政府和体育部门的补贴,还能充分利用自身的经济价值,实现盈亏自负。赛事组织者需要体育协会的支持和认可,以获得更多的资源和机会;而体育协会也需要赛事组织者的配合和支持,以实现本行业利益的最大化。因此,双方需要相互合作、共同发展,实现互利共赢的局面。

除此之外,还需关注体育赛事无形资产开发对周边产品制造商的影响。周边产品制造商通过与赛事方签订特许经营协议或独家授权协议合法地使用赛事无形资产,并从中获得商业利益。周边产品制造商和赛事方之间的合作关系可以为彼此带来商业上的优势和共赢,周边产品制造商借助赛事方的品牌影响力和市场号召力,开拓更广阔的市场。

以中国男子篮球职业联赛无形资产开发为例(如图6－1所示),CBA联赛委员会作为中国男子篮球职业联赛的管理机构,中国篮球协会是无形资产开发的核心利益相关者,他们负责规划和推动联赛的发展,确保无形资产的有效开发和保护。运动员是联赛的参与者和主要表演者,以其拥有的球技和广泛的粉丝基础,可以为联赛带来巨大的商业价值和文化价值,他们通过提升表现和赛事体验来增加联赛的吸引力和影响力。赞助商作为联赛的重要合作伙伴可以为联赛提供资金、物资等方面的支持,是无形资产开发的关键利益相关者,他们通过赞助和广告投放来获得品牌曝光和商业回报。盈方体育传媒(中国)有限公司(以下简称盈方中国公司)作为中篮联(北京)体育有限公司的合作方,中国篮球协会于2016年将联赛的商务运营权和办赛权移交CBA公司,由此盈方中国公司享有开展CBA联赛商业赞助、媒体版权等相关商务开发的权益。

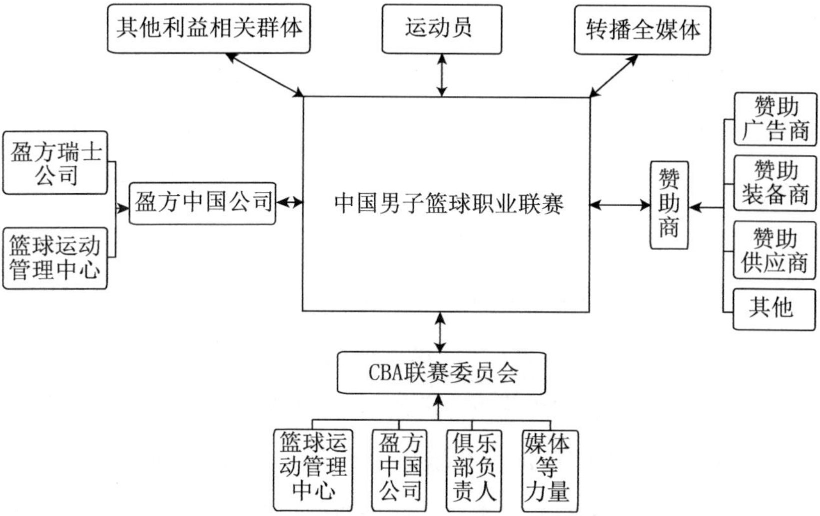

图6-1 中国男子篮球职业联赛无形资产开发利益相关者

由此可见,在法律法规的框架下,平衡各方利益,有助于实现体育赛事产业的健康发展,提高赛事无形资产的价值。因此,我国应不断完善相关法律法规体系,为体育赛事无形资产的开发提供有力法治保障。

二、体育赛事无形资产开发的主要利益冲突及其协调

1. 运动员与俱乐部、赛事组织者之间的利益冲突及其协调

在无形资产开发过程中,运动员与俱乐部、赛事组织者之间也可能存在利益冲突。如果赛事组织者过度开发赛事无形资产,可能会对运动员的利益造成损害。例如,利润分配不均的问题,在无形资产开发过程中,运动员、俱乐部和赛事组织者可能对利润的分配持有不同意见,一些赛事组织者可能会将运动员的形象用于商业广告,而未给予他们适当的报酬或授权。部分运动员认为其名气和形象对赛事的推广和商业化至关重要,因此他们应该获得更大的利润份额;而其他主体则可能认为俱乐部和赛事组织者在赛事无形资产的成功开发中发挥了更大的作用,因此他们应该获得更大的利润份额。作为权利人,运动员具有与赞助商签订产品或服务代言合同的权利,以其知名度和声誉为赞助商提供营销和推广服务。这些服务包括但不限于参与各类营销推广活动、录制产品代言广告或制作其他营销材料、参加赞助商的新闻发布会,以及授权赞助商在商品生产和其他推广材料中使用运动员的肖像、名称、签名、卡通形象等身份元素。实践中曾发生多起赛事期间运动员与赛事组织者之间的利益纠纷,有些企业绕过赛事本身,不与赛事主办方或者组织者签署合同,而是直接赞助参赛运动员或媒体。[①] 例如,在2000年悉尼奥运会期间,尽管耐克

① 陈锋:《运动员形象权使用利益之冲突与平衡—兼评〈奥林匹克宪章〉条款40的修改》,载知乎网2020年11月23日,https://zhuanlan.zhihu.com/p/307803333。

公司作为奥运会主赞助商为比赛服装提供赞助，然而阿迪达斯公司却在澳大利亚游泳队和知名运动员索普身上寻求营销突破。在游泳比赛后的颁奖典礼上，索普在穿着耐克队服的情况下使用了一条带有阿迪达斯标识的毛巾，从而误导公众认为阿迪达斯公司是官方赞助商，抢夺了观众的关注。类似的情况也出现在2021年东京奥运会男子足球决赛中，当巴西男子足球队获得奥运金牌时，队员在领奖台上将匹克体育用品有限公司赞助的官方领奖服系在腰间，导致观众主要看到上衣左胸处的耐克公司标志，损害了匹克体育用品有限公司的赞助利益。①

又如，决策权分配的问题，在无形资产开发过程中，各方可能对决策权的分配持有不同意见。一些人可能认为运动员应该拥有更大的决策权，因为他们是最接近观众和市场的群体，他们的意见和建议能够更好地反映市场需求和趋势，而其他人则可能认为俱乐部和赛事组织者应该拥有更大的决策权，因为他们更了解赛事的运营和管理，能够更好地保护赛事的利益和保障赛事的长远发展。

针对上述存在的各类冲突，急需以保护运动员的合法权益、平衡各方主体利益为宗旨建立合理的利益分配机制和知识产权保护机制。赛事无形资产开发利益分配机制应当以当事人之间的契约为依据，按照各主体在过程中的客观贡献来安排，充分体现市场的需求。自古以来，契约就是国家治理、社会管理的重要工具，在赛事无形资产开发中扮演着连接各方主体的重要角色。而当事人意思自治是契约的核心理念，它强调在契约订立和履行过程中，各方当事人享有平

① 王开广：《中国奥组委官员谈隐性奥运营销：中国队夺金时段是侵权高潮期》，载澎湃网2016年8月14日，https://www.thepaper.cn/newsDetail_forward_1513438。

等的地位和权利，可以充分表达自己的意愿。我国法律明确规定，民事活动应当遵循自愿、公平、诚实信用的原则，签订的契约应当符合法律、行政法规的规定。在赛事无形资产开发的语境中，契约是当事人实现目的的工具，保障了市场交易的公平。因此，给予赛事各方主体充分的缔约自由，自然就能从运动员与俱乐部、赛事组织者之间签订的合约及条款中较为客观地展现出各自对于商业价值的贡献。以客观贡献在肖像、声音、姓名等涉及运动员形象侵权的纠纷为例，只要是与侵权行为有因果关系的损害，都应当予以赔偿，为使受害人恢复到如同损害没有发生的状态，应当依据运动员形象在行为人全部获利中的贡献度确定数额。根据不同考量要素（商品、版权、劳动力、企业等）对获利的贡献进行公平的分割，并根据贡献大小进行分配。[①] 在这个问题上，引起各国运动员及运动员协会强烈反对的《奥林匹克宪章》第 40 条就是一个典型的例证。该宪章第 40 条规定除非经国际奥委会执行委员会许可，参加奥运会的任何运动员、教练员、训练员或官员在奥运会期间都不得将其本人、姓名、图像或运动表现用于广告目的，附则中还规定"参赛者和持证人员也不许推销任何品牌、产品或服务，不管是论坛帖子、博客、推特或其他社交网络"。在规定的近一个月"冻结期"内，运动员不能代表非奥运会的赞助商进行广告活动；对于已经将广告宣传投放到市场的情况，只有满足严格的条件才能获得继续市场推广的授权。[②] 运动员不可以为自己的

---

① 王利明：《人格权重大疑难问题研究》，法律出版社 2019 年版，第 308 页。

② International Olympic Committee, *Rule* 40 *of the Olympic Charter*: *What You Need to Know as a Participant*, Olympic, https://stillmed.olympic.org/Documents/Athletes_Information/Rule_40 – Rio_2016 – QA_for_Athletes.pdf.

个人赞助商在赛场上做宣传,他们甚至不能在社交网络上对自己的赞助商表示感谢。随着社交媒体的迅猛发展,尤其在 2012 年伦敦奥运会之后,官方赞助商和个人赞助商之间的矛盾进一步加剧,包括菲尔普斯、博尔特等运动明星都表示过对该条款的抗议。2012 年美国运动员列奥 · 曼扎诺(Leonel Manzano)在脸书上发了一张自己跑鞋的照片,结果被国际奥委会勒令删除;但美国击剑冠军、旗手扎古尼斯(Mariel Zagunis)就可以在自己的社交媒体上进行广告宣传,因为她的赞助商是奥运官方赞助商。[①] 国际奥委会试图通过对《奥林匹克宪章》第 40 条实施细则的调整来平息对第 40 条的质疑与不满,但这种方式并没有获得运动员们的认可,德国、英国运动员都曾向本国的相关机构对该条发起过挑战。第 40 条规则让他们无法在职业生涯中最重要的时期将自己的形象变现,阻碍他们实现商业价值。国际奥委会对第 40 条的修改一直试图在这一目的与尊重运动员权利之间寻求平衡,这是现阶段顺应趋势的必然结果,是市场需求与按贡献分配原则逐渐影响分配机制的体现。

此外,应当考虑我国现有法律法规、行业规范对于特殊群体利益保护的精神和原则,根据不同资产种类的特征,来进行适当的调整。以我国运动员形象权为例,运动员应该获得自己商业价值的合理回报,同时也需要尊重和保护其他主体的利益,通过合理的合作和分配机制,实现多元主体之间的互利共赢。我国运动员尤其是国家队运动员的商业价值也与赛事的举办和参与密不可分,在我国运动员商

---

① 宋雅馨:《竞争法视域下〈奥林匹克宪章〉第 40 条变迁的审思》,载《天津体育学院学报》2022 年第 5 期。

业利益分配问题上不可否认的规律就是"按劳分配""按贡献分配"，一名运动员的成长与成功和国家与集体的培养和投入密不可分。从省队到国家队，运动员必须经历层层选拔之后才有可能站在世界的舞台上。国家统一划拨专款培养运动员，耗费了大量的人力、物力、财力，这也成了国家对运动员形象经济收益主张一部分权利的主要原因。从历史上的"家长制"利益分配机制转变为最新的合同制管理办法，如今不同的运动员、不同的运动项目、不同的个案之间会根据贡献度的差异出现多元化的分配结果，但始终会体现国家在商业价值开发过程中的付出。

2020 年 11 月新闻报道 CBA 对一众球员开出"巨额"罚单，引起网民争议，根据 CBA 给各俱乐部和球员官方下发的内部文件可以看到，这些球员因为未按规定穿着联赛官方赞助品牌李宁公司的指定装备而遭到罚款。[①] 辽宁队的郭某伦受到的处罚最多，他因为 4 次违规合计被罚 115 万元。事实上，中国男子篮球职业联赛作为国内的运营成熟度走在前列的联赛，多年来，CBA 逐步形成了一套完整的市场规则，根据《球员合同》《2008—2009 赛季中国男子篮球职业联赛纪律处罚规定》《2019—2020 赛季 CBA 联赛中国男子篮球职业联赛纪律准则》等一系列文件，对运动员个人形象商业价值与俱乐部赛事商业价值开发之间进行了界限划分，但是罚款事件的发生暴露了运动员与俱乐部之间仍然存在的利益冲突，由此可见，运动员与俱乐部及联赛组织者之间的利益分配机制仍有待完善，运动员为

① 贾磊：《482 万！CBA 巨额罚单争议的背后》，载腾讯网，https://new.qq.com/omn/20201108/20201108A0B8BX00.html。

了上场参赛处于相对弱势地位,他们的利益需要更稳定的表达渠道与机制。

2. 赞助商、供应商与赛事无形资产所有权者之间的利益冲突及其协调

在前面章节提到的赞助商权益、供应商权益,特许经营权、赛事冠名权、赛事标志权、赛事运营权等都是赛事无形资产的重要组成部分,赞助商、供应商更是各种类型的赛事不可或缺的主体,随着体育产业的日益发展,其对于赛事发展更是发挥着越来越重要的作用。这类主体与赛事无形资产所有权者对于赛事无形资产的开发关注点不同,难免会产生分歧。赞助商、供应商更注重通过赛事无形资产宣传和推广自己的品牌,而赛事无形资产所有权者则更注重通过开发无形资产获得更多的经济收益。在无形资产开发过程中,双方对于各自权益的分配也可能产生分歧。赞助商认为自己投入了大量资金和资源,应该拥有更多权益,而以赛事组织者为代表的无形资产所有权者则可能会认为自己才应占主导地位,应该获得更多权益。在开发过程中,双方之间可能存在信息沟通不畅的情况。例如,赞助商可能对赛事无形资产的情况了解不足,导致其在提出开发和利用方案时缺乏针对性和实效性;而赛事无形资产所有权者也可能对赞助商的需求和期望了解不足,导致未能给对方提供权界清晰、坚实有力的赞助者权益保障。

近年来马拉松赛事的火爆吸引了众多赞助企业的加入,各类企业纷纷加入马拉松赛事赞助的队伍,食品饮料、金融、汽车、体育用品成为主力行业。通常马拉松的赞助级别分为 4 级:冠名赞助商、官方合作伙伴、官方赞助商、官方供应商。每个级别的赞助商在赛事中的

角色和权益有所不同。冠名赞助商通常是马拉松赛事的最大赞助商，其品牌名称将作为赛事名称的一部分，如"×××马拉松"。他们在赛事中享有极高的曝光度和宣传力度，包括在赛事宣传材料、比赛现场、电视转播等多个环节出现。作为回报，冠名赞助商将获得赛事组织方的全方位支持，包括品牌推广、市场开发、赛事运营等方面的资源。官方合作伙伴是赛事的重要赞助商之一，他们与赛事组织方共同推进赛事的筹备和举办，他们的品牌标识将出现在赛事相关物料和现场环境中，进一步提升品牌知名度。官方赞助商与官方供应商则是赛事的基层赞助商，尤其是官方供应商，主要为赛事提供赛事所需的各类产品和服务，其在赛事中的曝光度相对较低，但通过为赛事提供优质的产品和服务，也有机会在参赛者和观众中树立品牌形象。不同级别的赞助商在赛事中的角色和权益各有不同。赛事中，有些赞助商会有独家或者排外的准许，对其他赞助企业的某些行为会认为侵犯自己的权益。2015年"广汽丰田·2015广州马拉松赛"中，被授权方江西维世德体育文化有限公司(以下简称江西维世德)以侵权责任纠纷为由将农夫山泉股份有限公司(以下简称农夫山泉)诉至法院。承办方广州市体育竞赛中心和北京智美传媒股份有限公司、智美赛事营运管理(浙江)有限公司签订《2015—2017年广州马拉松赛市场开发和赛事运行服务合作合同书》，约定利用赛事市场开发资源(包括电视转播权、比赛印刷品广告资源、排他性营销权、视觉识别系统使用许可权、赛事冠名权、赛事指定产品授予权、赛事合作伙伴及各等级赞助商、供应商、服务商的授予权等)进行市场商业营利开发活动。此后，"智美"方面授权江西维世德赛事运营权和商业赞助权。2015年10月12日，华润怡宝饮料(中国)有限公司华南分公司(以下简称怡宝)与江西维世德签订协议,约定怡宝为赛事官方供应商和赛事赞助商,提供现金和实物赞助。怡宝的产品在2015广州马拉松赛中作为唯一指定产品,具有水和饮料的排他性。马拉松赛事期间,农夫山泉工作人员在赛道边摆放、展示其饮用水,并打出“农夫山泉为你加油”的横幅。江西维世德认为这种行为侵害了其赛事经营权和商业赞助权遂诉至法院,要求农夫山泉赔偿经济损失150万元。审理法院认为,江西维世德不能证明农夫山泉占用了江西维世德依合同取得的独占使用的广告位置资源,且农夫山泉在赛场也并未宣称其为2015广州马拉松赛的赞助商、供应商或服务商,原告的证据不足以证明宣传行为会误导社会公众认为被告与2015广州马拉松赛具有关联,故不能认定其侵犯了江西维世德的市场开发权。[①] 至于被告是否享有涉案赛事水和饮料广告宣传权益的排他使用权,法院认为,怡宝作为真正的权利人才是主张该项损害赔偿责任的适格主体。在被告能够证明其实际损害的前提之下,法院驳回了江西维世德的请求。[②]

除了商业性的群众赛事,职业联赛中也不乏赛事赞助相关的纠纷,以中国男子篮球职业联赛为例,2005年盈方中国公司与中国篮协合作,2018年11月中国篮协宣布与盈方中国公司续约,盈方中国公司作为中国篮球国家队全球市场独家合作伙伴,全权负责中国篮球国家队的全球商务推广。盈方中国公司成立后不久,就在2005年获得了CBA联赛的商务运营权,该公司与中国篮协签下“7+5形式”

① 浙江省杭州市西湖区人民法院民事判决书,(2016)浙0106民初799号。

② 赵春艳:《马拉松纠纷背后,承办方、保险公司、赞助商责任如何认定?》,载网易网2019年11月11日,https://www.163.com/dy/article/ETNEPK51051200BP.html。

的12年长约,负责CBA营销及品牌开发等。2015年9月29日,泰格豪雅公司与盈方中国公司签署了CBA联赛赞助协议,正式成为2015~2016年和2016~2017年两个赛季的CBA独家官方计时和官方腕表赞助商。盈方中国公司却在未说明原因的情况下,突然发出解约通知,单方面终止原定协议。泰格豪雅公司于2015年11月9日向北京市朝阳区人民法院提交诉状,追究盈方中国公司的相关违约责任。

我国体育商业化发展的历史并不长,对于体育赛事冠名权、体育赛事承办权、体育赛事赞助权等在学理上仍存在争议,长期只能依靠司法实践对相关个案进行自由裁量,从而经常引发"同案异判"现象。以体育赞助合同为例,2020年颁布的《民法典》、2021年修订的《广告法》及2022年修订的《体育法》均未对体育赞助的性质做出明确规定。2022年修订的《体育法》中加入了"体育产业"专章,但是《体育法》的内容主要为行政性规范,并不具有合同有名化之功能。实践中此类纠纷并不在少数,应该在既有法律语境下实现对体育赞助的规制,《民法典》第993条规定,"民事主体可以将自己的姓名、名称、肖像等许可他人使用,但是依照法律规定或者根据其性质不得许可的除外"。《民法典》第993条中的"民事主体"能够涵盖体育赛事赞助协议中运动员个人、集体和体育组织等主体。该条作为民商事领域基本法中的一般性规范,能够为体育赞助提供法律依据。通过对《民法典》"许可使用"规则进行体系解释,可以将赞助商的主要权利法定化,实现法权体系的融贯。实践中在签订赛事运营权和商业赞助权的合同时,当事方应明确排他性权益条款的范围和内容,以避免后续的法律风险。既有民事法律体系细化条款是对当事人利益最大的保障,唯有规则能够落地,才可确保授权方享有排他性权益,免遭他人侵犯。赛事赞助商的合法权益得到充分的尊重和维护是保障市场秩序和公平竞争,实现赛事经济的可持续发展的前提。此外,在赛事无形资产开发的过程中,周边产品制造商与体育赛事组织者也建立起了合作关系,共同推动赛事无形资产的开发和传播。作为重要的主体之一,周边产品制造商与赛事特许经营权的价值实现有密切联系,相关协议也应当就权利边界做出明确约定。

3. 赛事组织者与媒体之间的利益冲突及其协调

在上海宽娱数码科技有限公司等与中篮联(北京)体育有限公司(以下简称中篮联公司)不正当竞争纠纷中,中国篮协是 CBA 联赛所有权利的拥有者,包括但不限于各种赛事权利、知识产权、市场开发和商业推广权利等。中国篮球协会自 2017 年 6 月 30 日起,授权中篮联公司(2017 年,中国篮协已经与 20 家 CBA 俱乐部联合成立中篮联公司)独家开发、推广和经营 CBA 联赛的商业权利,其中包括在全球范围内独家享有 CBA 联赛全部赛事的知识产权的使用及许可第三方再使用的权利。该权利的首次授权期为 10 年,自 2017 年 6 月 30 日至 2026 ~ 2027 年赛季 CBA 联赛结束之日。CBA 联赛及赛事节目本身即具有较高知名度,2021 年 4 月 22 日国家版权局亦将 CBA 联赛赛事节目列入《2021 年第五批重点作品版权保护预警名单》。哔哩哔哩网站通过信息网络以点播的形式向公众提供了 2019 ~ 2020 年赛季 CBA 联赛赛事视频(以下简称涉案 CBA 视频)的在线播放服务。2019 ~ 2020 年赛季,CBA 授权的新媒体赛事版权合作伙伴共有三家,分别是咪咕、腾讯、优酷,哔哩哔哩网站并不在其中。哔哩哔哩网站曾是 CBA 联赛上海篮球队的冠名商,也曾在 2017 ~ 2018 年和 2018 ~ 2019 年两个赛季与中篮联公司签署《CBA

联赛比赛视频授权协议》,原告认为被告哔哩哔哩网站通过设立特定的 CBA 频道、专区来使观众产生混淆,且该行为发生于前一个赛季刚结束之时,易使相关公众误认为被告与中篮联公司存在合作关系或认为其仍为 CBA 官方播放网站,在此情况下,哔哩哔哩网站盗播了 2019 ~ 2020 年赛季的涉案 CBA 视频,具备侵权的主观故意,属于严重违反诚实信用原则,已构成《反不正当竞争法》第 6 条所指的混淆行为,于是原告中篮联公司将哔哩哔哩网站的经营者上海幻电信息科技有限公司、上海宽娱数码科技有限公司诉至法院,索赔 4. 06 亿元。①

网络技术进步,在线直播成为很多人观看体育赛事的方式。每逢大赛,网络上就会跳出大量比赛集锦、直播回放。随着体育赛事所能带来的经济价值逐步上升,加之体育赛事网络传播的门槛低、维权难,导致近年来我国赛事组织者及其授权方与各类媒体之间的利益冲突频现。《国民经济和社会发展第十四个五年规划和 2035 年远景目标纲要》中指出,要严格执行知识产权保护制度,并加快在新领域和新业态中建立健全知识产权法律法规。针对赛事组织者与媒体之间的利益纷争,司法部门应建立完善赛事节目版权性质的判定标准,合理分配侵权行为的举证责任,并对体育赛事直播侵权行为采取严厉的判罚措施。更重要的是,面对体育赛事直播盗播问题的治理难题,还需各方共同努力,实施多维度策略。

体育赛事的普及已经成为一种重要的经济资源,这推动了职业体育经济的迅猛发展,现在赛事经济严重依赖广播、赞助和商品销售

---

① 北京市高级人民法院民事裁定书,(2022)京民辖终 71 号。

产生的收入。综言之,处理体育赛事无形资产应当始终站在核心利益相关者(举办地政府、所有权人、主办政府和赞助者)的角度,以实现体育赛事的良好运行和自我持续发展为首要目标。遵循全面性原则与共同参与原则。全面性原则要求体育赛事无形资产的开发者应该充分分析和考虑各个利益相关者的利益诉求,不可忽视任何关联主体的利益。在满足核心利益相关者利益的前提下,协调和满足蛰伏利益相关者和边缘利益相关者的利益诉求。共同参与原则是希望通过这种方式弱化利益相关者之间的利益冲突。体育赛事无形资产利益相关者的构建,要求赛事组织者以构建各利益相关者共同参与赛事运作和管理的机制为重要任务。在体育赛事组织方面,赛事运营机构需要采取各种措施保护赞助商的合法权益,同时协调运动员、教练员、志愿者、工作人员等多元主体之间的利益冲突,确保赛事商业价值的最大化实现。例如,通过合同的细化确保体育赛事组织者与运动员、俱乐部之间的合作关系,明确各方的权利和义务,规范赛事组织、运动员选拔和培训、赛事转播等方面的权益分配。需要注意的是,鉴于合同只约束当事人的局限性,法律应该进一步保护权利人的利益免遭第三方的侵害。政府在体育赛事无形资产开发中也承担了多种的角色,包括制定相关政策,鼓励企业投资体育赛事无形资产,加强对赛事周边产品市场的监管,防止侵权行为,推动体育赛事与当地文化产业、旅游业等融合发展等。同时,政府还通过出台明确的规则引导,如陕西省、浙江省政府等为确保陕西全运会、杭州亚运会赛事的无形资产开发都出台了专门针对性的知识产权规定并配套以市场监督执法机构的专项检查监督行动,以此保障权利人对于赛事无形资产价值的享有。

第二节　完善体育赛事无形资产开发相关法律法规体系

一、细化体育赛事转播权的保护规则

我国互联网体育产业自2016年起进入了爆发式状态，各大互联网巨头公司纷纷将大量资产投入体育产业。2015年体奥动力以80亿元拿下中超赛事转播权，2020年腾讯公司更是以5年超过15亿美元的金额和NBA达成转播权续约协议。体育赛事转播权已经成为赛事无形资产中最受各方主体市场关注的权益，而我国历年来已经出现诸多赛事盗播的纠纷，《体育法》的修订也给予了该问题充分的关注，故此细化体育赛事转播权的保护规则成为当务之急。

在欧美等体育产业发达国家，体育赛事更多是由职业体育俱乐部、职业体育行会或联盟组织筹办。根据欧盟委员会的相关规定，俱乐部不仅要提供体育设施，还要花费巨额的经费训练运动员和聘请教练，为比赛投入了很大财力和精力，应当成为体育赛事转播权的首先权利所有者；①法国《体育法典》第L331－1条为体育赛事组织者创设了一项“赛事开发权”，其中就包括了体育赛事视听权利，但未就相关的权利内容做出细分，②无论具体规定如何，普遍来说，各国都承

---

① 李陶：《体育赛事举办者转播权的私法保护》，载《清华法学》2020年第5期。

② 张惠彬、肖启贤：《新〈体育法〉下体育赛事视听信息权的规范构造与完善路径》，载《上海体育学院学报》2023年第10期。

认了体育赛事转播权是对比赛巨大投入的相应回报，因此广泛意义上的对体育赛事有所投入的组织者毋庸置疑是体育赛事转播权的权利主体。体育赛事相关的著作权、赛事转播权等属于体育无形资产中的重要部分，但是体育赛事画面等是否能受到法律保护、有关的权利主体是谁等问题长期以来饱受争议。大型体育赛事如奥运会、亚运会通常通过章程规定或者合同约定体育赛事转播画面的所有权利归属于赛事组织者。对于赛事组织者和运营者来说，如果花费高昂代价获得的体育赛事转播权被他人盗用，则将造成权利人的巨额经济损失。

我国目前主要从《著作权法》《反不当竞争法》《体育法》以及与体育赛事转播相关的行政法规这几个角度对体育赛事转播权进行调整，关于体育赛事转播权的既有法律规则仍存在不明确的突出问题。近年来在我国产生的体育赛事转播纠纷中，体育赛事直播画面是否具有独创性、是否属于“作品”、能否被定义为“视听作品”等问题在法律适用环节常引发争议。新浪诉凤凰网案中对此体现得很充分，[①]该案一审法院认为其构成作品受《著作权法》保护，到二审法院改判认为不构成作品，理由是不符合固定性要件且未达到独创性高度，直到2020年再审判决中，北京市高级人民法院通过文义解释和体系解释进一步明确了独创性判断标准，即“对于作品的独创性判断，只能定性之有无，而无法定量其独创性之高低”，认为邻接权不涉及权利人任何对作品表达层面的个性选择和安排，因此具有一定程度智力

① 北京市朝阳区人民法院民事判决书，(2014)朝民(知)初字第40334号。

创作和选择安排的体育赛事转播画面应当被认定为类电作品。[①] 针对体育赛事转播画面,带有一定的主观色彩的独创性高低判断并不适合作为其作品认定的标准,独创性的有无作为严格意义上的法律概念更有利于赛事转播权的保护。《著作权法》的第三次修改提出"视听作品"的概念,这为体育赛事转播画面的作品认定提供了空间。

除知识产权法相关制度以外,2023 年正式开始实施的《体育法》第四章"竞技体育"第 52 条规定:"在中国境内举办的体育赛事,其名称、徽记、旗帜及吉祥物等标志按照国家有关规定予以保护。未经体育赛事活动组织者等相关权利人许可,不得以营利为目的采集或者传播体育赛事活动现场图片、音视频等信息。"该条明确了体育赛事涉及的名称、徽记、旗帜、吉祥物等标志以及体育赛事活动图片、音视频均受法律保护。《体育法》第 52 条的规定虽然没有直接使用"转播权"的概念,但避免了新增权利概念界定的困难,且新规定也比传统转播权的概念更加宽泛,不仅包括以营利为目的采集或者传播体育赛事活动现场音视频,还包括以营利为目的采集或者传播图片等信息,更有针对性地囊括了赛事组织者的权利,制止以营利为目的的摄制、盗录、盗播行为。《体育法》第 52 条的规定需要"并轨"于《民法典》的规则体系内才能落到实践中。《体育法》第十一章"法律责任"第 119 条规定,违反本法规定,造成财产损失或者其他损害的,依法承担民事责任。该规定在一定程度上将体育法与民法规范体系连接,使侵权行为的规则能够援引民法的相关规定。在民法体系中,

---

① 北京知识产权法院民事判决书,(2015)京知民终字第 1818 号。

《民法典》侵权责任编第1164条规定,本编调整因侵害民事权益产生的民事关系;第1167条规定,侵权行为危及他人人身、财产安全的,被侵权人有权请求侵权人承担停止侵害、排除妨碍、消除危险等侵权责任;第1184条规定,侵害他人财产的,财产损失按照损失发生时的市场价格或者其他合理方式计算。以上条款均可在司法实践过程中为体育赛事转播权提供借鉴和应用。

《体育法》第52条第2款在法条表述上并没有采用典型的权利式表述,而是通过禁止性规定,即限定他人不得为之的行为来加以规范。该条款虽然在为体育赛事组织者提供保护的道路上前进了一大步,但是仍然存在过于原则性的问题,非赋权式的立法表达形式固然避开了与既有规则的冲突,但也会给条款的具体适用带来一些障碍。在司法裁判时,由于《体育法》第52条并未正面"赋权",未对权利的规范做出明确的界定,法官作为法律适用者则须先对条文的内容做出合理的判断和解释,然后才能援引。为了避免不同的裁判者对于该条内容的理解出现偏差而导致裁判标准不一致问题,针对《体育法》第52条第2款的规定应该出台统一的司法解释,充分考量《著作权法》所提供的保护基础,对权利的范围做出明晰的解释,尤其是对"以营利为目的"的限定,实践中非以营利为目的的盗播行为也会给权利人造成损害,简单地以是否具备营利目的作为"一刀切"的标准欠严谨,需要在后续司法解释中予以说明。

二、明确赛事数据相关的确权制度

近年来,我国数字经济蓬勃发展,随着体育产业数字化进程的不断加快,相关数据的重要性也逐渐得到认识。① 数据确权与保护不但是国际社会,也是我国中央及地方政府发展数字经济过程中需要探索和解决的重点问题。体育赛事组织者与数据服务商之间合作开发赛事数据的实践已经普遍存在,中国足球协会、篮球协会等都有自己合作的数据服务公司。然而,相应的体育赛事数据侵权纠纷也随之而来,如 CBA 官方数据服务提供商贝泰科技公司诉纳纳公司、苏宁体育文化传媒公司、上海聚力传媒技术公司利用网络爬虫技术复制 CBA 联赛数据,并通过雷速体育 App 向观众提供赛事实时数据,从中获取不当商业利益而引发的数据权益纠纷,法院认为 CBA 的官方数据服务供应商投入大量的资源获取 CBA 实时数据,被告通过数据抓取手段获取了数据服务供应商的体育赛事数据,损害了原告的权益和公共利益,构成不正当竞争。② 事实上,《反不正当竞争法》并不能为赛事数据提供全方位的保护,该法适用有明显的门槛,涉案主体必须是"市场经营者",但实践中涉及的部分主体并不具备该法规定的"经营者"资格。此类案例也揭示了体育赛事数据立法的缺位给司法裁判带来的困境。

在 2022 年《体育法》修订之后,诸多学者根据第 52 条第 2 款的规定将赛事的数据财产权与《民法典》第 127 条连接,将《民法典》第 127 条规定的"法律对数据、网络虚拟财产的保护有规定的,依照其

① 部分省市地方也出台了数字体育相关的文件,如《省体育局关于印发〈江苏体育信息化发展"十四五"规划〉的通知》《省体育局关于印发江苏体育信息化发展"十四五"规划的通知》等。

② 张雅婷:《"中国体育赛事转播著作权第一案"的新浪诉凤凰网侵权案日前迎来最新判决:凤凰网侵权转播败诉》,载中国知识产权资讯网 2020 年 9 月 28 日,https://www.iprchn.com/cipnews/news_centent.aspx? newsld = 136352。

规定”作为赛事数据的基础性规范,并以此来论证体育赛事转播信息作为数据进行保护的法律基础。然而,除体育赛事活动现场图片、音视频之外,赛事的筹备与举办过程中还有其他类型的数据亟待明确。综观我国体育产业发展的新趋势,立足于数字体育时代发展背景,赛事数据的保护理应提上日程。目前,赛事数据的归属主要通过数据持有者与组织或个人之间的协议、合同或体育行业的自治性规划来实现。这种方式虽然是当事人意思自治的充分体现,但是也需要建立在法律对于数据资源持有权、加工使用权与产品经营权规定的基础上。所以我国急需综合考虑赛事数据的收集、存储、使用和交易等方面的场景特殊性,在规范层面明确赛事数据资产的权属与权利范围,即确定哪些数据资产归属于体育赛事组织者、运动员个人、俱乐部以及数据服务商。对于不属于公共领域的体育赛事数据资产,特别应注意数据的用途、使用期限、使用方式、数据共享和传播的限制,制定合理的使用条款,以保护权利人的利益。

三、完善体育赛事特殊标志保护规则

1. 规范赛事名称,鼓励赛事冠名权开发

完善各类体育赛事名称的使用规则对于规范体育赛事无形资产开发市场秩序具有重要意义,既可以明确赛事举办主体的地位,又可以避免隐性营销行为的发生,保护赛事举办主体的合法权益。以深圳市为例,为落实我国《体育赛事活动管理办法》第 11 条对于体育赛事活动名称限制的规定,深圳市文化广电旅游体育局在其发布的《深圳市体育赛事市场化办赛申报指南和审核指引(试行)》第 10 条中对赛事名称做出了进一步具体的要求。该条内容结合地方赛事的特点对相关赛事的主办方、承办方行政级别提出了要求，禁止使用可能产生误解与构成欺骗的赛事名称。① 这种地方性立法丰富了我国体育赛事活动管理规则体系，作为配套的法律法规，为赛事名称无形资产市场开发提供了重要借鉴，值得我国各级地方相关部门学习。为探索开发赛事的无形资产，充分发挥赛事名称对各类赛事品牌建设的推动力，体育行政管理部门应引导更多社会资金流向体育赛事市场，允许社会运营主体开展赛事名称特许经营，且赛事政策服务主体要为社会运营主体制定赛事名称开发提供科学指导方案，推动赛事名称无形资产效益最大化。②

2. 修订《特殊标志保护条例》以适应新需求

我国《特殊标志保护条例》颁布于 1996 年，相对于当下的体育赛事标志侵权与保护实践而言，已显陈旧过时，暴露出诸多不足之处。其一，《特殊标志保护条例》属于行政法规的范畴，根据我国《立法

① 《深圳市体育赛事市场化办赛申报指南和审核指引(试行)》第 10 条“【创办赛事】属于创办新赛事的，应当根据赛事级别取得有权组织的授权，同时，赛事名称应当符合以下规则：(一)应与其级别和规模相符：未经相应的国际体育组织确认的体育赛事名称不得冠以‘世界’、‘亚洲’字样或具有类似含义的词汇；未经体育总局相关部门或国家级单项体育协会确认的体育赛事活动不得冠以‘国际’、‘中国’、‘全国’、‘国家’、‘中华’字样或具有类似含义的词汇；未经市、区体育行政部门确认的体育赛事不得冠以‘深圳’、‘全市’以及含各区名称字样或具有类似含义的词汇。(二)以‘粤港澳大湾区’名义举办体育赛事，原则上应当有县级以上政府或体育行政部门作为赛事的主办或承办单位。其中县级政府或体育行政部门作为主办或承办单位的，要事前报市大湾区办备案；市政府或市体育行政部门作为主办或承办单位的，要事前报省大湾区办备案。省、市大湾区办另有规定的，从其规定。以‘粤港澳大湾区(深圳)’或类似名义举办体育赛事的，只需事前报市大湾区办备案。市级体育社会组织作为主办、承办单位的，可以在取得市体育行政部门同意后，参照前述规定执行。(三)赛事名称应当体现行业性质或者项目内容。(四)赛事名称不得与他人举办的活动名称相同。(五)赛事名称不得含有可能造成欺骗或者误解的词汇”。

② 隋晓燕：《我国体育产业治理模式及优选策略研究》，载《北京体育大学学报》2018 年第 2 期。

法》的规定,行政法规无法创设一项法律权利。其二,该条例规定的受保护的标志范围较窄,要求产生特殊标志的公益活动须为经国务院批准举办的公益活动,且须达到全国性和国际性活动的级别,这一门槛将大多数的群众性、商业性赛事活动排除在外,所能保护的对象范围非常有限。其三,特殊标志仅限于对名称及缩写、会徽、吉祥物等客体进行保护,并未对会旗、口号、会歌等赛事活动中常用的标志类型提供保护,这与我国现阶段体育赛事标志侵权事实与赛事活动相关权利人的保护需求并不匹配。其四,该条例中特殊标志的登记程序对于标志的实质性审查也是不够的,根据既有规定,目前的登记程序仅仅审查是否违反禁止性规定,对于是否侵犯在先权利等问题并未关照,也没有设置异议程序。可以说,现有的这种特殊标志登记程序对于体育赛事的标志保护和价值实现并未真正起到实证性的"过滤"作用,缓解权利冲突现象的效果并不明显。其五,该条例对打"擦边球"的隐性营销行为也未涉及,难以应对复杂的侵权形式。由此可见,该条例对体育赛事标志保护的实体法与程序法规定还不全面,因此需要结合现阶段我国赛事无形资产开发的现状与需求进行修订。①

针对我国既有法律法规体系对于体育赛事标志所提供保护中存在的问题,建议:第一,拓宽对于体育赛事标志保护的对象范围与形式,不应再局限于对于赛事级别的要求,去掉"国务院批准"等门槛,同时可将其扩大为名称、符号、术语、缩写、标志、印章、徽章、吉祥物、

① 李玲娟、王璞:《我国特殊标志保护的法律问题研究》,载《湖南大学学报(社会科学版)》2022 年第 2 期。

奖章等,更好地满足实践中公益组织多种形式的宣传需要。第二,扩大使用标志的禁止性行为范围,我国修订了《奥林匹克标志保护条例》,第 6 条规定"利用与奥林匹克运动有关的元素开展活动,足以引人误认为与奥林匹克标志权利人之间有赞助或者其他支持关系,构成不正当竞争行为的,依照《中华人民共和国反不正当竞争法》处理",有效打击了奥林匹克标志的伏击营销行为,但是这仅仅是针对奥林匹克标志,并不能延及其他的体育赛事活动标志。《国家体育总局合同管理办法》第 38 条也规定"不得以有可能引起社会公众认知混淆的方式使用无形资产,不得使用与所授权的无形资产相同或近似的产品,不得损害总局、合同授权方和其他第三方合法权益",但是这个文件也仅约束"总局、直属单位、协会订立和履行除劳动人事关系之外合同的行为"。总而言之,这些规定都表明了对于赛事无形资产隐性营销行为给予的关注,但既有规范不足以保护体育赛事的标志,故《特殊标志保护条例》也应做出相应的修改,把制造混淆的行为也列入禁止的范围。第三,完善标志登记的实质与形式审查,设置异议程序,为未能符合《商标法》要求注册为商标的体育赛事标志提供一般性的兜底保障。

第三节　提升体育赛事无形资产开发的司法和执法质效

《"十四五"国家知识产权保护和运用规划》中明确提出要"加强知识产权全链条保护,统筹推进知识产权审查授权、行政执法、司法保护、仲裁调解、行业自律、公民诚信等工作,构建严保护、大保护、快保护、同保护的工作格局,全面提升保护能力,着力营造公平竞争的市场环境”。从该内容的表述可见促进行政执法标准和司法裁判标准的统一,形成有机衔接、优势互补的运行机制是从整体上提高知识产权保护质效的重要手段。除了立法,我国在体育知识产权执法、司法与法律服务等层面还存在很大的提升空间。以《奥林匹克标志保护条例》为例,虽然专门增加了打击隐性营销行为的条款,但在冬奥会期间取得的知识产权侵权防治效果仍要依靠全国各地市场监督执法机构、法院在行政执法及司法等层面去实际性地打击隐性营销。此外,体育赛事盗播行为直接影响到很多知识产权主体的利益,由于技术的发展日新月异,盗播的花样也就不断翻新,执法难度很大。

一、统一裁判标准,充分发挥典型案例的指导功能

在体育赛事无形资产开发领域,类案不同判的典型出现在争议颇多的赛事转播权纠纷领域,前文已梳理表格进行说明。从表2-2可见,我国法院法官20多年对于体育赛事转播权的法律性质认识存在较大差异,致使出现了多起类案不同判现象。究其本质,在体育赛事转播权领域之所以出现法官意见的不一致,是因为同时存在两种需要保护的法益,但两种法益又分属于矛盾的当事双方。2017年上海市浦东新区人民法院审理的央视国际网络有限公司诉上海聚力传媒技术有限公司著作权侵权及不正当竞争纠纷案认定2016欧洲足球锦标赛赛事直播节目属于文学艺术领域的“独创性的表达”,且具有可复制性,构成类电影作品;而2015年上海市闵行区人民法院在审理央视国际网络有限公司与上海悦体信息技术有限公司侵害作品信息网络传播权纠纷案时却认为摄制、导播、解说者不能控制比赛的

进程,对拍摄的机位位置、拍摄的内容、镜头的选择、解说内容、编导参与等能按其意志做出选择和表达非常有限,拍摄体育赛事节目的独创性,尚不足以达到《著作权法》规定的以类似摄制电影的方法创作的作品的程度,不能构成作品。这种类案不同判的背后,一方面,是央视国际网络有限公司对于赛事直播节目付出了人力物力财力,获得了独家授权,法律应当保护其对于所制作节目的财产性权益;另一方面,体育活动本身就具有公益性质,公众对于体育赛事的情况具有言论自由的基本权利。当这两种需要保护的法益分属对立的双方时,不同的法官在心里产生了不同的裁量结果。

针对法律适用过程中的棘手难题,一方面,我国通过修订《著作权法》与《体育法》为法官适用法律提供明确依据;另一方面,还需要最高人民法院出台指导性案例或者典型案例,实现类似案件裁判保持相对一致的司法逻辑和价值取向。例如,2023 年最高人民法院发布了"涉体育纠纷民事典型案例",8 个案件中的 2 个都涉及体育赛事无形资产的开发与保护:一是侵害赛事组委会特殊标志专有权应承担赔偿责任——亚组委与某置业公司、某科技公司侵害特殊标志专有权及不正当竞争纠纷案;二是体育赛事转播应获得合法授权——某数码公司与某科技公司等不正当竞争纠纷行为保全案。[①] 虽然这种"典型案例"理论上对于法官裁判实践没有任何强制拘束力,但实际上对于法官的决断还是有着深刻的影响,值得被用来作为统一业界共识的工具。此外,类案不同判情形的发生经常与法官裁

① 人民法院新闻传媒总社:《最高法首次发布涉体育纠纷民事典型案例》,载中华人民共和国最高人民法院 2023 年 6 月 21 日,https://www.court.gov.cn/zixun/xiangqing/404182.html。

量权行使不规范相关，针对审判实践中的这类现象，2021 年印发的《最高人民法院统一法律适用工作实施办法》从统一法律适用角度重申了案件办理、制定司法解释、发布案例的基本要求，确保司法解释和案例的规范指引作用充分发挥。由此可见，我国法院及相关部门应该加强联合协作，总结经验，发布具有代表性的案例并出台司法解释，统一司法裁判标准，以此优化司法程序，提高司法审判效率，为体育赛事无形资产的保护提供更加明确的依据。①

二、提升赛事知识产权行政执法保护力度

赛事知识产权是体育赛事无形资产开发的重中之重，行政执法对赛事知识产权侵权的救济具有高效和快捷的优势，可以短期内处理侵权问题。正是因为体育赛事背后有各种各类蕴含着较大商业价值的无形资产，使针对体育行业的侵权行为屡禁不止。例如，奥运会标志、奥运吉祥物等，尽管我国政府已经采取严厉举措，依法查处奥运侵权行为，但是每届奥运会举办时仍有不法分子售卖盗版奥运周边产品或者实施其他侵害奥林匹克财产的行为。回顾我国处理这类行为的历史发现，主要还是依靠行政保护手段来实现高效的回应，在取得了卓著成果的同时还存在进一步完善的空间。我国目前应从行政执法力度与方式、执法队伍力量建设以及执法流程的规范化等多个方面着手实现对赛事知识产权行政保护力度的提升。

首先，行政执法力度与方式维度、处罚力度直接决定了行政执法

① 赵鑫：《类案不同判"解方"来了|思与辨》，载深圳门户网 2021 年 12 月 7 日，https://www.dutenews.com/n/article/6356560。

的威慑力，而执法方式则决定了治理的效果。行政执法可以选择更"柔"性的措施，而不再拘泥于传统的"刚"性方式，如对隐性营销行为可采用公示、异议、反馈、惩戒等规制方式。[①] 而在处罚力度方面，如果处罚较轻，那么对于侵权行为的遏制效果就会有限；反之，如果处罚较重，那么对于侵权行为的遏制效果就会大大增强。我国目前针对赛事知识产权侵权行为做出明确处罚规定的细则很少，执法部门应进一步明确侵权行为的界定、证据采集和处罚标准，实现行政保护与司法保护之间的有机衔接，提高侵权成本，对侵权行为进行严厉打击。

其次，执法力量建设维度、行政执法人员的素质和能力，直接影响行政执法的质量和效果，也是提升赛事知识产权行政执法力度的重要途径。进一步提高行政执法人员的素质和能力，需要加强培训和教育，一方面，针对赛事知识产权行政执法的特点，制定专门的培训课程，使执法人员掌握知识产权法律法规、国际公约以及相关案例。另一方面，还要加强跨部门、跨领域的合作与交流，提升执法人员的综合素养和应对复杂问题的能力。就大型体育赛事的知识产权保护而言，执法的主体如各级知识产权局、市场监管部门、法院和赛事亚组委等负责赛事知识产权保护的主要机构。他们之间的协调配合程度，以及各自的执法能力和效率，都会影响行政执法的力度。为了提高执法效率，我国应进一步推动建立跨部门联合执法机制，同时，加强与地方政府的沟通与协作，实现上下级执法部门的信息共

① 欧兴荣：《专家：体育知识产权保护的立法有空间　执法应规范》，载人民体育，http://sports.people.com.cn/n1/2020/0724/c14820-31796554.html。

享、资源互补，确保执法工作的顺畅进行。

最后，执法流程的规范化维度，执法流程的合法、规范是治理能力与治理水平现代化的重要体现。新修订的《体育法》也对体育领域的执法工作给予了高度重视，在我国立法规范体系日益完善的基础上，下一步应当明晰行政机关与司法机关的职责权限和管辖范围，健全知识产权行政保护与司法保护衔接机制，形成保护合力，强化对于体育赛事知识产权的行政保护能力，应进一步提高执法效能，推动知识产权行政执法标准化、流程化、体系化。除此之外，在赛事知识产权保护执法过程中应注重科技手段在行政执法中的应用。利用大数据、人工智能等技术手段，提高执法部门对赛事知识产权侵权行为的监测、预警和打击能力。通过科技手段，实现对侵权行为的快速识别、精准打击，提升执法效果。

除上述的立法、司法、执法领域的进一步完善以外，在法律服务方面亦需投入更多的资源，一是持续强化对赛事知识产权开发与保护的宣传与理论研究，二是应采取多元措施提高社会公众对于赛事知识产权法律保护的认知。由于社会上还有很多观点认为体育只是一般的娱乐活动，对它在知识产权保护方面的认知存在不足，所以需要加大普法宣传，形成社会组织、广大公民共同自觉守法和保护体育赛事知识产权的良好局面。

第四节　将体育赛事无形资产资源交易纳入法治轨道

我国对于体育赛事无形资产的评估起步很晚，至今都没有一个标准的评估体系,公开交易市场并不活跃,很难找到指标和参数都类似的可比对象。如前文表 2 – 1 所示,我国多地已经建立起体育无形资产资源的交易平台,有的是受体育部门的支持建立了独立的交易平台,有的是挂靠于已有的资源交易平台成为其中的子栏目开展业务。随着体育竞赛表演产业的全面复苏,我国下一步应将赛事举办权、赛事权益招商、国家队招商、场馆经营权、冠名权、网络电视转播权等项目资源统一纳入国家体育产业资源交易平台进行公开交易,分批次、有重点地逐步推进体育赛事资源市场化配置。[①]

一、促进体育赛事优质资源进场交易

以上海市体育资源交易平台的发展情况为例,2015 年上海联合产权交易所体育资源交易中心开始开展体育赛事承办权、赛事转播权等业务,经过 8 年多的发展,体育赛事无形资产资源仍然处于起步阶段,一方面,缺少优质的体育赛事资源进场,导致现有标的对市场吸引力不大,没有形成完善的产品体系;另一方面,体育赛事无形资产的价值评估工作仍然发展缓慢,《体育无形资产评估指导意见》于 2022 年才开始正式实施,加之疫情对于竞赛表演业打击很大,体育赛事无形资产的价值评估业务并未广泛开展。优质的赛事无形资产资源根据赛事组织者的身份差异也有所区分,一类是商业性、群众性体育赛事,这类赛事按照经典公共产品理论属于准公共体育产品,公共体育产品应当充分市场化,进入赛事资源交易平台是市场化配置

① 黄海燕、康露:《新时代体育产业高质量发展的理论逻辑与实施路径》,载《体育科学》2022 年第 1 期。

资源的有效方式;另一类是政府主办的赛事,对于这类赛事无形资产的开发应进一步规范进场渠道和交易范围。在此基础之上,相关管理部门应当编制并公布必须进场交易的涉及公共资源的赛事无形资产清单(例如,规定由政府投资和使用国有资金、公共性资金组织/运营以及由国有企事业单位及社会团体组织或者运营的赛事无形资产资源),要求清单上的赛事无形资产必须进入交易平台采取招拍挂或其他竞争性方式进行市场化配置。2019 年出台的《体育总局将体育无形资产纳入公共资源交易平台进行公开规范交易的通知》虽然提出“应进必进”“平台外无交易”的目标,但长期以来一直未得到贯彻落实。“平台外无交易”要求的是符合特定范围的无形资产必须进入平台,通过平台制定的交易规则与机制来实现流通。在实际情况中,如果出现特殊难以避免的情况,如不可抗力因素或特殊交易情形,如紧急情况下的资产临时调剂等,可经过相关部门申请例外处理,但此类例外必须经过审核程序,必须在特定情况、特定时间、特定目的的前提下得到许可才能进行。此外,也需要注意,例外处理只能是特殊情况下的应急措施,并不是常态,不能被滥用。这样的做法可以避免交易的不公平、不透明和不规范,有利于维护市场秩序,并推动体育产业的发展。“应进必进”“平台外无交易”的目标需要落实的抓手、实施的细则和配套的手段,其中的关键是要先界定清楚“应进”的标准、平台外产生的交易是否会导致相关的负责人承担法律后果等基本问题。唯有出台操作细则并在其中规定清晰的责任机制才能真正督促相关主体落实优质资源进场交易的政策。

二、规划建设全国统一体育赛事资源交易平台

通过前文对于我国各地区的体育资源交易平台发展概况的梳理,不难发现分散式的平台设置不利于体育赛事资源在全国范围内流动。只有引导赛事无形资产进入平台进行交易才能发挥统一平台的汇聚功能。我国体育产权市场地理分割现象突出,各个体育资源交易平台之间信息难以共享。从前文表2-1可以看出,平台主要挂靠在当地的体育行政部门。各平台的体育产权交易平台之间尚未形成通畅的信息共享机制,各地的平台都主要服务所在地区的体育局和运动项目协会。例如,体育产业资源交易服务平台(华奥星空)地点在北京,主要与国家体育总局、运动项目中心和协会合作;江苏省体育产业资源交易平台地点在南京,主要与江苏省体育局合作;山东体育产业资源交易平台地点在济南,主要与山东省体育局合作。各个平台主要依托所在地区的体育行政部门,体育资源有限,各个平台之间又缺乏有效的合作,平台辐射范围不大,我国体育产权市场存在较为严重的行政垄断和市场分割。统一大市场的构建离不开要素市场化的配置,而体育赛事资源统一市场的建设则离不开赛事无形资产统一进场交易,因此我国的体育赛事资源交易平台建设应朝着全国统一平台的建设方向发展,出台激励性的规定,引导体育管理部门将优质体育资源推向交易平台,盘活现有体育资源存量,激活交易平台活力。针对当前体育资源交易平台存在的困境,制定和完善与体育赛事无形资产交易相关的政策法规,明确交易双方的权益和责任,规范交易行为,保障交易的公平、公正和公开。

三、进一步完善体育赛事无形资产评估与监管体系

体育赛事无形资产评估有助于体育赛事无形资产的辨识及价值衡量,能助力体育产业提升附加值和延伸价值链,助力体育产业构建规范有序的市场体系,对满足我国体育市场发展需要、推动体育产业实现高质量发展具有重要的现实意义。只有完善的体育赛事无形资产评估体系才能为交易提供价值参考,因此有必要发展赛事品牌、赛事版权、赛事赞助等无形资产评估服务业务。通过发布激励性的政策鼓励专业化的评估人员加入赛事无形资产评估的队伍中,强化学术界对赛事无形资产评估问题的研究和探讨,扶持并认定一批有资质的专业评估机构,建构赛事无形资产评估案例信息数据库。总而言之,建设体育赛事无形资产交易平台的最终目标是通过市场机制实现体育赛事无形资产资源的优化配置,构建公平、公正和透明的体育资源价格体系、交易体系和分配体系,培育和壮大体育赛事。实现这个目标首先要强化体育赛事资源交易平台的信息披露规则,进一步将交易信息透明化,确保交易双方能够充分了解赛事无形资产的情况,减少信息不对称,充分发挥平台"不受时间、地域限制,信息公开、规范、透明"的优势,为体育赛事无形资产的流转挖掘潜在的市场主体,建立优质体育赛事无形资产的市场化体系,[①]提高交易的精准度和效率。

此外,有效的监督是确保赛事无形资产资源合法有序交易的保

---

① 黄海燕、康露:《新时代体育产业高质量发展的理论逻辑与实施路径》,载《体育科学》2022 年第 1 期。

障,是廉洁阳光交易的基础。为此,在体育赛事资源交易新格局构建中,应该高度重视综合监督制度建设、形成监督合力,以确保对交易平台实时在线监督和全过程监督。体育行政管理部门在充分尊重当事人自治的前提下应充分履行对体育赛事资源中公共资源配置的监督权,强化事中事后监督。

本章小结

针对中国体育赛事无形资产开发过程中存在的问题,我国应以理顺赛事无形资产开发所涉各方主体关系为基础,完善体育赛事无形资产相关法律法规体系、提升体育赛事无形资产开发的司法和执法质效、将体育赛事无形资产资源交易纳入法治轨道、为赛事无形资产的确权与交易提供法治保障。

本着多元主体共存、多种利益共生的宗旨,协调好核心利益相关者与其他利益相关者之间的关系,是体育赛事无形资产开发法治保障的关键。在体育赛事产业中,核心利益相关者主要包括体育赛事组织者、媒体、运动员、俱乐部和赞助商,而其他利益相关者则包括政府、观众、行业协会以及周边产品制造商等,本章分析了运动员、俱乐部、赛事组织者及赞助商等主体在赛事无形资产开发过程中扮演的角色,阐释了发生冲突的实例及其背后的原因,并针对不同主体之间冲突的特点提出了协调冲突的法治手段。

本章从理顺赛事无形资产开发多元主体关系,完善立法、司法、执法制度等主要问题出发,以协调多方利益为目的,为赛事无形资产开发法治体系的建设提供智力支持:就立法维度而言,本章以我国体育赛事转播权、赛事标志以及赛事数据的开发实证为例,考察了这三个重点领域所遭遇的法律制度供给障碍,并有针对性地提出了解决路径;针对司法保护环节,总结了同案不同判的具体表现和原因,提倡采用完善司法解释与构建指导案例、典型案例制度的"多管齐下"的策略;就行政执法而言,梳理了我国体育赛事知识产权行政执法的现状,并探讨了从行政执法力度与方式、执法队伍力量建设以及执法流程的规范化等各方面联合提升行政执法效果的综合性建议。

最后,本章充分意识到体育赛事无形资产交易环节存在的发展困境,主张只有出台更具可操作性的细则来落实"平台外无交易""应进必进"政策,将体育赛事无形资产资源纳入公开平台和法治轨道才能弥补既有交易模式中存在的漏洞;而成熟的评估机制、信息披露机制与规范的交易规则体系就是优化赛事无形资产开发市场法治环境的抓手。

结　语

《体育强国建设纲要》明确提出要激发体育市场主体活力、加强体育市场监管,充分发挥法律法规的规范及市场配置作用,实现体育产业高质量发展。充分挖掘赛事转播权、运营权以及体育大数据等无形资产的价值,是推动体育产业高质量发展的关键一环,有助于"十四五"规划时期形成以社会投资为主的体育产业运行机制。自20世纪90年代始,体育无形资产确权所依据的《著作权法》、《专利法》、《商标法》及体育标志权保护条例等法律文件历经修改、逐步完善,但体育无形资产开发利用的整体质量并未随之得到提高,以难美类体育项目及体育非物质文化遗产为代表的部分无形资产尚未落实保护路径,赛事举办权、场馆运营权等无形资产仍处于公私产权嵌套、资产流失严重、"搭便车"行为普遍、流转不畅的局面。由此引发思考:法律的作用不只是"分蛋糕",更是"做蛋糕",除厘定体育无形资产的归属秩序外,还需要完善交易流转制度和产业促进法规以提高资源配置的效率。故体育赛事无形资产的高质量开发离不开中国特色体育法治规范体系作为主导性制度工具。如何探索并建立体育无形资产高质量发展法律保障体系,推动形成权界清晰、责权一致、运转高效的机制,已成为当务之急。

本书通过案例分析法、比较研究法等剖析了我国体育赛事无形资产识别与交易过程中存在的法律障碍，总结了域外关于大型综合性体育赛事与商业性体育赛事无形资产开发的法律保护经验，洞察了体育赛事数据等新型无形资产的发展趋势及这类业务对法律制度的现实需求。最终，鉴于对体育赛事无形资产开发的必要性与现实困局的认识，在充分汲取我国与域外体育赛事无形资产开发的经验基础上，结合近年来我国《民法典》《体育法》《著作权法》等一系列法律法规进行修订完善的新格局，提出了一整套强化中国体育赛事无形资产开发法治保障的建议，为我国建设体育强国、完善体育法治体系献计。

参考文献

一、中文著作

[1]马宏俊主编:《新编体育法学》,高等教育出版社 2023 年版。

[2]李海、姚芹主编:《体育赛事管理》,重庆大学出版社 2018 年版。

[3]李颖川主编:《中国体育产业发展报告(2021 ~ 2022)》,社会科学文献出版社 2023 年版。

[4]李颖川主编:《中国体育产业发展报告(2019)》,社会科学文献出版社 2019 年版。

[5]梁华伟主编:《体育赛事组织与管理》,上海交通大学出版社 2018 年版。

[6]寿步、王永红主编:《广州亚运会知识产权战略实施》,上海交通大学出版社 2011 年版。

[7]王卫东主编:《大型综合性体育赛事组织与市场开发》,人民体育出版社 2022 年版。

[8]王利明:《人格权重大疑难问题研究》,法律出版社 2019 年版。

[9]王相英:《体育赛事无形资产系统管理》,科学出版社 2013

年版。

[10]张丰豪、周玉达主编:《社会体育赛事运作及其全面管理》,上海交通大学出版社 2019 年版。

[11]张军、何曼主编:《传媒产业无形资产管理》,中国经济出版社 2018 年版。

二、译著

[1][美]艾利克·L. 柯勒:《会计辞典》,龙毓聃译,台北,三民书局 1970 年版。

[2][日]番场嘉一郎主编:《新版会计学大辞典:条目选择》,司徒淳选译,中国展望出版社 1986 年版。

[3]国际会计准则委员会制定:《国际会计准则 2000》,中国财政部会计准则委员会秘书处翻译,中国财政经济出版社 2000 年版。

三、中文报刊

[1]鲍明晓:《关于体育无形资产的几个理论问题》,载《北京体育大学学报》1998 年第 4 期。

[2]陈晓雪、刘亚云、马胜敏等:《反垄断视域下欧洲五大联赛赛事转播权研究》,载《广州体育学院学报》2022 年第 1 期。

[3]陈锋:《体育赛事转播的法律问题》,载沈四宝、王军主编:《国际商法论丛》2010 年第 10 卷,法律出版社 2010 年版。

[4]陈雯雯、黄海燕:《元宇宙视域下的体育产业:诉求、变革与展望》,载《西安体育学院学报》2022 年第 4 期。

[5]常娟、李艳翎:《论体育冠名权及其法律界定》,载《北京体育

大学学报》2005 年第 10 期。

[6]邓建鹏、李嘉宁:《数字艺术品的权利凭证——NFT 的价值来源、权利困境与应对方案》,载《探索与争鸣》2022 年第 6 期。

[7]丁婧:《甘肃省体育产业资源交易平台建设的推进路径》,载《体育科技》2022 年第 2 期。

[8]冯春:《体育赛事转播权二分法之反思》,载《法学论坛》2016 年第 4 期。

[9]顾久贤:《创新驱动理念下的体育无形资产的开发与增值方略》,载《广州体育学院学报》2017 年第 3 期。

[10]管育鹰:《体育赛事直播相关法律问题探讨》,载《法学论坛》2019 年第 6 期。

[11]侯海燕:《体育赛事转播权法律问题研究》,载《西安体育学院学报》2015 年第 1 期。

[12]侯昀昀、董小燕、肖淑红:《中国体育无形资产价值评估研究热点与演进趋势》,载《兰州财经大学学报》2022 年第 1 期。

[13]韩勇:《首开先河:体育法关于赛事组织者权利的规定》,载《中国体育报》2022 年 6 月 30 日,第 2 版。

[14]龚韬、李艳翎、吴涛:《体育冠名权的法理分析——一个球衣换名案引发的思考》,载《武汉体育学院学报》2017 年第 9 期。

[15]高晓波、侯兰茜、陈毓姗等:《我国体育赛事运营中的模式效益及实现对策》,载《成都体育学院学报》2012 年第 7 期。

[16]黄海燕、曲怡:《我国体育产权的交易方式及发展趋势》,载《上海体育学院学报》2006 年第 2 期。

[17]黄海燕、康露:《新时代体育产业高质量发展的理论逻辑与

实施路径》,载《体育科学》2022 年第 1 期。

[18]黄海燕、张林:《我国体育产权的分类及其交易研究》,载《成都体育学院学报》2007 年第 1 期。

[19]赫金鸣:《体育无形资产若干基本理论问题探析——立足于经济学视角》,载《吉林体育学院学报》2009 年第 6 期。

[20]何伟、李良忠:《浅析商业性体育赛事概念和特征》,载《中国劳动关系学院学报》2008 年第 1 期。

[21]姜栋:《论体育赛事转播权的体育法规制》,载《法学家》2022 年第 1 期。

[22]雷选沛、杨明:《论体育无形资产的评估与运营》,载《财会通讯》2004 年第 14 期。

[23]李南筑、曲怡、黄海燕:《商业性体育赛事的产权交易特征和交易费用分析》,载《上海体育学院学报》2005 年第 3 期。

[24]李玲娟、王璞:《我国特殊标志保护的法律问题研究》,载《湖南大学学报(社会科学版)》2022 年第 2 期。

[25]李祥林:《中国体育竞赛表演产业发展的历程、逻辑与趋势——基于政府行为变迁视角》,载《体育科学》2021 年第 3 期。

[26]李陶:《体育赛事举办者转播权的私法保护》,载《清华法学》2020 年第 5 期。

[27]李建森、巴玉峰:《中国奥林匹克标志权的法学分析》,载《体育文化导刊》2006 年第 7 期。

[28]李宗辉:《论体育赛事的“版权—数据财产权”二元保护结构——以赛事直播侵权纠纷为切入视角》,载《武汉体育学院学报》2020 年第 9 期。

[29]李俊伟:《从 NBA 诉 Motorola 案看美国的版权优先制度》,载《知识产权》2002 年第 4 期。

[30]林小爱、刘丹:《体育知识产权若干热点问题研讨会综述》,载《武汉体育学院学报》2018 年第 2 期。

[31]马振华:《NFT 著作权属性辨正——兼评我国“NFT 侵权第一案”》,载《电子知识产权》2022 年第 9 期。

[32]裴洋:《论奥林匹克标志的法律保护——国际法与比较法的角度》,载《法学评论》2008 年第 2 期。

[33]乔泽波:《2010 年广州亚运会赛事转播权的法律性质分析》,载《广州体育学院学报》2007 年第 4 期。

[34]阮神裕:《NFT 数字资产的权利属性》,载《检察日报》2023 年 5 月 15 日,第 3 版。

[35]宋雅馨:《依法推动体育无形资产高质量开发》,载《中国社会科学报》2021 年 9 月 8 日,第 4 版。

[36]宋雅馨:《美国体育赛事反网络盗播案例研究》,载《武大国际法评论》2016 年第 2 期。

[37]宋雅馨:《奥林匹克标志反隐性营销的法律保护——以〈奥林匹克标志保护条例〉为视角》,载《知识产权与市场竞争研究》2019 年第 1 期。

[38]宋雅馨:《竞争法视域下〈奥林匹克宪章〉第 40 条变迁的审思》,载《天津体育学院学报》2022 年第 5 期。

[39]隋晓燕:《我国体育产业治理模式及优选策略研究》,载《北京体育大学学报》2018 年第 2 期。

[40]陶乾:《论数字作品非同质代币化交易的法律意涵》,载《东

方法学》2022 年第 2 期。

[41]吴汝川:《加快建设体育资源交易平台　服务中国体育产业高质量发展》,载《清华金融评论》2020 年第 3 期。

[42]吴学勇、张成云:《我国体育无形资产的经营现状及对策研究》,载《山东体育科技》2004 年第 4 期。

[43]王世让:《杭州亚运会市场开发创新高》,载《中国体育报》2023 年 8 月 22 日,第 2 版。

[44]王子朴、朱亚成:《"一带一路"背景下体育赛事发展的价值、困境与策略》,载《北京体育大学学报》2017 年第 7 期。

[45]王凯、张林:《体育赛事市场化运作中无形资产流失与规避机制构建——以全运会为例》,载《体育与科学》2013 年第 4 期。

[46]肖淑红、张佳春、侯昀昀:《构建体育无形资产价值评估制度的必要性及重要意义》,载《北京体育大学学报》2019 年第 8 期。

[47]谢军、茹秀英:《北京 2022 年冬奥会和冬残奥会遗产研究助力中国相关领域发展的思考》,载《首都体育学院学报》2020 年第 3 期。

[48]向会英:《比较法视野下欧美国家职业体育赛事转播权研究》,载《成都体育学院学报》2019 年第 1 期。

[49]徐伟康:《国外对赛事组织者的赛事数据权益的法律保护及其启示——基于美国、澳大利亚和欧洲国家的案例分析》,载《首都体育学院学报》2022 年第 2 期。

[50]徐伟康:《数字体育时代赛事组织者数据权益的保护》,载《体育科学》2021 年第 7 期。

[51]徐靖芮、郭姝彤、赵无眠:《体育赛事无形资产的分级、分类

评估框架构建——以赛事无形资产的范畴再界定为依据》,载《南宁师范大学学报(哲学社会科学版)》2021 年第 3 期。

[52]叶敏、李安阳:《体育赛事转播的权利归属及法律关系分析》,载《天津体育学院学报》2021 年第 2 期。

[53]袁钢、李珊:《体育赛事组织者转播权的数据财产属性——基于〈民法典〉和新〈体育法〉的法教义学分析》,载《上海体育学院学报》2022 年第 10 期。

[54]袁凤生、张四清、关锋:《体育冠名权有关法律问题的研究》,载《成都体育学院学报》2006 年第 3 期。

[55]苑高兴、金卫东、李福祥等:《我国体育冠名权的法律性质分析》,载《体育与科学》2006 年第 5 期。

[56]姚鹤徽:《体育赛事转播权的理论反思与制度重构》,载《上海体育学院学报》2021 年第 2 期。

[57]于善旭、马法超:《体育标志与体育标志权初探》,载《天津体育学院学报》2001 年第 3 期。

[58]余纪成:《从"新浪诉凤凰网案"看体育赛事节目的司法保护》,载《中国知识产权报》2015 年 7 月 10 日,第 9 版。

[59]杨涛、羿翠霞、崔鲁祥等:《基于共生理论的中国职业足球联赛利益相关者关系研究》,载《西安体育学院学报》2020 年第 4 期。

[60]郑家红、谢申文:《体育竞赛著作权保护的法理学思考》,载《知识产权》2017 年第 5 期。

[61]赵毅:《意大利法镜鉴下的体育赞助合同——恒大亚冠违约案引发的思考》,载《体育与科学》2016 年第 2 期。

[62]赵豫:《关于体育竞赛电视转播著作权问题的探讨》,载《体

育科学》2003 年第 3 期。

[63]张新锋:《人工智能技术背景下的体育赛事专有权》,载《上海体育学院学报》2020 年第 2 期。

[64]张志伟:《体育赛事转播权的法律保护路径》,载《武汉体育学院学报》2013 年第 5 期。

[65]张现成、商执娜、吴家琳等:《我国体育赛事产业化实践中的法律规制问题与对策》,载《北京体育大学学报》2018 年第 6 期。

[66]邹新娴、刘雪薇、布特等:《我国职业足球俱乐部价值链困境及其重建》,载《体育与科学》2023 年第 2 期。

[67]张自如:《体育产业资源所有权属性、交易模式及制度改进》,载《经济研究导刊》2019 年第 20 期。

[68]张自如、刘晨:《体育产权交易平台的规模、定价及合作——基于双边市场理论的分析》,载《体育科技》2019 年第 3 期。

[69]张玉超:《体育赛事转播权法律性质及权利归属》,载《武汉体育学院学报》2013 年第 11 期。

[70]张玉超:《体育赛事新媒体转播权之二分法律属性探讨》,载《武汉体育学院学报》2018 年第 7 期。

[71]张惠彬、肖启贤:《新〈体育法〉下体育赛事视听信息权的规范构造与完善路径》,载《上海体育学院学报》2023 年第 10 期。

[72]祝建军:《体育赛事冠名权与商标权的冲突与解决》,载《人民法院报》2017 年 5 月 25 日,第 7 版。

[73]朱玛:《利益平衡视角下体育赛事转播权的法律保护》,载《河北法学》2015 年第 2 期。

[74]田雨普:《近三届全运会市场营销研究》,载《体育文化导

刊》2008 年第 8 期。

[75]应华:《论体育赛事赞助的商业权利及其保护》,载《浙江体育科学》2003 年第 4 期。

四、学位论文

[1]马法超:《体育相关无形财产权问题研究》,北京体育大学 2007 年博士学位论文。

[2]王凯:《商业性体育赛事承办权交易价格形成机制研究》,上海体育学院 2015 年博士学位论文。

五、案件判决

[1]北京市第一中级人民法院民事判决书,(1998)一中知初字第 93 号。

[2]北京市高级人民法院民事判决书,(1999)高知终字第 32 号。

[3]上海市第二中级人民法院民事判决书,(2002)沪二中民四(商)初字第 21 号。

[4]福建省福州市中级人民法院民事判决书,(2010)榕民初字第 299 号。

[5]广东省广州市天河区人民法院民事判决书,(2011)穗天法知民初字第 576 号。

[6]上海市浦东新区人民法院民事判决书,(2013)浦民三(知)初字第 241 号。

[7]北京市朝阳区人民法院民事判决书,(2014)朝民(知)初字

第 40334 号。

[8]北京知识产权法院民事判决书,(2015)京知民终字第 1818 号。

[9]广东省深圳市福田区人民法院民事判决书,(2015)深福法知民初字第 174 号。

[10]浙江省杭州市西湖区人民法院民事判决书,(2016)浙 0106 民初 799 号;杭州市中级人民法院民事判决书,(2016)浙 01 民终 1063 号。

[11]广州知识产权法院民事判决书,(2017)粤 73 民终 1884 号。

[12]北京市高级人民法院民事判决书,(2020)京民再 127 号。

[13]上海市杨浦区人民法院民事判决书,(2021)沪 0110 民初 19853 号。

[14]杭州互联网法院民事判决书,(2022)浙 0192 民初 1008 号;杭州市中级人民法院民事判决书,(2022)浙 01 民终 5272 号。

[15]北京市高级人民法院民事裁定书,(2022)京民辖终 71 号。

六、外文著作

[1]Katarina Pijetlovic,*EU Sports Law and Breakaway Leagues in Football*,Springer,2015.

[2]Milne M.,*The Transformation of Television Sport*,Palgrave Macmillan,2016.

七、外文连续出版物

[1]Lelyukhin A.,*The Impact of EU on Sport Broadcasting*:*What*

does the Line of Recent ECJ Cases Signal About?, International Sports Law Journal, Vol. 12 (2013).

[2] Hylton J. G., *The Over-Protection of Intellectual Property Rights in Sport in the United States and Elsewhere*, Legal Aspects Sport, Vol. 21:1 (2011).

[3] Margoni T., *The Protection of Sports Events in the EU: Property, Intellectual Property, Unfair Competition and Special Forms of Protection*, International Review of Intellectual Property and Competition Law, Vol. 47(2016).

[4] Shams M., *An Analysis of the Principles and Concepts of the Rights of Broadcasting Sports Events*, Science Arena Publications Specialty Journal of Politics and Law, Vol. 4:1(2019).

[5] Yoon Taeyoung & Mun Juyoung, *A Legal Study on the Naming Rights*, The Journal of Sports and Entertainment Law, Vol. 14: 3 (2011).

[6] Bezold T., *Naming Rights for Sports Stadiums: Sponsor versus Club-Who Makes the Proper Brand*?, Branded Spaces(2013).

[7] Liliana B. P., *Law Elements Regarding the Protection of Sports Trademarks*, Management and Legislation in the Field of Physical Culture, Vol. 25:1, p. 116 – 122(2016).

[8] James M. & Osborn G., *London* 2012 *and the Impact of the UK's Olympic and Paralympic Legislation: Protecting Commerce or Preserving Culture*?, The Modern Law Review, Vol. 74:3, p. 410 – 429 (2011).

[9] Hill K., *Ambush Marketing: Is It Deceitful or A Probable Strategic Tactic in the Olympic Game?*, Marquette Sports Law Review, Vol. 27:1, p. 197 - 215(2016).

[10] Sliffman A. J., *Unconstitutional Hosting of the Super Bowl: Anti-Ambush Marketing Clean Zones' Violation of the First Amendment*, Marquette Sports Law Review, Vol. 22:1, p. 257 - 285(2011).

[11] Craig D. A., *Bad Sports: Has Olympic Brand Protection Gone Too Far?*, South Carolina Journal of International Law and Business, Vol. 9:2, p. 357 - 417(2013).

[12] Frodl C., *Commercialization of Sports Data: Right of Event Owner over Information and Statistic Generated about Their Sports Events*, Marquette Sports Law Review, Vol. 26:1, p. 55 - 90(2015).

[13] Grow L. & Grow N., *Protecting Big Data in the Big Leagues: Trade Secrets in Professional Sports*, Washington and Lee Law Review, Vol. 32:74, p. 15 - 67(2017).

[14] Feld A., *Gambling on Sports Data: Protecting Leagues' High-Level Data from Sportsbooks*, University of Illinois Law Review, Vol. 1, p. 341 - 374(2020).

[15] Frodl C., *Event Owners' Rights to Sports Data and Its Commercialization in Fantasy Sports: Illustrated by the Licensing Schemes of the Bundesliga*, The International Sports Law Journal, Vol. 21, p. 140 - 153(2021).

[16] Alexander D. L. & Kern W., *The Economic Determinants of Professional Sports Franchise Values*, Journal of Sports Economics,

Vol. 5:1, p. 51 – 66(2004).

[17] Popp N., DeSchriver T., McEvoy C. et. al., *A Valuation Analysis of Corporate Naming Rights for Collegiate Sport Venues*, Sport Marketing Quarterly, Vol. 25:1, p. 7(2016).

[18] Wang R., Tsai W. T., He J. et al., *A Distributed Digital Asset-trading Platform Based on Permissioned Blockchains*, Smart Blockchain: First International Conference, Smart Block 2018, Tokyo, Japan, December10 – 12, 2018, Proceedings 1. Springer International Publishing, p. 55 – 65(2018).

[19] M. Katarina Pijetlovic, *EU Sports Law and Breakaway Leagues in Football*, Springer(2015).

[20] Ian S. Blackshaw, *Sports Marketing Agreements: Legal, Fiscal and Practical Aspects*, Springer(2016).

[21] Milne M., *The Transformation of Television Sport*, Palgrave Macmillan, 2016.

[22] Margoni, T., *The Protection of Sports Events in the EU: Property, Intellectual Property, Unfair Competition and Special Forms of Protection*, IIC, Vol. 47, p. 386 – 417 (2016).

[23] Brown S. M. & Brison N. T., *Big Data, Big Problems: Analysis of Professional Sports Leagues' CBAs and Their Handling of Athlete Biometric Data*, Journal of Legal Aspects of Sport, Vol. 30:1, p. 60 – 65(2020).

八、电子文献

[1]国家知识产权局:《资产评估准则——无形资产》,载国家知识产权局网,https://www.cnipa.gov.cn/art/2020/4/20/art_435_43304.html。

[2]蔡长春:《司法部体育总局市场监管总局知识产权局负责人就〈奥林匹克标志保护条例〉修订答记者问》,载北大法宝 2018 年 7 月 12 日,https://www.pkulaw.com/news/ae8caa3cdb141cf4bdfb.html? way = listView。

[3]艾瑞咨询:《2022 年中国体育赛事 IP 商业化研究报告》,载艾瑞网 2022 年 9 月 16 日,https://report.iresearch.cn/report/202209/4063.shtml。

[4]《从 NBA 和 CBA 两案例判决,看赛事数据保护的路径》,载腾讯网,https://new.qq.com/rain/a/20230512A09TE900。

[5]刘迎、孙乐怡:《新〈体育法〉下我国体育数据的确权与保护》,载金杜律师事务所 2023 年 1 月 10 日,https://www.kwm.com/cn/zh/insights/latest-thinking/sports-data-right-and-protection-under-new-law-of-prc-on-physical-culture-and-sports.html。

[6]滕文飞、胡纯青:《版权价值重估　资本竞逐优质 IP——体育赛事媒体版权深度报告》,载上海证券,http://pdf.dfcfw.com/pdf/H3_AP201707050693497018_1.pdf。

[7]银昕:《乐视体育:"生态化反"的失败案例?》,载经济网 - 中国经济周刊,https://www.ceweekly.cn/2017/0502/189346.shtml。

[8]人民法院新闻传媒总社:《最高法首次发布涉体育纠纷民事

典型案例》,载中华人民共和国最高人民法院 2023 年 6 月 21 日,https://www.court.gov.cn/zixun/xiangqing/404182.html。

[9]《CUBA 官网发文维权呼吁公正:强制改选理在何方?》,载网易体育 2013 年 1 月 17 日,https://www.163.com/sports/article/8LDUL9SE00052UUC.html。

[10]德勤:《中国足球协会超级联赛—2019 赛季商业价值评估白皮书》,载德勤官网 2023 年 7 月 28 日,https://www2.deloitte.com/cn/zh/pages/technology-media-and-telecommunications/articles/chinese-football-association-super-league-200729.html。

[11]戴冠春、刘雨祺:《大众体育赛事活动承办权的市场化运作浅析》,载竞天公诚律师事务所,https://www.jingtian.com/Content/2019/11-04/1623032864.html。

[12]《恒大上头条真是因为夺冠? 然而却是违约!》,载界面网 2015 年 11 月 22 日,https://www.jiemian.com/article/448208.html。

[13]李嘉咏:《巴萨和曼城的加密货币赞助都黄了,背后合作方涉嫌诈骗》,载微信公众号"懒熊体育"2021 年 12 月 2 日,https://mp.weixin.qq.com/s/j8Hw0upRmjXk9qvuvk7ExQ。

[14]刘岩:《北京奥运会与冬奥会的法律实践》,载法治网,http://www.legaldaily.com.cn/index/content/2022-05/19/content_8720157.htm。

[15]杨滨:《乱用奥运标志　北京两公司被罚 372 万》,载中国经济网,http://district.ce.cn/newarea/roll/201612/07/t20161207_18486605.shtml。

[16]张嘉艺:《擅自"盗播"奥运会开幕式,被判侵权赔偿|结案

信息》，载北京知识产权法院网 2023 年 8 月 31 日，https://bjzcfy. bjcourt. gov. cn/article/detail/2023/08/id/7506976. shtml。

[17]《杭州亚运会第一次世界转播商大会召开》，载新华网，http://sports. news. cn/c/2022-01/24/c_1128296577. htm。

[18]《杭州亚运会香港特别行政区持权转播商确定》，载中国新闻网，http://www. chinanews. com. cn/ty/2022/10-17/9874717. shtml。

[19]白金蕾、徐超：《抖音集团与中央广播电视总台达成合作，成杭州亚运会持权转播商》，载新京报 2023 年 6 月 15 日，https://www. bjnews. com. cn/detail/1686823286169248. html。

[20]界面新闻：《快手成为杭州亚运会赛事持权转播商》，载界面新闻 2023 年 7 月 17 日，https://www. jiemian. com/article/9757463. html。

[21]国际传媒港：《亚运会国际广播中心(IBC)喜迎首批国际持权转播商(RHB)入驻》，载微信公众号"国际传媒港"2023 年 8 月 26 日，https://mp. weixin. qq. com/s/NDT3yi-a-WsuJ5Cv3hqAng。

[22]马莲红：《44 亿赞助、1100 款特许商品、数百万观众，杭州亚运创 3 大纪录》，载微信公众号"体育大生意"2023 年 6 月 16 日，https://mp. weixin. qq. com/s/bvyiBazn52ucYLZsvZKCUg。

[23]杨虞波罗、高雷：《〈杭州亚运会标志保护指南〉发布》，载人民网，http://ent. people. com. cn/n1/2022/0426/c1012-32409273. html。

[24]黄益杰、余玮婷、鲍淑丹等：《2022 年第 19 届亚运会组委会知识产权保护典型案例》，载杭州 2022 年第 19 届亚运会官网，https://www. hangzhou2022. cn/xwzx/jdxw/ttxw/202204/t20220426_48047.

shtml。

[25]陈天皓:《5000 张赛场“座椅”,居然被法网做成了 NFT》,载腾讯网,https://new. qq. com/rain/a/20220530A0BW6P00。

[26]邢斯馨:《央视频“数字雪花”互动项目上线,为全民打造冰雪体育盛宴》,载央视网,https://news. cctv. com/2022/01/05/ARTIRZpllWEfDxTtoa9A2kTQ220105。

[27]司林威:《冬奥会数字盲盒即将开售,冰墩墩也有 NFT 了》,载澎湃网 2022 年 2 月 12 日,https://www. thepaper. cn/newsDetail_forward_16658121。

[28]李利:《冰墩墩 NFT 盲盒限量发售,NFT + 体育是天作之合?》,载澎湃网 2022 年 2 月 15 日,https://www. thepaper. cn/newsDetail_forward_16694907。

[29]徐赐豪:《1700 亿元的 NFT 市场　阿里、腾讯、字节跳动、京东之间的卡位战》,载腾讯网,https://new. qq. com/rain/a/20220107A09BK800。

[30]刘潇:《反侵权公告(第 45 号):关于摄影作品被恶意侵权的谴责》,载财新网,https://www. caixin. com/2021 - 07 - 15/101740785. html。

[31]最高人民法院:《最高人民法院发布 2022 年中国法院十大知识产权案件和 50 件典型知识产权案例》,载中国法院网 2023 年 4 月 20 日,https://www. chinacourt. org/article/detail/2023/04/id/7254550. shtml。

[32]庄坤潮:《耐克与 StockX 这场官司,或将成 NFT 市场的风向标》,载腾讯网,https://new. qq. com/rain/a/20220530A0BX4500。

[33]宋海燕、董美孝:《NFT 的法律属性及司法实践——美国、欧盟、英国及中国内地和香港之比较法研究》,载金杜律师事务所 2023 年 5 月 15 日,https://www.kwm.com/cn/zh/insights/latest-thinking/nft-legal-attribute-and-judicial-practice-a-comparative-study-of-us-eu-uk-chinese-mainland-and-hong-kong.html。

[34]陈锋:《运动员形象权使用利益之冲突与平衡—兼评〈奥林匹克宪章〉条款 40 的修改》,载知乎网 2020 年 11 月 23 日,https://zhuanlan.zhihu.com/p/307803333。

[35]王开广:《中国奥组委官员谈隐性奥运营销:中国队夺金时段是侵权高潮期》,载澎湃网 2016 年 8 月 14 日,https://www.thepaper.cn/newsDetail_forward_1513438。

[36]贾磊:《482 万! CBA 巨额罚单争议的背后》,载腾讯网,https://new.qq.com/omn/20201108/20201108A0B8BX00.html。

[37]赵春艳:《马拉松纠纷背后,承办方、保险公司、赞助商责任如何认定?》,载网易网 2019 年 11 月 11 日,https://www.163.com/dy/article/ETNEPK51051200BP.html。

[38]张雅婷:《"中国体育赛事转播著作权第一案"的新浪诉凤凰网侵权案日前迎来最新判决:凤凰网侵权转播败诉》,载中国知识产权资讯网 2020 年 9 月 28 日,https://www.iprchn.com/cipnews/news_centent.aspx? newsld = 136352。

[39]欧兴荣:《专家:体育知识产权保护的立法有空间　执法应规范》,载人民体育,http://sports.people.com.cn/n1/2020/0724/c14820 - 31796554.html。

[40]赵鑫:《类案不同判"解方"来了|思与辨》,载深圳门户网

2021 年 12 月 7 日，https://www. dutenews. com/n/article/6356560。

[41]巴比特:《2020 ChinaJoy 背后的区块链技术:揭秘 120 万张 NFT 门票》，载维科网 · 物联网 2020 年 8 月 17 日，https://iot. ofweek. com/2020 – 08/ART – 132214 – 8120 – 30453025. html。

[42]Staff Writer, *IOC unveils NFT-based game for Beijing* 2022, MARKETING-INTERACTIVE(Feb. 7, 2022), https://www. marketing-interactive. com/ioc-nft-beijing-olympics.

[43]Ornella Hernandez, *PwC Report Calls NFTs' the Future of Digital Assets in Sports*, Cointelegraph (Mar. 11, 2022), https://cointelegraph. com/news/pwc-report-calls-nfts-the-future-of-digital-assets-in-sports.

[44]Steven Anderrson, *FC Barcelona Cancels Marketing Agreement with NFT Marketplace Ownix*, thecoinrepublic. com (Nov. 20, 2021), https://www. qxwa. com/fc-barcelona-cancels-marketing-agreement-with-nft-trading-marketplace-ownix. html.

[45]Ford, Roger Allan, *Trade Secrets and Information Security in the Age of Sports Analytics*, in Michael A. McCann ed., The Oxford Handbook of American Sports Law, Oxford Handbooks (2018; online edn, Oxford Academic, 10 Aug. 2017), https://doi. org/10. 1093/oxfordhb/9780190465957. 013. 30, accessed 20 Dec. 2023.

[46]Bill Shea, NBA Top Shot, *NFL All Day and the New NFT Reality: What's Next As Market Falls*?, the athletic, https://theathletic. com/4061485/2023/01/06/nba-top-shot-nfl-all-day/.

[47]Dam Singer & Ben Vonwiller, *Mckinsey Analysis: Despite*

Slump, Sports NFTS aren't Going Away, Sportico (Oct. 13, 2021), https://www.sportico.com/business/tech/2021/mckinsey-analysis-sports-nft-1234636826/.

[48] Ryan Stanton, *PwC Announces Record Global Revenues of US $ 50 Billion*, PwC (Apr. 10, 2022), https://www.pwc.com/gx/en/news-room/press-releases/2022/pwc-global-annual-review-2022.

[49] Joseph Henry, *Lionel Messi's "The Messiverse" NFT Collection is Now Official*, Techtimes, https://www.techtimes.com/articles/263790/20210805/lionel-messi-messiverse-nft-collection-now-official.

[50] Hypebeast (May 13, 2021), https://hypebeast.com/2021/5/naomi-osaka-mari-osaka-debut-nft-collection-interview.

[51] Cyclingnews, *Wout Van Aert Race Win NFTs Sell for* €47,000, Cyclingnews (Nov. 17, 2021), https://www.cyclingnews.com/news/wout-van-aert-race-win-nfts-sell-for-euro47000/.

[52] Jacob Kastrenakes, *Adidas is Launching an NFT Collection with Exclusive Access to Streetwear Drops*, The Verge, https://www.theverge.com/2021/12/16/22822143/adidas-nft-launch-into-the-metaverse-price-release-date.

[53] Ian Kane, *NBA Top Shot Transaction Volume Swells* 40% *in* 24 *hours*, Dappradar (Mar. 17, 2021), https://dappradar.com/blog/nba-top-shot-transaction-volume-swells-40-in-24-hours.

[54] Rosemary Feitelberg, *Hermès Wins Court Battle Against Mason Rothschild Over "MetaBirkins" NFTs*, WWD (Feb. 8, 2023), https://wwd.com/fashion-news/designer-luxury/hermes-wins-court-bat-

tle-over-metabirkins-nfts-mason-rothschild－1235510445/#!.

[55] International Olympic Committee, *Rule* 40 *of the Olympic Charter*: *What You Need to Know As a Participant*, Olympic, https://stillmed. olympic. org/Documents/Athletes_Information/Rule_40－Rio_2016－QA_for_Athletes. pdf.

附录　我国各级政府体育无形资产相关政策

文件名称	发布时间	相关条款
山西省人民政府关于加快体育产业发展的意见	2001 年 2 月 23 日	(五)努力开发体育无形资产。体育无形资产开发是指对体育竞赛、体育组织、高水平运动队、知名运动员、知名教练员等潜在商业价值的开发。要加强体育宣传和广告包装,推出能代表山西形象的体育无形资产。通过公开评估、招标、拍卖、承租、联营,体育赞助,代理体育广告、出售转播权,转让商标,生产徽章标志、纪念品、吉祥物和球迷用品等,把体育无形资产推向市场,变为现实资源
中共中央、国务院关于进一步加强和改进新时期体育工作的意见	2002 年 7 月 22 日	(二十二)……要努力开发体育无形资产,加强对商业性赛事的管理,大力发展体育产业,积极培育体育市场,不断增强体育发展的动力和后劲
中共江苏省委、江苏省人民政府关于进一步加强体育工作加快建设体育强省的决定	2002 年 9 月 2 日	(十九)大力发展体育产业……注重体育无形资产开发和新运动项目的开拓,加强对商业性赛事的管理。盘活国有资产,整合体育资源,建立补偿机制,不断增强体育发展的动力和后劲
中共湖南省委、湖南省人民政府关于加强体育工作的意见	2002 年 9 月 18 日	九、支持和扶植体育产业发展。各级政府要加强对体育产业的投入,培育体育市场,形成有利于体育事业快速发展的市场环境。体育行政管理部门要依据省政府公布的体育项目,加强对体育市场和商业性体育赛事的管理;进一步规范体育彩票的发行,扩大销售规模;引入市场机制,努力开发体育无形资产和新体育运动项目

续表

文件名称	发布时间	相关条款
中共四川省委、四川省人民政府关于贯彻实施《中共中央、国务院关于进一步加强和改进新时期体育工作的意见》的意见	2002年9月20日	四、加快发展体育产业，为体育事业发展注入新的活力。……加快体育中介组织建设，加大无形资产开发力度。进一步增强对体育无形资产的开发意识，借助体育中介组织，通过多种形式，充分发掘其潜在的经济价值
中共山东省委、山东省人民政府关于贯彻中发〔2002〕8号文件精神进一步加强和改进新时期体育工作的意见	2002年10月26日	18.积极发展体育产业。体育产业是朝阳产业，也是健康产业。要研究制定有利于体育产业发展的经济政策，积极引导大众消费，努力开发体育无形资产，加强体育市场管理，培育和繁荣体育市场，推动体育产业的快速发展
中共黑龙江省委、黑龙江省人民政府贯彻落实《中共中央、国务院关于进一步加强和改进新时期体育工作的意见》的意见	2002年10月30日	(二十六)努力开发体育无形资产，推进体育社会化进程。提倡和鼓励企业、个人本着互惠互利的原则与体育部门开展多种形式的合作，建立体育俱乐部，联办运动队，举办高水平的体育竞赛，组织全民健身活动，赞助、支持体育事业发展；加强对赞助活动的管理和监督，保证赞助费用的合理使用
中共新疆生产建设兵团委员会、新疆生产建设兵团关于进一步加强兵团体育工作的决定	2002年11月11日	要大力培育体育市场，努力开发体育无形资产，加强对商业性赛事的管理，大力发展体育产业，积极做好中国体育彩票在兵团的销售工作，逐步形成有利于体育产业发展的社会氛围，不断增强体育发展的动力和后劲
中共云南省委、云南省人民政府贯彻《中共中央、国务院关于进一步加强和改进新时期体育工作的意见》的意见	2002年11月25日	(十三)各级政府要为体育产业的起步和发展创造条件，给予政策和经费上的必要支持。各级体育部门要根据《云南省体育经营活动管理条例》的规定，加大行业管理力度，大力开发体育无形资产，盘活体育现有资源，着眼体育市场，发展相关产业，加强体育经营管理人才队伍的建设

续表

文件名称	发布时间	相关条款
中共福建省委、福建省人民政府关于进一步加强和改进新时期体育工作的实施意见	2002 年 12 月 3 日	五、大力发展体育产业，完善和落实体育相关政策 ……注重体育无形资产开发和新运动项目的开拓，加强对商业性赛事的管理，盘活国有资产，整合体育资源，加强体育产业机构建设和管理，建立补偿机制，不断增强体育发展的动力和后劲
中共河南省委、河南省人民政府关于进一步加强和改进新时期体育工作的意见	2003 年 2 月 28 日	(二十二)各级政府要加大对体育事业的投入，确保体育事业经费随着财政收入的增长逐步增加。要加强对体育彩票公益金的管理和使用，各级体育彩票公益金要用于全民健身和“奥运争光计划”，确保专款专用，不得以任何形式占用、截留和挪用。要努力开发体育无形资产，培育体育市场，不断增强体育发展的动力和后劲
中共湖北省委、湖北省人民政府关于加强和改进新时期体育工作的意见	2003 年 3 月 12 日	(十五)盘活体育有形资产，并发体育无形资产
中共北京市委、北京市人民政府关于加强新时期体育工作建设国际化体育中心城市的意见	2003 年 7 月 16 日	(十八)完善体育产业发展政策，规范体育市场管理……加大体育知识产权保护力度，积极开发和利用体育无形资产，确立体育活动电视转播权有偿转让机制……
中共广东省委、广东省人民政府关于加快建设文化大省的决定	2003 年 10 月 9 日	8. 体育业……加大体育无形资产的保护和开发力度，推进体育产业结构和产品结构优化升级，发展全省体育场馆的连锁经营。积极扶持龙头体育企业，组建大型、多元化体育企业，发展中小体育企业，增创名牌，提高质量和效益
江苏省体育局关于实施“人才强体”战略的意见	2003 年 12 月 5 日	(十五)创新选人用人方式。……鼓励体育人才自主创业，对有良好社会效益和经济效益的各类体育实体，包括群众健身、业余训练、职业体育、体育无形资产开发等方面的各类体育企业，在政策、条件、信息和经费等方面提供支持

续表

文件名称	发布时间	相关条款
江苏省人民政府办公厅转发省体育局关于进一步加强县级体育工作意见的通知	2003 年 12 月 12 日	五、积极发展体育产业 (十四)拓宽体育经营开发领域。把发展体育产业作为扩大内需、增加就业、推动服务业发展的重要举措来抓,积极开发体育无形资产,把体育设施建设、体育竞赛、体育消费和体育经营有机结合起来,扩大体育的综合效应。充分利用体育行业的优势和体育场馆设施,大力发展健身娱乐、竞赛表演、体育培训、体育彩票、体育用品等产业。促进体育与旅游、文化相结合,打造体育、文化、旅游一体化的品牌
中共呼和浩特市委、呼和浩特市人民政府关于加快体育事业发展的实施意见	2003 年 12 月 31 日	体育产业以增加产值为目标,力争有较快发展。以体育彩票销售为“龙头”,拓展领域,扩大空间,重点培育开发体育旅游、竞赛表演、健身娱乐、体育用品和人才技术等产业,注重研究开发经营体育无形资产
中共贵州省委、贵州省人民政府关于进一步加强和改进新时期体育工作的意见	2004 年 4 月 27 日	(十八)体育产业要以市场为导向,积极发展能够满足广大人民群众日益增长的体育健身、健美、娱乐和休闲等方面的需求和消费而发展起来的全民健身服务行业,正确引导体育消费;充分利用我省丰富的旅游资源,大力发展体育旅游;盘活现有资源,开发体育无形资产
湖南省体育局关于印发《湖南省“十一五”体育发展规划》的通知	2006 年 1 月 11 日	6. 扶植体育产业发展 积极培育体育市场,鼓励体育生产和经营项目投资主体多元化,大力开发体育无形资产和新兴体育运动项目,初步建立与社会主义市场经济体制相适应,符合现代体育发展规律,结构合理、门类多样,以体育服务业为重点,相关产业为补充,多业并举,多种所有制并存的体育产业体系
广州市人民政府印发广州市现代服务业发展“十一五”规划的通知	2006 年 6 月 20 日	抓住我市主办亚运会的契机,大力培育体育市场,促进竞技表演市场、体育无形资产市场和体育人才市场的发展,认真抓好市属体育场馆的服务经营,切实提高服务意识、服务质量和服务效益,加快构建我市体育产业的调控和保障体系

续表

文件名称	发布时间	相关条款
山西省体育经营活动管理条例(2006年修正)	2006年8月4日	第二十六条　利用体育竞赛、表演、专用标志或以体育组织名义进行经营活动,以及从事其他体育无形资产的商业性开发的,必须经体育竞赛和体育表演的主办者、体育组织、体育专用标志和体育无形资产所有权人的许可
四川省人民政府办公厅关于印发四川省"十一五"社会事业发展规划的通知	2007年1月26日	(五)发展体育事业,增强人民群众体质……加大体育无形资产开发力度
山东省委办公厅、省政府办公厅关于印发《山东省实施〈国家"十一五"时期文化发展规划纲要〉的意见》的通知	2007年3月2日	8.体育产业。营造有利于刺激体育产业消费的氛围,建立充满活力的体育及相关产品开发、生产和营销渠道,重点加大竞赛资源、体育组织等体育无形资产的开发和保护力度,促进体育竞赛表演业健康发展。全力办好第十一届全国体育运动会,拉动相关体育产业发展
上海市体育局关于印发《上海市体育发展"十一五"规划》的通知	2007年3月13日	2.加强体育产业政策研究 ……加强体育无形资产开发,以投融资体制改革为突破口,通过产权转让、入股、拍卖、使用权或经营权转让、特营特许权拍卖、合作合资等多种形式,盘活存量,扩大产业规模。鼓励体育民办非企业、民营私营企业和境外企业进入体育服务领域。加强对大型体育赛事、高水平运动队、知名运动员和教练员等潜在产业价值的开发,把无形资产推向市场,实行市场化经营
福建省体育局关于印发《2008年—2010年福建省体育工作发展规划》的通知	2008年5月18日	四、加大开发培育力度,促进体育产业健康持续发展现阶段发展体育产业工作的思路和目标是:……开发体育无形资产……

续表

文件名称	发布时间	相关条款
国务院办公厅关于加快发展体育产业的指导意见	2010 年 3 月 19 日	(八)加强体育无形资产开发保护。 加强对体育组织、体育赛事和活动名称、标志等无形资产的开发,依法保护知识产权。完善中国奥委会、中华全国体育总会、全国性单项体育协会等群众性体育组织的市场开发模式,理顺和明确各相关主体在市场开发活动中的身份及其相互关系
成都市人民政府办公厅关于印发《成都市体育产业发展规划(2010—2020)》的通知	2010 年 5 月 19 日	(七)加强无形资产的开发和保护。完善相关政策措施,鼓励和支持各类体育组织和个人依法开发其专有名称、标识等无形资产。体育组织和个人开发无形资产,涉及多方投资主体的,要在兼顾国家、集体和个人利益的基础上,建立责、权、利清晰的产权结构。依法保护体育无形资产所有者的合法权益,体育赛事主办者依法享有体育赛事电视转播权以及各项相关权利,应本着公平、公正、竞争的原则,实行体育赛事电视转播权的有偿转让
中共广州市委、广州市人民政府关于进一步加快体育产业发展的意见	2010 年 11 月 8 日	12. 加强体育无形资产的经营开发与保护。加大各类体育组织、体育赛事、体育活动、体育场馆和运动队、运动员无形资产开发和推广力度,出售体育赛事电视转播权、冠名权、承办权,开发各类体育组织名称、标志的专有权、特许使用权,提高体育资源整体开发水平和效益。积极尝试出售体育场馆冠名权,开发体育场馆无形资产。由市体育行政主管部门牵头制订出售体育场馆冠名权、开发体育场馆无形资产政策的具体操作办法,报市政府及国有资产管理部门审批实施。加强对相关知识产权和肖像权的保护,依法保护亚运知识产权。(牵头单位:市体育局,参与单位:市财政局、市发展改革委、市工商局、市外经贸局、市知识产权局)
河北省人民政府办公厅关于加快发展体育产业的实施意见	2011 年 1 月 27 日	(五)加强体育无形资产开发保护。加强对体育组织、体育赛事和活动名称、标志等无形资产的开发,依法保护知识产权

续表

文件名称	发布时间	相关条款
河南省体育局关于印发《河南省体育事业“十二五”规划》的通知	2011年3月11日	(二十七)加快体育产业基地建设和体育无形资产开发
国家体育总局关于印发《体育产业“十二五”规划》的通知	2011年4月29日	(八)加强体育无形资产开发和保护。加强对体育组织、体育赛事和活动的名称、标志、版权等无形资产的开发,依法保护知识产权。完善中国奥委会、中华全国体育总会、全国性单项体育协会等体育社团的市场开发模式,理顺和明确各相关主体在市场开发活动中的权利义务。强化知识产权对体育产业发展的导向作用,提升知识产权创造、运用、保护和管理水平,积极探索体育无形资产开发模式
广西壮族自治区体育局关于印发《广西壮族自治区体育改革若干意见》的通知	2011年8月18日	(5)加大体育产业发展政策扶持力度。加大政府财政投入力度,建立体育产业发展基金,吸引社会力量参与体育产业投入;拓宽体育产业投融资渠道,鼓励体育企业进入资本市场融资,在体育产业市场准入、土地使用、信贷、上市融资等方面给予政府优惠;积极制定体育产业发展税收优惠政策;颁布行业指导目录,实施“一业一策”政策;建立产业统计指标体系,加强体育无形资产的开发和保护
北京市体育局、北京市发展和改革委员会关于印发《北京市“十二五”时期体育发展改革规划》的通知	2011年10月25日	(一)进一步完善体育产业体系 加强对体育无形资产的经营与管理,重点发展体育健身休闲业、体育竞赛表演业和体育场馆服务业
苏州市政府关于批转苏州市体育发展“十二五”规划的通知	2011年12月8日	3. 着力开发体育无形资产。高度重视体育无形资产的潜力和优势,加强和中体产业集团股份有限公司等单位的合作,加大开发和保护力度

续表

文件名称	发布时间	相关条款
四川省人民政府办公厅关于加快体育产业发展的实施意见	2012年10月12日	10. 建立健全相关法规。根据我省体育产业发展状况,明确监管主体的职责职能、各类市场主体的权利义务,制定行业管理制度及从业人员的职业、等级评定、工资指导价位等标准,规范体育市场主体行为和体育无形资产开发、体育广告赞助、体育中介等经营活动,促进体育市场健康有序发展。 (六)加强体育无形资产开发保护。 18. 依法保护知识产权。加强对体育组织、体育赛事和活动名称、标志等无形资产的开发和保护。完善体育社团等群众性体育组织的市场开发模式,理顺和明确各相关主体在市场开发活动中的身份及其相互关系
河北省发展和改革委员会关于印发《河北省社会发展建设"十二五"专项规划》的通知	2012年11月12日	大力扶持体育产业发展,构建以体育健身休闲、体育竞赛表演、体育用品制造和体育彩票业为重点,结构合理、规范发展的具有河北特色的现代体育产业体系。建立健全以"赛"育"市"和以"市"促"赛"的体育产业发展新机制,培育一批具有竞争力的体育产业园区、示范区、体育骨干企业和体育品牌,积极培育中介服务市场,培养高素质的体育经纪人队伍,加强体育无形资产的保护开发,推行体育商业运作
河池市人民政府关于印发关于加快河池市体育产业发展的实施意见(2011—2015年)的通知	2012年11月28日	(四)培育精品体育赛事,发展竞赛体育表演业。 ……利用新的市、县体育场馆和群众的体育需求,打造我市拔群杯篮球联赛、气排球联赛、羽毛球联赛等半职业化赛事,促进体育无形资产与市场结合,推动河池竞赛体育表演业的发展。与国家高水平体育中介组织合作,引进高水平体育竞技表演赛,开拓河池体育产业市场
成都市体育局关于做好配合休闲体育产业发展调研工作的通知	2014年7月7日	(六)体育中介 ……作为体育产业重要组成部分的体育中介,透过中介市场的创造性工作,在沟通体育市场供需、促进体育劳务交流、挖掘体育的经济价值,提高体育无形资产运作效率等方面发挥着越来越重要的作用

续表

文件名称	发布时间	相关条款
抚顺市人民政府关于印发抚顺市推进文化创意和设计服务与相关产业融合发展行动计划的通知	2014 年 12 月 16 日	3. 整合体育资源，充分利用体育无形资产，推动体育产业发展。在以赛事冠名方式上为体育赛事活动筹集资金的基础上，进一步加强体育赛事市场化运作、体育广告制作、体育培训等方面的开发力度，尝试引进体育中介公司进行体育无形资产开发的商业运作
黑龙江省人民政府关于推进文化创意和设计服务与相关产业融合发展的实施意见	2015 年 2 月 9 日	(六)拓展体育产业发展空间。……加强体育用品创意设计，提升体育用品在国内外市场的竞争力。鼓励各类体育组织、体育赛事主办者面向市场依法开发、推广和使用体育无形资产，完善体育总会、单项体育协会、单项体育俱乐部等群众性体育组织的市场开发模式
青海省人民政府关于加快发展体育产业促进体育消费的实施意见	2015 年 6 月 1 日	(十三)加大体育市场供给。 努力拓展与体育竞赛表演业相关的体育广告、体育经纪、体育无形资产开发等行业 (五)加强体育无形资产开发保护。 通过冠名、合作、赞助、广告等形式，加强对体育组织、体育场馆、体育赛事和活动名称、标志等无形资产的开发，强化知识产权对各类体育企业的导向作用，提升无形资产创造、运用、保护和管理水平。完善单项体育协会等群众性体育组织的市场开发模式，理顺和明确各相关主体在市场开发活动中的身份及其相互关系。在引进国外先进技术和管理经验的同时，加大自主研发和科研成果转化，开发科技含量高、拥有自主知识产权的产品。加强体育产品品牌建设，推动体育企业实施商标战略，增加体育产品商标内涵，提高产品附加值，提升体育产品的市场竞争力。探索场馆冠名等无形资产开发，在不影响城市形象的前提下，允许场馆利用外立面开发户外广告。推进赛事举办权、赛事转播权、运动员转会权、无形资产开发等具备交易条件的资源公平、公正、公开流转

续表

文件名称	发布时间	相关条款
北京市人民政府关于加快发展体育产业促进体育消费的实施意见	2015年7月9日	24.完善体育无形资产开发保护政策。加强对体育组织、体育场馆、体育赛事活动名称、标志等无形资产的保护与开发,提升体育无形资产创造、运用、保护和管理水平。促进体育衍生品创意和设计开发,推进相关产业发展。研究建立体育无形资产交易平台,推进赛事举办权、赛事转播权、运动员转会权等具备交易条件的体育资源公开、公平、公正流转。完善体育技术成果转化机制,加强知识产权运用和保护,促进科技成果产业化。(责任单位:市知识产权局、市新闻出版广电局、市工商局、市体育局、市金融局)
西藏自治区人民政府关于加快发展体育产业促进体育消费的实施意见	2015年8月8日	(十三)繁荣发展体育文化。 ……加强体育无形资产的开发和保护,加强对各类体育组织、体育场馆、体育赛事活动等进行无形资产开发
唐山市人民政府关于加快发展体育产业促进体育消费的实施意见(已废止)	2015年11月9日	35.完善体育无形资产开发保护政策。加强对体育组织、体育场馆、体育赛事活动名称、标志等无形资产的保护与开发,提升体育无形资产创造、运用、保护和管理水平。建立市级体育资源交易平台,推进赛事举办权和转播权、运动员转会权、无形资产等具备交易条件的体育资源公平、公正、公开流转。完善体育技术成果转化机制,加强知识产权运用和保护,促进科技成果产业化。(责任单位:市体育局、市科技局、市广播电视台、市工商局)
兰州市人民政府关于加快发展体育产业促进体育消费的实施意见	2015年12月21日	(二)创新发展体育赛事表演产业。……——取消商业性和群众性体育赛事活动审批,公开赛事举办目录,在举办和承办一系列体育赛事的同时,转变办赛模式,积极创新办赛模式,通过市场机制引入社会资本举办赛事。并努力拓展与体育竞赛表演业相关的体育广告、体育会展、体育经纪、体育无形资产开发等行业,大力培育我市的体育竞赛和表演市场

续表

文件名称	发布时间	相关条款
宁波市人民政府关于加快发展体育产业促进体育消费的实施意见	2016 年 1 月 6 日	(六)加强法制规范建设 制定体育无形资产开发、体育广告赞助、体育中介等经营活动的管理办法,对各类体育经营活动依法实施管理,进一步规范体育市场秩序,促进体育市场健康有序发展。完善体育产业统计工作,健全相关信息发布制度。大力推进体育产业标准化工作,提高体育产业标准化水平
贵阳市人民政府办公厅关于加快发展体育产业促进体育消费的实施意见	2016 年 1 月 14 日	(七)推动体育市场规范化,法制化建设。大力发展体育产业,对于扩大内需、转变经济发展方式、拓展体育发展空间、丰富群众体育生活、提高竞技体育水平、促进我市体育事业的发展具有重要意义。要切实加强体育市场监管,完善体育市场管理法规,建立行政监管、社会监督与服务认证相结合的体育市场管理体系。开发和保护体育无形资产,制定体育无形资产开发、体育广告赞助、体育中介等经营活动的管理办法,进一步规范化体育市场,依法保护体育无形资产合法权益。[牵头单位:市科技局(市知识产权局)、市体育局;责任单位:市法制局、各区〔市、县〕政府]
铁岭市人民政府关于印发铁岭市体育产业中长期发展规划的通知	2016 年 2 月 23 日	4.3.5　完善体育无形资产开发保护和创新驱动政策 加强对体育组织、体育场馆、体育赛事和活动的名称、标志等无形资产的开发和利用,建立体育资源交易平台,促进体育产业资源的合理流动,创新市场运行机制,推进赛事举办权、赛事转播权、运动员转会权、无形资产开发等具备交易条件的资源公平、公正、公开流转,提升体育无形资产创造、运用、保护和管理水平
成都市人民政府关于加快发展体育产业促进体育消费的实施意见	2016 年 3 月 21 日	(八)完善体育无形资产开发保护政策。加强对体育组织、体育场馆、体育赛事活动名称、标志等无形资产的保护与开发,促进体育衍生品创意和设计,提升体育无形资产创造、运用、保护和管理水平。研究建立体育产业资源交易平台,推进赛事举办权、赛事转播权、运动员转会权等具备交易条件的体育资源公开、公平、公正流转。完善体育技术成果转化机制,加强知识产权运用和保护,促进科技成果产业化

续表

文件名称	发布时间	相关条款
抚顺市人民政府关于加快发展体育产业促进体育消费的实施意见	2016 年 12 月 16 日	(六)完善无形资产开发保护和创新驱动政策 加强对体育组织、体育场馆、体育赛事和活动名称、标志等无形资产的开发和利用,建立体育资源交易平台。推进赛事举办权、赛事转播权、运动员转会权、无形资产开发等具备交易条件的资源公平、公正、公开流转。提升体育无形资产价值,支持体育企业联合高等院校、科研机构建立产学研协同创新机制,建立产业技术创新战略联盟。符合条件的中小型体育科技企业享受优惠扶持政策
广州市人民政府关于加快发展体育产业促进体育消费的实施意见	2016 年 12 月 27 日	(二)优化产业结构。 5. 着力提高体育服务业比重。以提升体育服务业发展水平为重点,大力开发带动力强、产业链长、增长性高的体育竞赛表演业,巩固提高具有群众基础和一定规模的健身休闲业、体育用品业和场馆服务业,培育发展有市场潜在优势的体育培训、体育中介业和体育无形资产,形成高级化、合理化的产业发展格局
上海市人民政府办公厅关于印发《上海市体育产业发展实施方案(2016—2020 年)》的通知	2017 年 1 月 12 日	(六)加强无形资产保护 加强对体育组织、体育赛事和活动的名称、标志、版权等无形资产的开发,制定体育无形资产开发、体育广告赞助、体育中介等经营活动的管理办法,保护体育无形资产合法权益
福建省人民政府办公厅关于加快发展健身休闲产业的实施意见	2017 年 9 月 30 日	深耕赛事经济。充分发挥体育赛事对住宿、餐饮、旅游、通讯、交通、传媒、会展、广告等相关产业的拉动作用,鼓励和支持赛事全产业链运营,提升赛事产业内外关联度。鼓励企业以冠名、合作、特许、广告等方式赞助体育赛事和运动队,开发体育无形资产。深化体育赛事文化创意内涵,丰富赛事文化产品体系。 责任单位:省体育局,各设区市人民政府、平潭综合实验区管委会

续表

文件名称	发布时间	相关条款
国务院办公厅关于促进全民健身和体育消费推动体育产业高质量发展的意见	2019年9月4日	二、完善产业政策,优化发展环境 (六)加强知识产权保护。推动体育赛事转播权市场化运营。建立体育无形资产评估标准、完善评估制度。支持各类体育协会采用冠名、赞助、特许经营等方式开发其无形资产。(体育总局、财政部负责)
莆田市人民政府办公室关于印发莆田市促进体育产业高质量发展若干措施的通知	2019年9月18日	(七)扶持职业体育及赛事发展。……鼓励企业以冠名、合作、特许、赞助、供应方等方式赞助体育赛事和高水平运动队,开发体育无形资产,树立企业品牌形象,实现合作双赢
国家体育总局关于印发《国家体育总局合同管理办法》的通知	2019年10月11日	第三十四条　对体育领域无形资产进行开发,应签订体育无形资产市场开发合同。 体育无形资产包括但不限于以下类型: (一)体育组织的名称、徽记等标志; (二)体育赛事活动的名称、会徽、吉祥物等标志; (三)运动员、教练员和国家(集训)队的姓名或名称、肖像、名誉、荣誉; (四)广告发布、赛事转播; (五)体育专利; (六)体育专有技术; (七)法律、法规规定的其它体育无形资产等。 第三十五条　体育无形资产市场开发,不得违法或损害国家利益,不得影响运动员的训练参赛,不得有损体育形象、违背体育道德。 第三十六条　体育无形资产市场开发合同授权合同相对方使用体育无形资产的范围、方式、条件、时限、规范,应当具体明确。 第三十七条　体育无形资产市场开发合同相对方的选择,应当公平、公开、公正,并综合考虑价格、服务质量、合作期限等因素。 第三十八条　体育无形资产市场开发合同应对合同相对方使用无形资产的下列行为做出约定:

续表

文件名称	发布时间	相关条款
		(一)不得以有可能引起社会公众认知混淆的方式使用无形资产,不得使用与所授权的无形资产相同或近似的产品,不得损害总局、合同授权方和其它第三方合法权益; (二)合同相对方的广告或宣传活动应当依法开展; (三)未经授权方同意,合同相对方不得私自转让其在体育无形资产市场开发合同中所享有的权利,或与第三方进行联合开发活动; (四)合同到期后,合同相对方应当及时终止与该合同相关的生产销售、市场推广、广告宣传等行为
济南市关于加快体育服务产业发展的意见	2020年3月12日	(三)拓展投融资渠道:探索建立体育产权交易平台,将体育无形资产和有形资产列入交易内容,为民间资本进入体育服务业投融资领域创造条件
甘肃省人民政府办公厅关于加快发展体育竞赛表演产业的实施意见	2020年4月16日	9. 培育产业品牌。鼓励企业赞助体育赛事,开发体育无形资产。壮大体育竞赛表演企业主体,打造广告、印刷、健身服务等市场营销创新运营平台,积极培育竞赛产业品牌
江苏省体育局、江苏省发展改革委关于印发《关于促进全民健身和体育消费推动体育产业高质量发展行动方案》的通知	2020年4月17日	(十)优化体育消费市场环境。完善体育市场监督管理体制,严格经营高危险性体育项目审批和管理。落实体育市场黑名单制度,建立健全信用激励与约束机制,加大失信联合惩戒力度。加大对体育市场违法违规行为的打击力度。完善体育无形资产评估标准和制度,推进体育标准化建设。(省体育局、省发展改革委、省市场监管局)
黑龙江省体育发展条例(2020年修正)	2020年6月18日	第四条　各级人民政府应当坚持体育为经济建设和社会发展服务的方向,并将体育事业纳入国民经济和社会发展计划,推进体育事业发展。各级人民政府应当建立竞争协作和灵活高效的体育工作运行机制。开发体育无形资产,发展体育产业,依法管理体育经营活动

续表

文件名称	发布时间	相关条款
江西省人民政府办公厅关于促进全民健身和体育消费推动体育产业高质量发展的实施意见	2020 年 8 月 28 日	注重知识产权保护和运用。依法依规放宽赛事转播权限制,推动体育赛事转播权市场化进程。贯彻执行财政部关于体育无形资产评估标准及相关评估制度规定。支持各类体育协会采用冠名、合作、广告、赞助、特许经营等方式对体育组织、体育场馆、体育赛事及活动名称、标志等无形资产的开发、运用和管理。(责任单位:省体育局、省财政厅、省市场监管局,各设区市人民政府)
黑龙江省人民政府办公厅关于推进体育强省建设的实施意见	2020 年 9 月 23 日	5. 发展重点体育产业。发展体育竞赛表演业,带动赛事经济。积极申办、承办国际、国内体育赛事,打造具有黑龙江特色的精品赛事。鼓励企业赞助体育赛事,开发体育无形资产
浙江省人民政府关于鼓励支持社会力量办体育加快推进体育改革与发展的若干意见	2020 年 12 月 7 日	(三)建立健全体育产权制度和要素市场化配置机制。建立全省体育资源交易平台,推动各类体育资源要素市场化配置。推动体育赛事相关权利市场化运营,按市场化原则建立体育赛事转播收益分配机制。建立体育无形资产评估标准,完善评估制度。支持各类体育社会组织采用冠名、赞助、特许经营等方式开发其无形资产。(责任单位:省市场监管局、省财政厅、省广电局、省体育局)
忻州市人民政府办公室关于促进全民健身和体育消费推动体育产业高质量发展的实施意见	2021 年 7 月 16 日	完善体育无形资产评估标准和制度,推进体育标准化建设
甘肃省关于促进全民健身和体育消费推动体育产业高质量发展的实施意见	2022 年 2 月 11 日	加大保障保护力度。制定出台《甘肃省实行政府购买公共体育服务目录和标准》,加大政府向社会力量购买公共体育服务的力度。加强知识产权保护,推动体育赛事转播权市场化运营,建立体育无形资产评估标准、完善评估制度,支持各类体育协会采用冠名、赞助、特许经营等方式开发其无形资产。(省体育局、省财政厅负责)

续表

文件名称	发布时间	相关条款
重庆市人民政府办公厅关于印发重庆市体育发展“十四五”规划(2021—2025年)的通知	2022年8月3日	支持发展商业赛事。引导和规范各类体育赛事市场化运作,鼓励社会力量投资组建体育赛事公司,举办各类商业赛事,创建自主品牌赛事。鼓励全市单项体育协会向组织、承办体育赛事的市场主体提供技术、规则、器材等方面的指导和服务,并依法合规收取相关费用。谋划建立体育无形资产交易平台,推进赛事举办权、赛事冠名权、特许商品经营权、广告经营权、运动员转会权等具备交易条件的体育资源公开、公平、公正交易流转